ALÉAS DU MARCHÉ
ET MANAGEMENT DU RISQUE

5-7, rue de l'École-Polytechnique ; 75005 Paris

http://www.editions-harmattan.fr

ISBN : 978-2-14-026346-0
EAN : 9782140263460

ALÉAS DU MARCHÉ
ET MANAGEMENT DU RISQUE

L'Harmattan

SOMMAIRE

MANAGEMENT DU RISQUE ET RISQUE EN MANAGEMENT

Bernard GUILLON
Cofondateur et responsable du colloque
Francophone sur le risque Oriane
Membre du conseil d'administration de l'ADERSE
bernard.guillon@iutbayonne.univ-pau.fr

Si les écrits relatifs au risque ont commencé à prendre une résonance particulière au cours du temps en raison de son caractère multiple, il est par nature un axe de recherche qui peut et surtout qui doit motiver les spécialistes de la gestion. A cette fin, le colloque francophone sur le risque Oriane a été créé en 2003 et a permis d'accueillir les travaux de chercheurs de 14 nations. En 2021, le bilan des publications (et donc avant ce numéro spécial) issues directement de cette manifestation est de 4 ouvrages collectifs, de 25 numéros spéciaux ou cahiers « Risque » dans des revues scientifiques à comité de lecture... sans compter les articles publiés « en varia ».

Dans ce numéro de la revue *Marché* & *Organisations* sont ici proposés sept articles fort différents :

- Dans le domaine de l'entrepreneuriat, une présentation des cinq risques normatifs (risque de sanction lié à la complexité de l'environnement normatif dans lequel l'organisation se retrouve en situation de déviance permanente ; dilemme action-précaution illustrant la situation par laquelle tout choix comporte sa part de risque, incluant l'action ou l'inaction définies par la norme ; dégradation du ratio risque-bénéfice, conséquence d'une difficulté accrue d'entreprendre du fait de la prise en charge d'activités supplémentaires, nécessaires à la conformité à la norme ; désavantage concurrentiel issu d'un retard d'adaptation à une norme avantageuse ou à un coût d'adaptation comparativement plus élevé que chez les concurrents ; non-innovation consistant en un empêchement conscient ou structurel d'innover du fait de l'existence de normes) est développée par A. Rasolofoarisoa et Z. Messaoudene (*« Le risque normatif : contours et causes »*)

... sans oublier les facteurs permettant d'évaluer la survenance du risque normatif – Puissance d'éviction des alternatives ; Précision des normes : dans certaines situations, des normes trop ou pas assez précises génèrent des risques ; Elaboration participative des normes ; Dynamique des normes : plus l'environnement normatif est instable, non participatif et contrôlant, plus le risque normatif est élevé ; Compétences d'adaptation : plus une organisation dispose des compétences techniques et organisationnelles pour se conformer, moins le risque est élevé ; Capital relationnel ; Idiosyncrasies : plus la performance d'une organisation dépend de l'innovation ou de ses caractéristiques idiosyncrasiques, plus le risque normatif est élevé.

• Au sein des TPE, une meilleure connaissance des déterminants internes affecte les TPE (F. Goter ; *« Les impacts socio-économiques des défaillances internes des TPE sur leur croissance »*), à partir de recherches-interventions conduites sur quatre ans auprès d'une vingtaine de TPE, l'objectif étant d'approfondir les déterminants internes qui affaiblissent les TPE (issues des secteurs architectural et médical, soit 36 gérants et 128 collaborateurs) et d'identifier les facteurs clés internes favorisant le développement de ces structures.

Au total 22 recherches-interventions ont eu lieu. Les 22 TPE observées sont passées d'une stratégie réactive à une stratégie proactive. Comme l'exprime F. Goter, au-delà de la détermination de l'entrepreneur qui revient souvent dans la littérature, la « greffe » prend grâce aux questionnements externes / internes sur ce que les gérants veulent profondément. Le diagnostic, les groupes de projet et les formations sont autant d'exercices permettant d'actualiser les problématiques, de se questionner et de se positionner. L'étude de cas a permis aussi de montrer que le dirigeant met du temps avant de comprendre son rôle.

• Dans le domaine plus large des PME, la thématique de la porosité entre les contraintes socio-économiques et la tension risquée des diversités interculturelles dans le bâtiment est ici analysée grâce à une étude de terrain auprès de 10 PME néo-aquitaines (A. Schott ; *« Hétérogénéisation et tensions interculturelles : l'exemple du secteur du bâtiment »*). La question qui se pose est la suivante : en quoi les conditions font que reprendre le temps de faire différemment s'inscrit dans la pulsation – facilitatrice – de la stratégie du chef de l'entreprise et de la mise en œuvre organisationnelle (interculturelle, économique, sociale) de cette stratégie ?

Il s'agit aussi de tenter d'investir ce qui a été « manqué ». La méthode des cas a été privilégiée car il s'agit « *d'une enquête empirique sur un phénomène actuel (…) au sein de son contexte présent surtout lorsque les frontières entre le phénomène et son contexte ne sont pas clairement définies* » (Yin, 2009/2013). Comme l'explique A. Schott, le secteur du bâtiment conjugue une longue tradition d'intégration (le spécialiste et l'expert qu'est l'homme du Bâtiment ont surtout un devoir de réussite) et de réputation (les métiers du bâtiment sont difficiles et exigeants) parfois mitigée. La rareté de certains profils sur le marché du travail crée des tensions. Situation d'autant plus problématique dans un secteur où la main d'œuvre qualifiée devient de plus en plus rare.

• Dans le domaine des prestations dans le secteur du bâtiment, l'intégration de la notion de risque par les agences d'architecture avec ce que cela implique en termes de prévision et d'opportunités représentées par la création de réseaux de coopération stratégique (T. Ruat, *« Les contraintes normatives sur le marché du bâtiment : une opportunité d'évolution des agences d'architecture vers des stratégies plus coopératives et innovantes »*).

A partir d'une approche qualitative fondée sur une étude de cas auprès de dix agences d'architecture françaises, cette recherche s'est attachée à comprendre les causes et les conséquences de cette perception tout en mettant en lumière comment les agences d'architecture peuvent transformer les contraintes normatives, en opportunités stratégiques d'amélioration et d'innovation. Ainsi que le mentionne T. Ruat, le meilleur pilotage normatif agit comme un catalyseur d'améliorations et d'innovations aussi bien dans les méthodes de travail que dans la conception des projets architecturaux. Les résultats de cette recherche invitent également les agences d'architecture à développer un pilotage normatif, à la fois interne mais aussi externe, à travers trois niveaux d'actions interconnectés.

- Dans le domaine de l'enseignement, l'étude d'un outil de gestion destiné à minimiser le risque d'erreur de mesure inhérent à tout procédé d'évaluation d'un construit à partir d'items, mais aussi le risque d'émettre un jugement erroné sur le niveau réel d'un « sujet » (A. Gintrac et P. Reynet ; *« G-SKOR : un outil externe standardisé d'évaluation de connaissances fondamentales en gestion »*).

Ces auteurs ont constaté que les quatre points clés de standardisation, de fidélité, de validité et d'étalonnage sont des facteurs essentiels de la qualité que l'on recherche et qui justifie l'utilisation des tests, mais on a également noté que ces critères ne sont ni simples, ni faciles à satisfaire. Le G-Skor dont on a présenté la structure générale ne vient pas dupliquer des tests existant mais vise seulement à compenser un manque dans l'offre actuelle de tests de connaissances en langue française. Il est actuellement le seul instrument francophone de mesure de connaissances couvrant l'essentiel du territoire disciplinaire associé à un profil de « généraliste » en gestion. Il est cependant nécessaire d'améliorer ses performances au regard des critères habituels d'évaluation de la qualité d'un test de connaissances.

- Dans le domaine des ressources humaines, le rapprochement entre le capital humain et le management des talents permettant une déclinaison stratégique au nombre de 16 (A. Belghit, J. Husser et S. Sefiani ; *« Management du capital humain ou des talents ? Proposition d'un modèle intégrateur »*).

La matrice de management stratégique du capital humain et des talents repose sur trois principaux critères : le niveau d'analyse, la rareté et la valeur. Pour ces trois auteurs, la matrice des stratégies managériales apporte une approche plus fine des méthodes de management à mettre en place selon que l'on souhaite gérer des individus, des groupes, l'organisation ou encore affiner les relations inter-organisationnelles. Il s'agit ici de considérer les dimensions utiles dans le cadre du pilotage d'une organisation en fonction des finalités recherchées, du niveau envisagé et des spécificités structurelles et temporelles. Certaines limites subsistent comme le caractère généralisable des résultats à d'autres contextes organisationnels.

- Pour ce qui est des relations internationales, les conséquences de l'analyse IBV-VUCA (Volatility, Uncertainty, Complexity, Ambiguity) en Asie avec l'étude de cas de China Telecom (H. Gao et P. David ; *« Management stratégique des risques des entreprises chinoises : une analyse IBV-VUCA sur la Nouvelle route de la soie »*) afin d'illustrer les grilles d'analyse des décisions stratégiques des entreprises liées à la progression de l'Initiative de la Ceinture et de la Route (ICR).

Au final, l'arrivée massive des entreprises chinoises sur les divers marchés nationaux induit, selon ces auteurs, des risques historiquement inconnus. Ces dernières années la nouvelle politique d'investissement du gouvernement chinois ICR accélère l'internationalisation de ses entreprises. Les résultats de l'étude de cas China Telecom permettraient d'affirmer qu'il est possible de gérer les risques liés à l'activité d'une entreprise dans un nouveau contexte potentiellement déterminé par les risques VUCA lorsque l'entreprise élabore ses stratégies à partir de l'analyse des risques en amont et réagit de façon proactive dans ses réponses à ses environnements économiques, sociaux et concurrentiels. Il faudra s'interroger sur les répercussions écologiques sur l'environnement des territoires d'accueil de la Route de la soie… mais aussi sur le risque sanitaire (et même au-delà du virus Covid).

Bonne lecture !

LE RISQUE NORMATIF : CONTOURS ET CAUSES

Andry RASOLOFOARISOA
andry.rsl@gmail.com

Zahir MESSAOUDENE
zahir.messaoudene@ecam.fr

Labecam, ECAM LaSalle, Lyon

RÉSUMÉ

Il est d'usage de connaître la norme pour son rôle préventif. Néanmoins, plusieurs théories dénoncent la norme en tant que source immanente de risques. Cet article reprend les intuitions convergentes de six disciplines des sciences humaines et les résultats d'une recherche qualitative pour définir différentes formes du risque normatif. L'article propose une typologie de cinq risques normatifs, allant du risque de sanction à l'accroissement du risque entrepreneurial. Plusieurs facteurs sont également identifiés pour prédire la probabilité de survenance du risque normatif.

Mots-clés : normes, risque, survenance, typologie.

ABSTRACT

Normative risk: contours and causes

It is customary to know the standard for its preventive role. Nevertheless, several theories denounce the norm as an immanent source of risks. This article presents the converging insights of six humanities disciplines and the results of qualitative research to define different forms of normative risk. The article proposes a typology of five normative risks, ranging from the risk of sanction to the increase of entrepreneurial risk. Several factors are also identified to predict the probability of occurrence of normative risk.

Key words : norm, risk, occurrence, typology.
JEL Codes : M1, O1

INTRODUCTION

Les sciences humaines reconnaissent, dans une large mesure, le rôle de la norme dans la prévention des risques. La norme constitue ainsi l'instrument de prédilection dans la mise en œuvre du principe de précaution. Elle déconseille ou proscrit des choix ou des actions dont la nocuité potentielle est difficilement mesurée et étayée, tant pour les personnes ou les organisations elles-mêmes que pour les autres (Sunstein, 2005). La conformité à la norme, par sa fonction préventive, viendrait alors pallier des risques identifiés ou inconnus, y compris par les experts (Pesqueux, 2011). Des approches plus substantielles défendent le rôle de la norme dans la prévention de risques spécifiques. Ainsi, certaines théories du droit et de la responsabilité sociale illustrent le rôle de normes réglementaires pour prévenir les risques sociétaux générés par les activités des organisations. Des théories de l'économie de la standardisation et de la stratégie s'accordent sur le rôle de la norme dans la prévention des risques opérationnels et commerciaux.

Pourtant, les représentations des conséquences négatives des normes se perpétuent dans l'espace public et encouragent des décisions politiques visant à transformer la dynamique des normes. À titre d'exemple, un *« choc de simplification »* est mené par différents gouvernements européens depuis dix ans. S'il faut admettre l'inertie en la matière, le projet national de *« lutte contre l'inflation normative »* reste toutefois salué par les institutions internationales selon lesquelles « *il faut déréglementer* ». Bien entendu, ces représentations se fondent sur un certain nombre de prémisses discutables, telle que la présentation des normes réglementaires comme sources de contraintes et de risques financiers, en opposition aux normes volontaires supposées bénéfiques. Elles se fondent également sur des partis pris sur le champ de responsabilités des organisations ou sur les valeurs qui fondent le contrat social du système où elles évoluent.

Comment expliquer cette dénonciation des normes comme sources de dangers potentiels, de risques, particulièrement au regard des préoccupations gestionnaires ? Si *« le risque correspond à l'occurrence d'un fait (...) incertain susceptible d'affecter les membres, le patrimoine, l'activité de l'entreprise et de modifier son patrimoine et ses résultats »* (Cohen, 2001), alors le risque normatif constituerait, selon cette théorie, une conséquence négative potentielle de l'existence de certaines normes. Dans quelle mesure une norme peut-elle ainsi exposer l'organisation à un « *danger, inconvénient plus ou moins probable* » (Larousse, 2020), créer cette « *situation dont l'occurrence est incertaine* » (Barthélémy, 2000) et dont *« la survenance prive (l'organisation) d'une ressource et l'empêche d'atteindre ses objectifs »* (Wibo, 2000) ? Cet article cherche à explorer la nature des risques immanents à l'existence des normes. Sans avoir pour objet d'établir ce phénomène comme une généralité, il cherche plutôt à en décrire les mécanismes.

La grande variété des normes, par la diversité de leurs substances, fonctions, origines, ou degrés de coercition est toutefois telle qu'il convient de chercher à les cerner avant de dessiner les contours du risque normatif. La norme est, dans une acception transdisciplinaire, décrite comme une règle qui régit le comportement à suivre dans un système (Scott, Marshall, 2009). Un comportement, un produit ou une caractéristique conforme à cette règle peut alors être considéré comme *normal*, tandis que ce qui ne l'est pas est estimé *anormal*. Il est difficile de donner une définition plus exacte et à la fois plus précise de la norme, tant les travaux et les disciplines l'abordent différemment et de manière disparate selon leurs propres objets d'étude, souvent sans prendre en compte leur développement dans les autres disciplines. Néanmoins, trois orientations des définitions de la norme sont sous-jacentes aux sciences humaines. La première orientation des définitions de la norme est statistique. Est considéré comme normal un état commun ou représentatif d'une majorité (Cohen, 1985).

Un deuxième groupe de définitions de la norme se focalise sur son rôle de structure de sauvegarde de l'ordre social. Ces définitions se retrouvent surtout dans les sciences sociales positives, où la norme est présentée comme un instrument construit par les hommes et destiné à préserver *« ce qui se fait »* ou *« ce qui est acceptable »* dans leur société. Ainsi, la norme est à la fois issue de la description et de l'expression de la société, en référence à un idéal imposé formellement ou informellement, et sur lequel les individus et les organisations sont tenus de régler leur existence sous peine de sanctions (Cohen, 1985). Au-delà de sa fonction de responsabilisation, la norme prévient également contre la réalisation de certains risques sociaux et économiques partagés par l'ensemble des parties prenantes. Compte tenu de l'interdépendance des individus et/ou des organisations dans l'environnement social, les actions individuelles contradictoires sont des sources de turbulences. Or, en établissant les lignes directrices des actions que les acteurs peuvent ou ne peuvent pas réaliser, la norme engendre une meilleure planification sociale et permet de réduire ces turbulences représentatives de risques sociaux. La norme est alors l'instrument d'un contrôle social, un projet politique destiné à transformer les comportements existants (Vuillemin, 1949 ; Cohen, 1985).

La troisième orientation des définitions de la norme porte sur sa propriété de cahier des charges. La norme précise un ensemble de données, telles que des mesures, des caractéristiques, des qualités, des formules de composition, des précautions qui définissent des produits, des services ou des procédés. Ces précisions influencent positivement ou négativement la simplicité, l'efficacité, la rationalité, le coût d'exécution de ces objets dans un système donné, ou encore le respect de certains idéaux comme les canons esthétiques. Ces précisions renforcent également la fiabilité des indicateurs de gestion. En effet, la norme peut constituer substantiellement l'expression d'une performance souhaitée de l'organisation à travers des éléments de référence, tels que des ratios économiques, la performance attendue d'une méthode de travail, une quantité à produire, un niveau de stocks ou un temps de production donné, le montant d'un budget à allouer pour certaines activités ou prévenir certains risques (Cappelletti, 2006, 2012). L'usage de ces normes permet ainsi d'identifier des problèmes répétitifs grâce à une meilleure prévision et appréciation des écarts (Rama, 2009). La multitude d'éléments de référence permet également de préciser la valeur financière d'un élément, qu'il s'agisse d'un objet tangible ou intangible, des organisations elles-mêmes, voire des êtres vivants, indifféremment de l'éthique sous-jacente à de telles évaluations. Par exemple, « en » industrie agroalimentaire ou zootechnologique, une description précise des propriétés d'une race animale permet d'estimer la valeur financière de l'animal examiné. Ces définitions des normes sont ainsi naturellement développées en économie de la standardisation et en gestion puisqu'elles touchent directement leurs préoccupations.

La norme peut être formelle, codifiée dans des normes publiques, à l'instar les lois, réglementations, ou consignée dans des normes privées tels que les standards ou les chartes d'entreprises. Elle peut également être informelle, comme les us et coutumes, les tabous et les valeurs (Sherif, 1936). Sur le plan terminologique, bien que l'Académie Française préconise désormais l'usage du terme *norme* pour ce qui est communément appelé *standard* dans la langue anglaise, nous distinguerons les termes *standards* et *standardisations* des termes *lois* et *réglementations* pour faciliter la lecture de nos travaux. Les usages que nous ferons éventuellement des termes *norme* et *normalisation* engloberont donc les deux catégories de normes.

Trois taxonomies des normes semblent également pertinentes pour une recherche en gestion. La première est une classification des économistes (David, 1987) par type de dysfonctionnement économique à résoudre : les normes de qualité et de sécurité minimales, les normes de compatibilité et d'interface, les dispositifs de réduction de variété et de focalisation, les normes de spécifications, d'information et de ressources. La seconde taxonomie, réalisée en stratégie, classifie les normes par processus de création : les normes *de jure,* créées par des instances officielles publiques ou privées et les normes *de facto*, produits, services ou méthodes s'imposant en tant que normes par les forces du marché ou par effet de réseau (Ulmann-Margalit, 1977 ; Mione, 2006). La dernière taxonomie, réalisée par les juristes, est une classification des normes par source et type de coercition : la *hard law*, qui est obligatoire et dont la sanction, civile ou pénale, relève des forces publiques et la *soft law*, qui est volontaire et dont la sanction, généralement commerciale ou économique, relève des rapports de forces entre entités privées (Abbot, Snidal, 2000).

1. NORMES ET DECLINAISONS

Divers groupes de recherche européens et américains dont les travaux portent sur la norme, tels que l'European Academy for Standardization, l'International Center for Standards Research (De Vries, 1999), soutiennent que la norme est un domaine fondamentalement interdisciplinaire où les contributions des différentes disciplines sont complémentaires (Swann, 2000, 2010). Certains parmi eux assurent même que la norme nécessite une nouvelle discipline (Verman, 1973). La revue de littérature se concentre exclusivement sur six corps de travaux dont les préoccupations sont proches des sciences de gestion et apportent, sous le prisme de ce sujet, des éléments essentiels à la compréhension du risque normatif : la stratégie, l'économie de la standardisation, la sociologie des organisations, les théories institutionnelle et néo-institutionnelle, la théorie juridique, ainsi que la théorie politique.

Selon la *stratégie*, cinq propriétés des normes influencent les contours du risque normatif. Premièrement, lorsque la conformité à une norme conditionne l'accès à l'exploitation d'un marché ou d'un système présentant des interfaces, par exemple l'utilisation de roues aux dimensions standardisées pour exploiter le réseau de voies ferrées existants, les organisations qui s'y conforment le plus rapidement et/ou à moindre coût détiendront un avantage compétitif ou une avance stratégique. Inversement, ne pas disposer des moyens tangibles ou intangibles de se conformer génère l'effet inverse : un désavantage compétitif ou un retard (Mione, 1994). Deuxièmement, la conformité aux normes constitue une source de crédibilité. Cette propriété est d'ailleurs mobilisée dans les stratégies de communication ou marketing des acteurs et des organisations (Reddy, 1987, 1990b). Inversement, la non-conformité constitue une source potentielle d'illégitimité (Mione, 1994). La troisième propriété des normes porte sur son utilité dans la gouvernance. Comme dans les théories juridiques, l'analyse stratégique identifie l'interpénétration des sphères de normalisation privée et publique (Pesqueux, 2010, 2007). La participation aux processus de normalisation des deux sphères permet aux participants de modeler l'environnement socio-économique selon leur volonté, du moins en partie (Lieberman, Montgomery, 1988). Cette approche met en exergue le caractère de soumission passive des organisations écartées de ces processus de normalisation à leur environnement, ainsi le risque de désavantage (Lieberman, Montgomery, 1988). Quatrièmement, les normes ont pour fonction de renforcer la responsabilité sociale des organisations (Igalens, Penan, 1994 ; Igalens, Point, 2009 ; Trébulle, Uzan, 2011). Les conclusions des travaux en stratégie sur l'impact de cette propriété sur les risques sont toutefois ambiguës. Certains travaux considèrent la conformité avantageuse, car elle est valorisable (Reddy, 1990b), en accord substantiel avec les valeurs de l'organisation, source d'une performance durable ou préventive de comportements intra-organisationnels qui lui sont préjudiciables (Bréchet, Monin, Saives, 2008). D'autres travaux estiment que des normes préconisées au nom de la responsabilité sociale sont contraignantes, car sources exogènes de coûts et d'inégalités entre territoires, ou souvent instrumentalisées en dehors de toute éthique (Cadet, 2010, 2013). Enfin, des travaux signalent que les normes constituent le fonds de commerce de nombreuses organisations, soit parce qu'il s'agit de « normes-produits » mises à disposition par un propriétaire moyennant une contrepartie financière, soit parce qu'une cohorte de métiers n'a de raison d'être que du fait de la seule existence de normes (Savall, Zardet, 2005, 2013). Leur accumulation se traduit alors par des coûts supplémentaires pour les organisations, en échange des services de ces métiers ou du droit à utiliser la norme-produit. Ces travaux théorisent également la complexification de l'environnement normatif, faisant état d'une prolifération de normes difficiles à comprendre et à adopter pour le gestionnaire, mettant alors l'organisation dans une situation de déviance et d'un risque de sanction permanents (Savall, Zardet, 2003, 2015).

En *économie de la standardisation*, les travaux sur la norme portent plutôt sur ses propriétés techniques et opératoires dans la recherche d'efficience et de rationalisation des systèmes (Arthur, 1987, 1989 ; David, 1987 ; David, Greenstein, 1990 ; Foray, 1990). Trois propriétés opératoires sont définies comme majeures. La première, mobilisée dès les origines de la civilisation humaine (Sullivan, 1983), porte sur l'utilité des normes dans la réalisation des tracés et des mesures, dans la perspective de contrôler les flux d'échange de produits ou d'informations (Swann, 2000, 2010). La seconde propriété opératoire porte sur l'utilité des normes dans la recherche de l'optimum économique : la norme permet d'assortir des composants d'un système (Cantrell, Cookson, 2002), de générer des économies d'échelle, de réduire l'incertitude des acteurs et, par conséquent, de faciliter la pénétration du marché et de réduire les prix présents et futurs (Shapiro, Varian, 1999). La troisième propriété opératoire des normes porte sur son utilité dans la résolution des problèmes de coordination : l'interopérabilité générée par la norme constituerait un levier de coordination (Shapiro, Varian, 1999 ; Moreno, Vallecillo, 2008). Grâce à ces différentes propriétés opératoires, l'utilisation collective de normes permettrait une meilleure coordination technique et des gains mutuels plus élevés (Lowe, Gilchrist, 1988 ; Christensen, Raynor, 2003). La nature des risques normatifs identifiés par ces travaux est alors directement liée à leur contribution à la performance opérationnelle. Une organisation qui refuse de normaliser ses produits, services ou procédés ne peut opératoirement pas opérer dans les systèmes d'exploitation et commerciaux dont ces normes réglementaires ou volontaires, par leurs propriétés opératoires, constituent l'interface et le mécanisme de coordination (Shapiro, Varian, 1999). Quant aux normes n'ayant pas vocation à la recherche de cette efficience, elles sont opérationnellement considérées comme des sources de non-valeur ajoutée, et donc de risques économiques (Shapiro, Varian, 1999). Cette création de valeur par l'usage collectif des normes serait toutefois à la source d'une transformation du système de concurrence et de coopération établi à un temps donné, générant un risque d'exclusion ou de perte de compétitivité des organisations qui refusent de suivre les normes (Christensen, Raynor, 2003).

En *sociologie des organisations*, les normes, étudiées notamment dans le corpus concernant les « règles », ont deux propriétés majeures. La première est de constituer une structure immanente à tout projet collectif (Reynaud, 1997). Sans normes, l'action collective ne peut exister, ni être pérennisée (Reynaud, 1997). La seconde fonction est de constituer une source d'autorité, dite autorité légale ou rationnelle-légale : la croyance d'un groupe en la rationalité du système politique et normatif établi au sein de ce groupe contribue directement à la légitimité, à la stabilité et à l'autorité de ses administrateurs. Ainsi, l'autorité légale apparait dans un système qui est appliqué administrativement et judiciairement conformément aux règles existantes (Crozier, Friedberg, 1977). La quête de cette autorité, et de l'effet de subordination qui en est la conséquence, a ainsi mené les gestionnaires à mettre en place des systèmes organisationnels bureaucratiques, pyramidaux, hiérarchisés et spécialisés, y compris dans les organisations privées (Weber, 1947). La nature du risque normatif porte alors ainsi sur le pouvoir, et par extension sur le pouvoir de coercition, de contrôle et de sanction détenu par cette autorité ou ses représentants (Greiner, Schein, 1988).

Selon les *théories institutionnelle et néo-institutionnelle*, la norme fait partie d'un ensemble de construits sociaux, de faits sociaux qualifiés « d'institutions » (Goodrick, Salancik, 1996). Selon ces travaux, l'imagination, les conceptions, les choix et les actions individuelles sont en fait influencés par des normes (DiMaggio, Powell, 1983), des conventions sociales, dites arrangements institutionnels (Brint, Karabel, 1991), par des « schémas mentaux partagés » (North, 1991 ; Wirtz, 1999). Ces normes constituent des référentiels d'action (Helms, Suddaby, Webb, 2013), susceptibles de prédéterminer les stratégies des acteurs, voire ce qu'ils croient appeler des innovations (Shrivastava, 1986 ; DiMaggio, Powell, 1991 ; Friedland, Alford, 1991). Ce comportement qualifié d'isomorphisme naît du déterminisme (Scott, 2001) ou de la crainte d'illégitimité en cas de déviance (DiMaggio, Powell, 1983). Ces théories identifient également l'existence de logiques institutionnelles hétérogènes, soit des conflits de normes, ainsi que l'émergence rapide de « kits » de normes lorsque les sphères de normalisations deviennent plus perméables pour les organisations (Swidler, 1986 ; Clemens, Cook, 1999 ; Seo, Creed, 2002).

La *théorie juridique* se focalise sur quatre phénomènes essentiels à la compréhension du risque normatif. Premièrement, les normes constituent des éléments de structuration des organisations, notamment en prescrivant le choix de certains objectifs et moyens jugés appropriés (Ripert, 1951 ; Paillusseau, 1989, 1996, 1997 ; Mione, Dubois, 2015). Cette propriété de structuration s'accompagne souvent de difficultés lors de la mise en œuvre de la norme qui ne prend pas en compte l'ensemble des contraintes ou du contexte d'application, défaut trouvant sa cause dans la défaillance des processus de normalisation, et contraignant à opérer des arbitrages entre les dimensions économiques, techniques et sociétaux (Frison-Roche, 2002). Deuxièmement, indistinctement de leur origine, les normes constituent des instruments de pouvoir, de domination et de souveraineté. Ainsi, la règle d'état, également qualifiée de loi positive ou de norme réglementaire (*hard law*), constitue un instrument de souveraineté de l'entité étatique (Cornu, 2005), tandis que les normes privées (*soft law*) constituent des instruments de conquête et de domination des marchés (Lemley, 1996 ; Lemley, McGowan, 1998). Cette distinction détermine deux types de risques : le premier en termes de potentiel de coercition et de sanctions par les autorités gouvernementales (Robertson, 2006), le second en termes de situation avantageuse ou désavantageuse sur le marché (Lemley, 1996 ; Lemley, McGowan, 1998). Somme toute, le risque, pour l'entrepreneur, est alors de voir l'organisation pénétrée par des règles de gestion qui complexifient sa gestion, voire génèrent des contraintes supérieures. Troisièmement, néanmoins, les travaux en théorie juridique conviennent de la porosité croissante entre les institutions publiques et la sphère privée. Cette porosité faciliterait les stratégies d'influence entre les acteurs dans les processus d'émission de normes réglementaires ou privées et une extension de leurs champs d'autorité respectifs (Rouland, 1991, 2004 ; Thibierge, 2008, 2009 ; Boncori, Cadet, 2013). Comme en stratégie, les travaux indiquent ici des implications directes sur la compétitivité des organisations impliquées ou écartées des processus de normalisation. Enfin, les travaux en philosophie du droit étudient la notion de risque normatif à travers les défaillances du principe de précaution : tout choix, incluant celui préconisé ou imposé par la norme, comporte sa part de conséquences négatives (Sunstein, 2005).

Enfin, en *théorie politique*, la norme n'est pas analysée en tant qu'unité, mais en tant que fragment d'un dessein plus vaste, et constitue ainsi une structure de mise en œuvre d'une stratégie ou d'un projet politique (Barry, 1990 ; Goerke, Holler, 1995 ; Pelkmans, 1987, 1990). Les projets de création ou de transformation de normes s'inscrivent ainsi dans des stratégies globales, dans lesquels les « diplomates » amenés à négocier sur telle ou telle norme représentent des porteurs d'enjeux plus importants que la norme en elle-même (Hawkins, 1995a, 1995b, 1996 ; Skea, 1995). La théorie politique reconnaît également que les entreprises privées proches des gouvernements obtiennent beaucoup plus d'avantages que les autres sur le marché en raison des normes qui sont conçues en leur faveur, cette proximité étant rendue possible par la difficulté pour les gouvernements de normaliser seuls sur des sujets techniques où les normes privées ont un impact important sur la structure du marché. Le risque est alors, pour l'organisation écartée de ces processus ou dont les pratiques ne sont pas prises en compte, de se retrouver désavantagée (Tassey, 1995, 1997, 2000).

2. LE RISQUE NORMATIF

Pour compléter ces travaux, une série d'entretiens semi-directifs et de visites de terrain a été réalisée durant une période de trois ans sur le fonctionnement, les dysfonctionnements et les risques encourus par treize organisations des secteurs éducatif, sanitaire, industriel, associatif, privés et publics, dans différentes régions du territoire français. À partir des données recueillies, 1.885 verbatims relatant des situations de gestion directement liées aux normes et à l'environnement normatif ont été identifiés et analysés suivant une méthodologie d'analyse qualitative (figure 1). Sept analyses de contenu ont été réalisées jusqu'à saturation théorique pour obtenir, en partie, les résultats de cette recherche.

Figure 1. Méthode d'analyse de contenu utilisée pour identifier les phénomènes

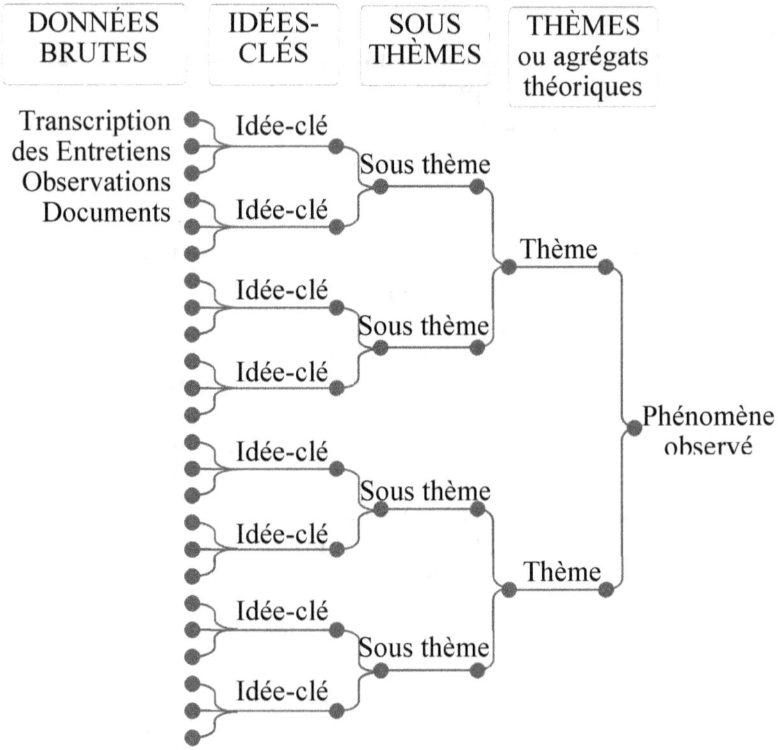

La typologie de risques normatifs présentés dans les résultats et la discussion qui suivent sont ainsi issus des résultats de l'enquête. Ces résultats sont mis en perspective des théories étayées ci-dessus, qui accordent plus ou moins d'importance au concept de risque normatif en fonction de leurs propres objets d'études. Cinq risques sont proéminents, dont deux sont liés à l'ontologie de la norme : le risque de sanction et le dilemme action-précaution. Trois risques sont associés au risque entrepreneurial : la dégradation du ratio risque-bénéfice, le désavantage idiosyncrasique, et la non-innovation. La comparaison avec la littérature montre également une transdisciplinarité quant à l'identification de certains risques normatifs (tableau 1).

2.1. Le risque de sanction

La puissance de la norme se définit souvent à travers la sanction réelle ou potentielle qui accompagne la déviance. Puisque la norme implique souvent un rapport à l'autre et au système dans lequel l'individu ou l'organisation agit, elle influence les interactions des individus et/ou des organisations dans son système d'application. Cette *fonction interactionnelle* est d'au moins trois natures, assorties de risques de sanctions. La première est liée à la substance même de la norme. Elle peut comporter des injonctions permettant, obligeant, ou prohibant la réalisation de certaines actions et interactions. Il est par exemple obligatoire de s'arrêter à un feu rouge, obligation influençant la qualité de la circulation et de la sécurité routière pour l'ensemble des usagers de la route. Il est obligatoire pour un employeur en France d'adresser les communications au personnel en français, injonction structurant les modalités de communication dans l'entreprise.

Tableau 1. Typologie des risques normatifs

Nature du risque	Mécanisme	Analyse de données empiriques	Littérature					
			Stratégie	Économie de la standardisation	Sociologie des organisations	Théories institutionnelles & TNI	Théorie juridique et philosophie du droit	Théorie politique
Sanction	Subir une sanction causée par la déviance	■	■	■	■	■	■	■
Dilemme action-précaution	Générer d'autres conséquences négatives en choisissant d'appliquer la norme	■		■			■	
Ratio risque-bénéfice dégradé	Subir un coût de conformité préjudiciable au profit de l'entrepreneur	■	■	■	■		■	
Désavantage concurrentiel	Être désavantagé par rapport à d'autres concurrents du fait d'un retard d'adaptation à la norme	■	■	■	■		■	■
Non-innovation	Ne pas innover du fait de l'application de normes, consciemment ou non.	■	■	■	■	■		

Il est interdit de vendre certaines drogues, interdiction affectant la nature des échanges commerciaux. Il est attendu de s'adresser à autrui en utilisant certaines formules de courtoisie, exhortation structurant les interactions sociales. Dans ce cas, la sanction d'agissements déviants est tout autant substantielle et peut revêtir diverses formes, formelles ou informelles : réprimandes, amendes, réparation de préjudices, violence, rejet, etc. Cette approche de la sanction a été développée par les six corps de travaux étudiés.

La deuxième fonction interactionnelle est liée à l'usage de la norme comme *structure opératoire* des interactions : l'adoption d'une norme commune par des individus ou des organisations accroît les possibilités d'interactions, d'échanges et d'activités collectives au sein du système d'application. Par exemple, la normalisation des interfaces nécessaires à l'exploitation ferroviaire permettra à différentes compagnies d'utiliser un réseau de voies ferrées, qu'il s'agisse du dimensionnement des voies, de l'aménagement des gares, des codes de circulation ou encore des mesures de sécurité du personnel d'exploitation. Dans ce cas, la norme, par sa propriété opératoire, constitue, un levier de coordination et de réduction de coûts, comme les coûts d'engagement, entre ceux qui l'adoptent. Cette observation rejoint les approches de l'économie de la standardisation et de la stratégie (Shapiro, Varian, 1999 ; Moreno ; Vallecillo, 2009 ; Mione, 2006).

Bien entendu, et bien que l'approche de la littérature se focalise sur son usage industriel et sa mobilisation dans un contexte de recherche d'efficience, les résultats de l'enquête montrent que l'utilité opératoire de la norme n'est pas limitée à ce type d'interactions. Les interactions que l'usage collectif de la norme permet se matérialisent à divers niveaux : elles sont marchandes ou non marchandes, matérielles ou intangibles, entre des individus et/ou des groupes sociaux. Par exemple, l'utilisation de terminologies communes dans ou entre les organisations, puisque les langages constituent des normes, facilite la communication entre ceux qui l'adoptent. Ainsi, la sanction encourue en cas de déviance est tout autant de nature opératoire : les acteurs non conformes sont mécaniquement exclus du système dont la norme constitue la structure de fonctionnement, puisqu'ils ne peuvent pas participer à l'action collective.

Ces sanctions s'ensuivent également de leurs conséquences sociales et économiques. En d'autres termes, la compagnie qui n'a pas normalisé les interfaces nécessaires à l'utilisation de ses trains sur les infrastructures existantes ne pourra pas exploiter le réseau existant, et ainsi réaliser son activité, à moins de recréer des infrastructures qui lui sont propres : des roues anormales ne permettront pas de circuler sur les voies ferrées standards, des portières non adaptées ne permettront pas le débarquement dans certaines gares. Sur le même principe, l'individu qui ne parle pas une langue donnée pourra difficilement communiquer avec un groupe qui ne parle que cette langue.

La troisième fonction interactionnelle de la norme s'explique par l'importance de la conformité dans la légitimation des actions, des choix, des buts, voire de l'existence des individus ou des organisations, indistinctement des propriétés opératoires de la norme. Par exemple, la certification de produits par un label sur le commerce équitable légitimera cette organisation auprès d'un public sensible à ces valeurs. Autre exemple, la légitimité du travail des enfants varie selon les pays, en vertu du contexte socio-culturel et moral en vigueur. Y recourir dans un pays où il est perçu immoral ou déclaré illégal peut potentiellement conduire à des sanctions.

Somme toute, le risque de sanction ne naît pas, par essence, de la conformité à la norme mais constitue davantage une conséquence de la déviance. Les personnes ou les organisations déviantes prennent le risque de sanctions substantielles à la norme (réprimandes, amendes, violence, etc.). Ils prennent également le risque d'une sanction formelle ou informelle, consistant en leur exclusion, leur rejet du système, sous ses diverses formes. Cette éviction se produit mécaniquement, soit par la propriété opératoire de la norme. Dans ce cas, les interactions ne sont plus possibles car la conformité constitue la structure opératoire de l'interaction. Cette éviction découle aussi de la propriété légitimatrice de la conformité, auquel cas l'individu ou l'organisation a renoncé à une certaine légitimité ou crédibilité au sein du système d'application de la norme en adoptant un comportement déviant. Les sanctions ne sont pas toujours avérées. Toutefois, plusieurs facteurs identifiés au cours de l'enquête[1] conduisent les individus et les organisations à d'inéluctables situations de déviance et, ainsi, de s'exposer à un plus grand risque de sanctions.

2.2. Le dilemme action-précaution

« L'enfer, dit-on, *est pavé de bonnes intentions ».* S'il est reconnu que l'absence de normes est une source de dysfonctionnements dans un groupe ou une société (Reynaud, 1997), l'autre extrême, l'abus ou la défaillance du principe de précaution, constitue également une source de risque. Ce phénomène est principalement soulevé dans le domaine réglementaire plutôt que celui des normes volontaires. L'expression « principe de précaution » découle d'une traduction de l'allemand *Vorsorgeprinzip*, terme des années 1970 (Christiansen, 1994) pour qualifier un principe de prévoyance ou de souci. Il peut également être relié à de nombreux aphorismes et avertissements de sagesses populaires telles *« qu'une once de prévention vaut mieux qu'une livre de guérison »* ou encore *« mieux vaut prévenir que guérir »*. Dans certains systèmes juridiques, comme dans la loi de l'Union européenne, l'application du principe de précaution est une obligation légale dans certains domaines du droit.

[1] Cf. section *2. Relativité et facteurs amplificateurs du risque normatif*

Le principe de précaution est utilisé par les normalisateurs pour justifier de leurs décisions discrétionnaires dans les situations où une action entraîne un dommage potentiel tant sur la société que les parties prenantes à ces situations, mais que les connaissances scientifiques en la matière font défaut. Dans certaines situations, les effets négatifs de certaines actions ne sont pas connus et mesurables, faisant place à l'incertitude. D'une part, l'incertitude scientifique quant à la probabilité du risque futur, correspondant à une grande diversité de croyances, incite la société à prendre des mesures de prévention plus fortes au temps présent (Gollier, Jullien, Treich, 2000). D'autre part, certaines conséquences futures risquent de s'avérer irréversibles. Selon Epstein (1980), Arrow et Fischer (1974), les phénomènes d'irréversibilité provoquent un effet de *quasi-option* pour les acteurs comme pour les organisations et devraient inciter la société à favoriser, à travers l'édiction de normes, le choix d'actions qui permettront une plus grande souplesse dans le futur.

La version *faible* du principe de précaution postule que l'absence de preuve des risques potentiels de certaines actions ne constitue pas une raison de refuser de réglementer.

Dans sa version *forte*, il postule qu'une action engendrant des risques inconnus devrait être interdite jusqu'à ce que des preuves scientifiques démontrent que l'action ne peut pas produire de dommages (Sunstein, 2005). Les mesures protectrices prises par précaution peuvent être assouplies lorsque d'autres découvertes scientifiques fournissent des preuves tangibles que les risques d'une action sont moins importants que prévu. Bien que proéminent en politique environnementale, les régulateurs et les gouvernements ont invoqué le principe de précaution pour édicter des réglementations dans d'autres domaines tels que la sécurité alimentaire, la prévention sociale comme médicale, la prévention du crime et le terrorisme.

Une défaillance du principe de précaution réside dans le *risque engendré par la précaution* prise par le normalisateur contre une action. En effet, l'action et l'inaction comportent simultanément des risques et les mesures de précaution par rapport à ces actions créent nécessairement leurs propres dangers. Cela signifie qu'il existe des risques contre lesquels le principe de précaution protège, mais il y a aussi des risques qui découlent de la réglementation par principe de précaution. Les deux types de risques peuvent être importants. Par exemple, la chirurgie expérimentale à cœur ouvert peut tuer le patient, mais une interdiction de chirurgie expérimentale peut également causer la mort du patient ainsi que celles d'autres personnes qui auraient pu être sauvés par la connaissance potentiellement acquise par la chirurgie (Sunstein, 2005). Dans le domaine de la gestion et à travers l'enquête menée, même si leur promulgation résulte d'un choix conscient, les normes, telles que certaines interdictions ou la cristallisation d'un *« one best way/ choice »*, produisent des conséquences inattendues qui obligent les organisations à repenser leurs objectifs économiques et politiques ainsi que les moyens mis en œuvre pour les atteindre (Leblebici, Salancik, Copay, King, 1991). Ainsi, lorsqu'elle est confrontée à un choix entre les dangers potentiels associés à l'action et de l'inaction, la forme la plus forte du principe de précaution offre peu d'indications. Lequel des deux risques la normalisation devrait-elle alors pallier ?

2.3. La dégradation du ratio risque/bénéfice

L'enquête illustre plusieurs situations dans lesquelles les managers interrogés considèrent que la mise en œuvre de certaines normes constitue une source de coûts. Proche des hypothèses de l'école classique, cette représentation du risque normatif repose sur l'idée selon laquelle des normes accroissent les coûts de production et réduisent les profits de l'organisation. Ainsi, une organisation soumise à ces normes indésirables[2], souvent exogènes, sera moins performante et compétitive qu'une organisation qui ne l'est pas (Ambec, Barla, 2007).

Cette représentation, telle qu'exprimée par les acteurs interrogés, considère d'autre part que ces normes viennent s'interposer dans l'association libre entre deux ou plusieurs individus et/ou organisations, étrangères donc à leur *affectio societatis.* La loi fondamentale d'une économie efficace ne repose-t-elle pas, en effet, sur l'égalité entre l'offre et la demande, les conventions passées entre les acteurs, en vertu de la confiance, de leur volonté de s'associer, pour se satisfaire mutuellement au regard de leurs contrats ? Certaines approches libérales associent même les lois et des réglementations, parce qu'elles constituent également des éléments de structuration des organisations (Paillusseau, 1989), à des ingérences non optimales et coûteuses, méconnaissant la *« réalité du terrain »,* (Savall, Zardet, 2005, 2013), à des agressions, des tentatives d'interposition et de prise de pouvoir par des tiers dans des transactions pour lesquels la volonté de s'associer suffit (Mill, 2006).

Sous une perspective entrepreneuriale, les individus interrogés expriment une dégradation de la relation entre «*prise de risque* » (entrepreneurial) et « *retour/bénéfice* », tel que l'observe également Pesqueux (2011). En mobilisant ses ressources dans son entreprise, l'entrepreneur prend un risque financier, récompensé par un profit ou sanctionné par une perte. Les coûts de mise en conformité aux dispositions normatives indésirables détournent ces ressources de son cœur de métier, des opérations productrices de valeur ajoutée. Ces normes entravent également la créativité organisationnelle dans la tentative de réponse aux besoins réels. Les conditions de pertinence de cette représentation du risque reposent toutefois clairement sur la nature de

---

[2] Plusieurs prismes expliquent le critère de désirabilité selon les personnes interrogées. Ils sont présentés dans la section *2. Relativité et facteurs amplificateurs du risque normatif*

l'objectif principal poursuivi, à nommer la maximisation des profits ou encore la constitution de gains financiers maximaux (Palmer, Oates, Portney, 1995 ; Ambec, Barla, 2007), ainsi que sur l'incapacité des normes ainsi critiquées à contribuer directement à la performance opérationnelle, telle qu'observée également par l'économie de la standardisation (Shapiro, Varian, 1999), ou à entraîner un potentiel de valorisation supplémentaire, également vu en stratégie (Reddy, 1990b).

C'est à l'aune de ce prisme d'appréciation du risque qu'émerge le « *risque normatif* », ce potentiel de détournement de ressources venant aggraver le risque pris par l'entrepreneur. Suivant cette représentation, la Banque Mondiale et les experts du World Economic Forum, classent la France seulement 34e derrière des pays comme le Portugal ou l'Arménie en termes de facilité d'affaires, et voient, dans les programmes politiques de réduction du nombre de normes, un certain *« nombre de mesures favorables »* à la compétitivité. En effet, dans l'univers concurrentiel, les inégalités de prévalence normative entre territoires influencent la compétitivité des entreprises concurrentes, avantageant les entreprises implantées sur les territoires exemptés de ces normes indésirables. Selon les préconisations faisant suite au classement, simplifier les processus administratifs permettrait de réduire le « *risque réglementaire* », en référence à un coût pour entreprendre alourdi par la nécessité de se conformer, à la probabilité de se retrouver au cœur de litiges juridiques ou celle d'un marché violenté par l'instabilité du cadre normatif, générant de fait une peur d'entreprendre et un blocage de la croissance, voire un chômage restant à un niveau « *obstinément élevé* ».

Bien entendu, cette représentation du risque normatif trouve ses limites dans ses prémisses mêmes. Qu'est-ce qu'une norme indésirable ? Le prisme partial et unique de l'intérêt économique de l'organisation permet rarement de prendre en compte les conséquences des décisions managériales et de l'activité des organisations en dehors de la maximisation des gains financiers. Il exclut le débat sur l'interaction entre l'entrepreneur et son milieu, sur la prise en charge des externalités négatives de son activité, de natures diverses, sociales, écologiques, économiques, qui sont également « coûteuses ». Ce débat reste complexe compte tenu de la difficulté d'établir les responsabilités qu'une organisation doit prendre en charge ou non, ainsi que la question de savoir qui est le plus à même de gouverner quoi. Cette question est abordée dans les sections suivantes pour mieux comprendre la relativité, voire la subjectivité du concept de risque normatif selon les individus.

2.4. Le désavantage concurrentiel

L'enquête montre que les organisations ne disposent pas des mêmes capacités d'adaptation aux normes. Ce résultat rejoint d'abord les observations de la théorie néo-institutionnelle. Bien que les organisations soient des entités façonnées par les pressions institutionnelles qu'elles subissent (Barley, Tolbert, 1997), les normes sont filtrées et mises en œuvre différemment sur le terrain. En effet, face à une même norme à laquelle les organisations sont tenues de se conformer, elles ne disposent pas des mêmes capacités à s'adapter à cause de leur aptitude propre à réduire ce coût d'adaptation (Greenwood, Hinings, 1996 ; Lounsbury, 2001). Ainsi, en stratégie, une organisation qui s'adaptera avec la meilleure efficience améliorera sa position concurrentielle face aux concurrents moins adaptés (Ambec, Barla, 2007). De plus, si ces normes sont substantiellement favorables à l'organisation et que leur adoption permet de développer de nouvelles activités ou d'exploiter de nouveaux marchés, se conformer aux normes en premier ou disposer des moyens pour s'y conformer le plus rapidement confère une avance stratégique (Lieberman, Montgomery, 1988). L'étude n'identifie toutefois pas le concept de désavantage concurrentiel lié à l'inégalité de la prévalence des normes selon les territoires alors qu'il s'agit d'un phénomène étudié en stratégie.

2.5. La non-innovation

Une forme du risque normatif réside dans la difficulté potentielle de réaliser des innovations du fait de l'existence de normes. Trois explications ont été relevées au cours de l'enquête. D'abord, le risque de non-innovation peut être lié aux stratégies concurrentielles des organisations reposant sur les propriétés opératoires de la norme. D'une manière générale, l'usage des normes dans un système donné réduit la capacité de différenciation des acteurs et des organisations de ce système, et par conséquent d'innovation, tant sur les produits que les procédés. Les travaux dans cette discipline ajoutent d'ailleurs que l'usage collectif de normes, par ses propriétés opératoires des normes, est d'abord destiné à renforcer l'efficience, favorisant alors des stratégies de domination par les coûts et décourageant la différenciation de ses produits ou services (Swann, 2000, 2010), en permettant uniquement des innovations dans le périmètre de la variété substantiellement permise par celle-ci (Christensen, Raynor, 2003).

La non-innovation peut également provenir d'un phénomène de déterminisme qui restreint l'imagination des individus dans l'organisation. Les individus font certains choix ou agissent conformément à une norme non pas forcément parce qu'ils craignent la sanction, ni parce qu'une action semble appropriée, ni parce que l'individu ressent une sorte d'obligation sociale. Au lieu de cela, les acteurs font des choix conformes à la norme parce qu'ils ne peuvent envisager aucune autre solution. Ce phénomène a surtout été étudié par les théories institutionnelles. Selon Scott (2001) ou North (1991), la conformité se produit alors parce que les alternatives, c'est-à-dire les autres types de comportements, sont difficilement concevables par les acteurs. Les routines et les normes qui les formalisent sont suivies car elles sont prises pour acquis et reflètent « *la façon dont on fait les choses* ». Les normes constituent, volontairement ou par déterminisme, des référentiels d'action. Les normes ont ainsi pour fonctions de façonner, voire de prédéterminer les choix et les stratégies des acteurs (Weber, 1924 ; Meyer, Rowan, 1977 ; DiMaggio, Powell, 1983, 1991). Cette théorie s'ancre fortement dans l'idée que le choix stratégique dans l'environnement institutionnel est, en quelque sorte, un mythe parce les acteurs et leurs intérêts sont conditionnés par l'environnement pour faire ces choix (DiMaggio, Powell, 1991; Friedland, Alford, 1991). Les normes constituent alors des structures supraorganisationnelles de l'activité humaine, canaux par lesquels les individus comme les organisations produisent et se reproduisent et par lesquelles elles organisent le temps et l'espace (Friedland, Alford, 1991). Elles contribuent finalement à la perpétuation de l'ordre socio-économique et de la sécurité au sein d'un marché ou de la société, limitant toute forme d'innovation (North, 1991 ; Friedland, Alford, 1991).

Enfin, la non-innovation est liée au sentiment d'impuissance des managers. Dans les cas observés, face à l'instabilité et à la complexité des normes, les managers se trouvent parfois en difficulté face aux normes et aux réglementations. Elle se traduit par une paralysie dans la prise de décisions et dans l'innovation, par crainte de ne pas respecter telle ou telle norme. Ce phénomène observé rejoint également les conclusions de travaux en gestion sur la prolifération des normes (Savall, Zardet, 2005, 2013).

3. Relativité et facteurs amplificateurs du risque normatif

Les risques identifiés restent toutefois sujets à débat dans la mesure où leur appréciation fait l'objet de biais idéologiques ou partiaux, au regard des valeurs et des intérêts défendus par des parties prenantes interrogées. Il convient donc, dans un premier temps, d'éclaircir ces prismes de jugement. L'analyse qualitative, de type exploratoire, a également permis d'identifier plusieurs facteurs et phénomènes susceptibles, seuls ou combinés, de générer ou de renforcer les risques normatifs précédemment exposés. Quatre facteurs sont liés à la qualité du cadre normatif, et trois à des caractéristiques endogènes des organisations qui doivent les mettre en œuvre (tableau 2).

Tableau 2. Facteurs du risque normatif

Catégories	Facteurs de risque
Relativité du risque normatif	Valeurs et redevabilité Stratégie de légitimation Modèle économique Privilèges exclusifs
Qualités du cadre normatif	Puissance d'éviction des alternatives Précision des normes Élaboration participative Dynamique des normes
Qualités de l'organisation	Compétences d'adaptation Capital relationnel Idiosyncrasies

3.1. Prisme de relativité du risque normatif

L'enquête permet d'identifier quatre constituants du prisme d'appréciation du risque normatif par les individus représentant les organisations.

Valeurs et redevabilité. Les individus, et les organisations qu'ils représentent, apprécient l'importance du risque normatif à travers le filtre de leurs valeurs. Le terme « valeur » se réfère ici à une perception éthique du meilleur choix et de l'objectif à poursuivre. Plus la norme est alignée avec ces valeurs, moins le risque normatif est perçu important. Ensuite, l'appréciation du risque normatif est conditionnée par la représentation des individus de leur *redevabilité*. « *Aucun homme,* » écrivit le poète anglais John Donne dans *Devotion upon Emergent Occasion* (Donne, 1975), « *n'est une île* ». Le sens de ce vers est que dans toute société, les actes de chacun nuisent ou bénéficient aux autres. Ainsi, les activités des individus et des organisations, commerciales ou non, provoquent nécessairement des externalités, au sens économique du terme, sur les parties prenantes aux contrats mais également sur les tiers. Ces externalités peuvent par exemple être écologiques, à l'instar de la pollution issue de l'extraction de ressources naturelles ou de la production de déchets. Dans ce cas de figure, l'organisation qui refuse de payer le coût de prévention et d'annihilation de la pollution fait directement « supporter » son coût à la société, soit en termes physiologiques, par la dégradation du milieu de vie, de la santé publique, soit en termes financiers, en réduisant la valeur économique du milieu dégradé et/ou en poussant le gouvernement ou les associations de défense de l'environnement à investir les fonds issus de la collectivité pour réduire la pollution, sans que la société ne bénéficie de la plus-value créée par l'activité de l'organisation. Le même principe d'externalisation des coûts peut concerner d'autres dimensions de l'activité de l'organisation. Ainsi, une organisation peut produire des externalités sociales, telles que la précarisation, la modification de la vie familiale des travailleurs et de leurs parents, ou encore l'élévation ou la perte de la dignité humaine à travers les conditions de travail. Une organisation génère également des externalités économiques, telles que la mauvaise répartition de la valeur du produit ou du service créé, la création d'écarts de richesse, la dégradation ou l'amélioration de la richesse nationale, ou encore la détérioration de la situation de l'emploi. L'externalisation apparaît alors comme un phénomène de répartition du coût des activités qui se produisent dans une société : qui supportera le coût de tel ou tel acte ? et qui en tirera profit ? Pour assurer la prise de responsabilité des actes et la redevabilité de chaque individu et de chaque organisation, des normes sont établies par diverses entités avec ou sans la contribution de l'organisation. Certaines théories de la *stratégie* soutiennent ainsi qu'en conférant des responsabilités, les normes ont pour fonction de renforcer la responsabilité sociale des organisations (Igalens, Penan, 1994 ; Igalens, Point, 2009 ; Thibierge, 2009 ; Trébulle, Uzan, 2011). Les théories juridiques soutiennent que la perception des normes comme sources de risque est souvent liée à la défaillance des processus de normalisation privée, qui désarticulent les aspects opérationnels et économiques de leurs activités de leurs aspects sociétaux, générant alors ces écarts d'appréciation du risque, et obligeant les autorités à établir des règles sur ces dimensions délaissées et pourtant cibles d'externalités (Paillusseau, 1989, 1996, 1997 ; Lande, 1993 ; Frison-Roche, 1998, 2002, 2004). Ainsi, plus les individus se sentent redevables par rapport aux différentes externalités produites par leurs actions, moins ils considèrent les normes comme des contraintes iniques, atténuant alors leur perception des différentes formes du risque normatif. Ces représentations définissent en partie ce qu'ils considèrent comme des normes désirables ou indésirables.

Stratégie de légitimation. Si la plupart des théories abordées conviennent que la conformité aux normes génère de la légitimité auprès des parties prenantes (Mione, 1994 ; DiMaggio, Powell, 1983), l'enquête apporte une nuance. Elle montre que les acteurs adoptent leur stratégie de régulation des injonctions normatives (conformité, arbitrage, déviance, découplage, dépassement ou manipulation) en fonction de celle qui peut renforcer leur légitimité auprès des membres du/des groupe(s) dont ils dépendent. Deux aspects de la quête de légitimité influencent le jugement des acteurs sur le risque normatif. Le premier est l'effort consenti dans l'amélioration d'une image publique et politique : plus l'acteur ou l'organisation estime consacrer des ressources et des efforts dans l'objectif spécifique d'améliorer son image publique, notamment à travers la stratégie de conformité, de découplage ou de manipulation, plus l'environnement normatif lui apparaît comme une source de risques. Le second est l'effort consenti dans la recherche d'un compromis entre les parties prenantes requérant la conformité et qui se révèlent pourtant critiques pour l'organisation : plus ces efforts sont jugés importants ou peu efficaces, plus les acteurs estiment que l'environnement normatif est source de risques.

Modèle économique. Les organisations perçoivent les risques issus de l'environnement normatif à travers le filtre de leur propre stratégie d'obtention de ressources. Un environnement normatif est ainsi jugé potentiellement risqué lorsqu'il entrave l'obtention ou une meilleure allocation de ressources et, inversement, opportun lorsqu'il la favorise. Avant d'observer ce phénomène, deux observations préalables doivent être émises. La première est que les normes influencent l'acquisition et la circulation des ressources. Ainsi, en est-il par exemple, du salaire minimum, des budgets votés par les autorités publiques, des prix réglementés, des grilles d'évaluation financière des biens et services, des impôts, etc. La seconde observation est que les normes influencent l'allocation des ressources. La relativité du risque normatif est ainsi subordonnée à la stratégie de conquête de ressources adoptée par l'organisation. Par exemple, pour les organisations adoptant des stratégies de réduction de coûts classiques, les dispositions normatives perçues comme indirectement productives sont décriées comme une source de risque. Pour des organisations adoptant des stratégies de balkanisation[3], les normes favorisant l'ouverture de l'organisation ou les partenariats externes sont jugées sources de risques puisqu'elles mettent en danger le maintien des privilèges acquis par le cloisonnement. Pour les organisations dont la stratégie de développement repose sur l'innovation, les normes peuvent constituer un risque ou une opportunité en fonction de leur contenu substantiel.

Privilèges exclusifs. Enfin, la recherche d'une situation exclusive ou d'avantages exclusifs influence le jugement des acteurs sur le risque engendré par les normes établies. Les acteurs dont la situation favorable et/ou des privilèges exclusifs sont institutionnalisés par des normes considèrent ces normes comme des sources d'opportunités, tandis que les acteurs exclus de ces situations privilégiées identifient une situation de désavantage potentiel. Au cours de l'enquête, deux situations de

[3] Expression développée par Mintzberg (1979) : la stratégie de balkanisation consiste pour la ligne hiérarchique d'une organisation à tirer l'organisation dans une direction qui lui est favorable, au détriment des autres structures possibles d'organisation. À l'extrême, elle pousse l'organisation à se diviser en de petites unités à l'intérieur desquelles les acteurs exercent un contrôle sur leurs propres décisions. Ces unités cherchent à rester cloisonnées pour préserver leurs avantages et leurs contrôles respectifs.

renforcement des privilèges exclusifs sont récurrentes. La première est celle où les normes, de par leur seule application, engendrent une raréfaction des facteurs de production. La seconde est celle où l'application de normes provoque une restriction de la liberté de concurrence.

Les interactions entre ces constituants suggèrent les phénomènes suivants, qui constituent les hypothèses résultant de l'analyse exploratoire et nécessiteraient une validation statistique.

Hypothèse 1 : Plus la norme est alignée avec les valeurs d'une organisation et sa perception de redevabilité, moins la norme sera considérée comme une source de risque.

Hypothèse 2 : Plus la conformité à une norme conditionne la légitimité, l'obtention de ressources ou de privilèges, moins la norme sera considérée comme source de risque.

3.2. Qualités du cadre normatif

L'enquête permet d'identifier quatre facteurs liés à la qualité du cadre normatif qui influencent l'importance du risque normatif.

Eviction des alternatives. La norme, en prescrivant un scénario d'action, évince naturellement les autres scénarios possibles. L'impossibilité de recourir à ces alternatives génère, en termes économiques, un coût d'opportunité. Plus celui-ci est élevé, moins la stratégie de conformité est avantageuse ou efficace, en fonction de l'objectif recherché. Une norme peut par exemple restreindre la variété ou la quantité de produits et de services mis sur un marché donné, cristalliser des procédés techniques ou des méthodes d'organisation devenus obsolètes par rapport aux évolutions sociétales ou du marché, ou obliger à utiliser telle ou telle matière première alors que des alternatives moins coûteuses, plus efficaces ou plus écologiques sont disponibles. Cette puissance d'éviction repose sur des caractéristiques relatives à l'environnement normatif, tels que la force de coercition des entités normalisatrices, de contrôle ou pourvoyeuses de ressources, ou encore la puissance de l'effet de réseau empêchant de s'aventurer hors de sentiers battus au risque de perdre les avantages de l'utilisation collective des normes de par ses propriétés opératoires (économies d'échelles, exploitation d'infrastructures communes, possibilité de spécialisations, etc.). D'autre part, les critères de contrôle issus revêtent souvent un caractère restreint, occultant l'ensemble des dimensions nécessaires à la prise de décision managériales, ses contraintes sociales, économiques, matérielles, ses savoir-faire. Cette caractéristique amplifie les risques normatifs, tel que le risque d'une sanction.

Précision des normes. Deux situations archétypales sont identifiées. La première est celle de l'application d'une norme engageant la responsabilité de l'organisation mais ne détaillant pas suffisamment les informations techniques nécessaires à sa mise en œuvre. Dans une telle situation, et en fonction des opportunités ou conséquences bénéfiques attendues de la conformité, l'organisation est susceptible de connaître un retard stratégique. Dans la même lignée, comme les normes constituent également des critères de contrôles, les acteurs interrogés soutiennent que des critères flous ou sujets à interprétation peuvent être source d'iniquité au cours des contrôles de conformité. La seconde situation est celle où le niveau de précision de la norme est élevé, mais inadéquat. Cette situation se produit par exemple lorsque le développement de l'organisation est fondé sur l'innovation et la créativité. Elle se produit également, dans une perspective opératoire, lorsque les efforts de gestion liés à la rigidification du fonctionnement deviennent plus importants que les bénéfices de la norme, trop prescriptive, par exemple en introduisant des lourdeurs administratives superflues ou davantage d'efforts de coordination. Certaines normes renforcent également les risques, notamment lorsqu'elles prescrivent les buts et les objectifs à poursuivre. Leurs conséquences vont d'une complexification ou d'un accroissement du volume de travail à la remise en question potentielle de la raison d'être de l'organisation.

Élaboration participative. La participation aux processus de normalisation est identifiée par les individus comme un facteur de risques ou d'opportunités. L'enquête montre que ne pas participer ou être représenté aux processus de normalisation qui s'appliqueront sur l'organisation est susceptible de générer des risques ultérieurement. Ces risques peuvent provenir de la conception des normes par des acteurs éloignés de la réalité vécue par les organisations en charge de les appliquer. Mettre en œuvre des normes potentiellement inadaptées ou décontextualisées constituera alors une source de contraintes. Ces risques proviennent également du concours d'organisations concurrentes dans les processus de normalisation qui s'appliqueront sur l'organisation. L'ensemble des théories étudiées reconnaît d'ailleurs que les entreprises privées proches des gouvernements, par leurs stratégies d'influence (Rival, 2002) individuelles ou coopétitives (Mione, 2006), obtiennent beaucoup plus d'avantages que les autres sur le marché en raison des normes qui sont conçues en leur faveur. Leurs marchés sont mieux protégés, leurs technologies mises en avant dans des procédés à adopter par tous, des mesures sont prises et les favorisent au regard de leurs forces idiosyncrasiques, etc. Inversement, les entreprises écartées de ces rapports et processus de normalisation s'en retrouvent désavantagées. Cette situation est rendue possible par la porosité des sphères de normalisation, soit *« l'interpénétration des sphères de gouvernance »* (Pesqueux, 2010, 2007), qui peut se manifester par une perte de souveraineté de l'État face à des pouvoirs privés, renforçant ainsi le pouvoir de gouvernance des administrateurs des entreprises et bouleversant les champs d'autorité respectifs (Rouland, 1991, 2004 ; Thibierge, 2008, 2009 ; Boncori, Cadet, 2013). Dans l'industrie, par exemple, les normes privées exercent un impact si important sur la structure de la technologie et du marché, et la proximité entre industries ou sociétés technologies et gouvernements est souvent telle que la limite entre la régulation et la standardisation s'estompe (Tassey, 1995, 1997, 2000). Ces risques proviennent enfin du concours d'organisations « administratrices » des normes. Leur cycle de vie (formations, mise en place, contrôles, mise à jour, etc.) constituant une source de risque entrepreneurial car générant certains coûts (Savall, Zardet, 2005, 2013 ; Bessire, Cappelletti, Pigé, 2010)

Les sciences humaines tendent à adopter la taxonomie des normes fondée sur leur origine, *de jure* publiques ou réglementaires, *de jure* privées ou volontaires, et *de facto*, pour expliquer leur perception en tant que source de contraintes et de risques. La prémisse faisant de la première une source de contraintes car éloignée des préoccupations gestionnaires et des secondes des sources d'efficacité ou de performance[4]. Sans pour autant nier la plausibilité de ce prisme, la présente recherche s'étaye d'une autre hypothèse. Du fait de l'interpénétration des sphères de gouvernances et de l'immanence de stratégies concurrentielles à leurs délibérations, le prisme de l'exogénéité des normes semble plus pertinent qu'une taxonomie fondée sur une origine supposée où les acteurs, finalement, interagissent ou s'excluent. Ce prisme d'exogénéité, à l'instar du prisme de redevabilité, influence partiellement la considération des normes comme « désirables » ou « indésirables » par les organisations. Par exemple, à l'issue de la construction de règles d'État au cours de laquelle une entreprise a exercé son influence, par exemple par consultation officielle ou par lobbying, la réglementation issue est susceptible de lui générer moins des contraintes. Inversement, une entité locale recevant des procédures construites unilatéralement par les experts du siège ou de la maison mère, même si juridiquement elles constituent une seule et même organisation, est susceptible de considérer ces règles comme exogènes, et comme des sources de contraintes et de risques locales (ex cas d'étude de Collard, 2013).

Dynamique des normes. L'enquête montre qu'un environnement normatif dynamique est théoriquement souhaitable, particulièrement lorsque les normes évoluent de concert avec les innovations technologiques, les transformations de mœurs et l'évolution des besoins. Toutefois, trois aspects de la dynamique des normes génèrent des risques. Le premier est la prolifération excessive de normes. Plus le nombre de normes à respecter est élevé, plus il est susceptible de provoquer des contraintes importantes sur l'organisation. Ce phénomène génère des disproportions (Savall, Zardet, 2005, 2013 ; Bessire, Cappelletti, Pigé,

---

[4] Cf. 2.2, paragraphe *Valeurs et redevabilité*

2010), que Crozier appelait déjà la « *folie réglementaire* ». Il génère également des contradictions (Swidler, 1986 ; Pache, Santos, 2010). Le deuxième aspect est la promptitude de la norme à tomber dans l'obsolescence. Plus l'évolution des besoins est rapide, plus les normes que l'organisation est censée mettre en œuvre risquent de tomber dans la désuétude. Ainsi, plus l'environnement est évolutif, plus l'environnement normatif est contraignant, du fait de sa lenteur sans oublier que les normes sont généralement établies après les innovations et les changements. Ces dynamiques, se manifestant par changements soudains de normes, et caractéristiques d'un environnement instable, sont souvent catalysées à leur tour par le constat d'incompatibilités entre les normes dans le champ institutionnel large de l'organisation (Tushman, Anderson, 1986), entraînant alors une spirale négative de la turbulence de l'environnement (Edelman, 1992 ; Scully, Meyerson, 1996). Le dernier aspect est l'inégalité de la prévalence normative selon les territoires, générant des avantages ou des désavantages selon l'implantation territoriale d'un acteur ou d'une organisation. Cette dynamique trouve notamment racine dans les stratégies d'influence précédemment observées, ainsi que dans les biais psychologiques tels que l'aversion au risque dans les initiatives de normes (Sunstein, 2005).

Efficacité des contrôles. Selon les acteurs interrogés, trois caractéristiques des contrôles de conformité influencent le risque normatif. La première est la probabilité de survenance du contrôle de conformité aux normes, souvent conditionnée par la désignation et la reconnaissance effectives des acteurs ou des organisations pouvant occuper cette fonction. Le deuxième est la coordination des institutions dans le contrôle de conformité. Plus les institutions et/ou les organismes de contrôle sont synchronisés, plus le contrôle de l'acteur ou de l'organisation est susceptible de se produire, et subsidiairement de produire des effets contraignants. La troisième est la stratégie clientéliste des contrôleurs. Les évaluations rendues par les organismes de contrôle sont jugées partiales puisqu'elles sont rarement indépendantes, et formulées de manière à favoriser la relation privilégiée qu'ils entretiennent avec les parties prenantes qui satisfont leurs intérêts. De plus, la possibilité de sanction n'est pas toujours avérée en cas de déviance. Selon la théorie juridique, dans la justification de leur conduite comme de leurs choix politiques, notamment lorsque celles-ci transgressent des normes, l'environnement normatif de l'entreprise applique de plus en plus un principe de *comply or explain* : appliquer ou expliquer (Gendron *et al.*, 2003 ; Dumez, 2008 ; Fasterling, Duhamel, 2009 ; Boncori, Cadet, 2013 ; Deumier, 2013).

Les interactions entre ces constituants suggèrent les phénomènes suivants, qui constituent les hypothèses résultant de l'analyse exploratoire et nécessiteraient une validation statistique.

Hypothèse 3 : Plus la norme évince les alternatives potentiellement favorables, plus le risque normatif est élevé

Hypothèse 4 : Un niveau de précision trop élevé ou trop faible génère des risques

Hypothèse 5 : Plus l'environnement normatif est instable, non participatif et contrôlant, plus le risque normatif est élevé

3.3. Qualités de l'organisation

L'enquête permet d'identifier quatre facteurs endogènes à l'organisation qui influencent le risque normatif. Ces facteurs sont résumés dans les hypothèses suivantes.

Compétences d'adaptation. Deux facteurs portent sur la possession ou non de certaines compétences déterminantes dans la capacité d'une organisation à réguler plus ou moins efficacement les pressions de l'environnement normatif. La première compétence consiste en la maîtrise des informations. Plusieurs aspects sont observés. Le premier concerne la maîtrise des informations sur les normes auxquelles l'organisation est tenue de se conformer : prise de connaissance, extraction des informations techniques et pédagogie dans la diffusion interne. Le deuxième aspect concerne la diffusion des informations sur les pratiques de l'organisation : promotion, filtrage des informations vers l'externe. Le dernier aspect concerne la maîtrise de la circulation administrative des informations. La deuxième compétence porte sur les compétences techniques pour appliquer les normes. D'une part, la capacité d'une organisation à comprendre les prescriptions techniques des normes est susceptible d'atténuer les contraintes issues de la stratégie de régulation qu'elle choisira. D'autre part, la possession d'une expertise technique sur l'objet normalisé peut permettre à l'organisation de justifier ses pratiques en cas de déviance, voire de délégitimer les pressions exercées par les normalisateurs et les contrôleurs.

Réseaux et relations. La capacité d'un acteur ou d'une organisation à établir et à développer son capital relationnel avec d'autres acteurs clés de son environnement institutionnel est susceptible de réduire l'ampleur des contraintes normatives auxquelles il doit faire face. L'enquête révèle quatre attributs déterminants pour se faire coopter : l'expertise, la renommée, le pouvoir coercitif et/ou la puissance économique de l'organisation. Trois types de relations se distinguent. Le premier est la relation entre l'acteur et ses parties prenantes directes. L'étude montre que, d'une manière générale, l'intensité de la concurrence ou du manque de cohésion dans un groupe donné accroît la probabilité d'émergence de conflits dans lesquels les normes constituent des outils de pression. Inversement, la capacité d'un acteur à établir des relations de confiance, de loyauté et de solidarité réciproque avec ses parties prenantes directes réduit les contraintes normatives. Une proximité, parfois temporaire, avec les concurrents permet également de s'engager dans des relations de coopétition destinées à influencer les sphères de normalisation publiques (Mione, 2006). Le deuxième type de relation est la relation entre l'acteur et les contrôleurs de conformité. Les acteurs ont intérêt à développer des stratégies pour que l'issue des contrôles soit positive. Le dernier type de relation est la relation entre l'acteur et les normalisateurs. Les normalisateurs sont les acteurs ou les organismes dont la fonction est d'émettre ou de valider des normes. Plus les acteurs sont proches des normalisateurs, plus les normes édictées sont susceptibles de satisfaire leurs intérêts spécifiques. La construction de telles relations peut se réaliser de diverses manières mais repose plus généralement sur quelques facteurs : la forte porosité des sphères publiques et privées, particulièrement au niveau de leurs gouvernances respectives, le manque d'expertise ou de légitimité des organismes de normalisation, acculant ces derniers à coopter des acteurs du « terrain », ainsi que l'efficacité des méthodes de lobbying employées pour faire pression sur les processus de normalisation.

Idiosyncrasies. Plus la performance d'une organisation dépend de l'innovation ou de ses caractéristiques idiosyncrasiques, plus le risque normatif est élevé. Les acteurs observent que les normes prennent rarement en compte des cas spécifiques. Ce phénomène à la source de risques est au moins généré par trois mécanismes. La première est la nature généraliste de la norme qui, par essence, est peu adaptée en cas de forte spécificité des contextes d'application. En effet, les normes sont généralement élaborées pour réguler des situations générales, de manière à pouvoir être intégrées par des organisations partageant des traits similaires. Le second mécanisme est le rôle des idiosyncrasies de l'organisation comme facteurs de sa performance, au sens large. L'idiosyncrasie, telle que définie ici, se réfère à un ensemble de particularités, de traits de caractères et d'aptitudes propres et uniques à chaque acteur ou organisation, le plus souvent non reproductibles. Ces traits peuvent être, au regard de la norme, avantageux comme désavantageux. Il peut s'agir de facteurs tangibles, comme un emplacement géographique, des infrastructures, ou des matières premières très particulières, uniques. Il peut également s'agir d'éléments intangibles, par exemple une culture locale, des relations politiques ou encore des savoir-faire originaux, non copiables. Ainsi, d'une part, plus les produits et services, les méthodes d'organisation, la compétitivité, voire la raison d'être d'une entité reposent sur des caractéristiques idiosyncrasiques, plus la dépendance de sa légitimité et/ou de son opérationnalité à la conformité aux normes constitue une contrainte. L'enquête montre ainsi que l'importance des caractéristiques idiosyncrasiques d'une organisation pour sa survie et son fonctionnement influence plus ou moins le désavantage stratégique qu'elle est susceptible de subir. Le dernier mécanisme observé est la tendance des normes à favoriser substantiellement certaines organisations au détriment d'autres, notamment car les processus de normalisation subissent l'influence de nombreuses organisations en concurrence dans le but de protéger leurs intérêts et idiosyncrasies respectifs (Rival, 2002).

Les interactions entre ces constituants suggèrent les phénomènes suivants, qui constituent les hypothèses résultant de l'analyse exploratoire et nécessiteraient une validation statistique.

Hypothèse 5 : Plus une organisation dispose des compétences techniques et organisationnelles pour assimiler les normes, moins le risque normatif est élevé.

Hypothèse 6 : Plus une organisation développe son réseau avec les acteurs-clés de l'environnement institutionnel, moins le risque normatif est élevé.

Hypothèse 7 : Plus la performance d'une organisation dépend de l'innovation ou de ses caractéristiques idiosyncrasiques, plus le risque normatif est élevé.

CONCLUSION

Les normes sont réputées prévenir certains risques, mais le phénomène de risques immanents à leur existence constitue un sujet contemporain pour les sciences humaines. Pourtant, l'approche cloisonnée des normes et du risque normatif par les différentes disciplines ne permet pas de dégager une théorie générique et convergente. Cet article, à travers ses résultats empiriques et le prisme des préoccupations gestionnaires, tente de transcender les frontières entre la stratégie, l'économie de la standardisation, les théories juridiques et politiques, la théorie institutionnelle et néo-institutionnelle ainsi que la sociologie des organisations pour appréhender le concept du « risque normatif ».

Dans un premier temps, cet article décrit la diversité des risques encourus par les organisations du fait de leur existence et de leur application. Quatre formes du risque normatif ont été identifiées au cours d'une enquête et étayées par les théories étudiées. (1) Le risque de sanction est lié à la complexité de l'environnement normatif dans lequel l'organisation se retrouve en situation de déviance permanente. (2) Le dilemme action-précaution illustre la situation par laquelle tout choix comporte sa part de risque, incluant l'action ou l'inaction définies par la norme. (3) La dégradation du ratio risque-bénéfice se définit par une difficulté accrue d'entreprendre du fait de la prise en charge d'activités supplémentaires, nécessaires à la conformité à la norme. (4) Le désavantage concurrentiel est issu d'un retard d'adaptation à une norme avantageuse ou à un coût d'adaptation comparativement plus élevé que les concurrents.

Enfin, (5) la non-innovation consiste en un empêchement conscient ou structurel d'innover du fait de l'existence de normes.

La conscience et la mesure de ces risques sont toutefois conditionnelles, tant pour les acteurs interrogés et que selon les objets d'études des six corps de travaux, rendant cette analyse multidisciplinaire éclairante. L'article identifie ainsi le prisme employé par les individus pour définir si les normes sont « désirables » ou « indésirables », composé de quatre facettes. La première est celle des valeurs et de la perception de la redevabilité de l'organisation envers ses parties prenantes. La deuxième est celle de la stratégie de légitimité adoptée par les organisations, selon qu'elle repose ou non sur la conformité à telle ou telle autre norme. La troisième facette est le modèle économique des organisations, suivant l'influence que la conformité aux normes exerce sur leur stratégie de captation et d'allocation des ressources. Dans la même logique, la quatrième facette est celle des privilèges ou des situations d'exclusivités, suivant l'influence que les normes exercent sur l'institutionnalisation de ces éléments en faveur ou en défaveur de l'organisation.

La survenance et la gravité des risques normatifs reconnus par les organisations sont toutefois conditionnées par plusieurs facteurs. Quatre sont liés à la qualité des normes et de l'environnement normatif. (1) La puissance d'éviction des alternatives : plus la norme évince les alternatives potentiellement favorables, plus le risque normatif est élevé. (2) La précision des normes : dans certaines situations, des normes trop ou pas assez précises génèrent des risques. (3) L'élaboration participative des normes et (4) la dynamique des normes : plus l'environnement normatif est instable, non participatif et contrôlant, plus le risque normatif est élevé.

Trois facteurs de risques sont endogènes à l'organisation. (5) Les compétences d'adaptation : plus une organisation dispose des compétences techniques et organisationnelles pour se conformer, moins le risque est élevé. (6) Capital relationnel : la qualité des réseaux et les relations que les organisations entretiennent avec leurs parties prenantes, incluant les acteurs-clés dans les sphères de gouvernance publiques et privées, influence le risque normatif à l'issue des délibérations dans ces instances. (7) Idiosyncrasies : plus la performance d'une organisation dépend de l'innovation ou de ses caractéristiques idiosyncrasiques, plus le risque normatif est élevé.

Les recherches futures peuvent s'orienter vers l'analyse, avec pour objectif d'étudier l'occurrence et la gravité des risques normatifs, ou dans l'objectif d'identifier les stratégies à adopter pour mieux les prévenir. Ce processus d'identification ne peut toutefois aboutir sans une mesure de plusieurs des différentes variables identifiées. Elles peuvent également s'orienter vers les solutions à adopter pour prévenir les risques normatifs, à travers par exemple le prisme de la théorie des unités actives ou des stratégies socio-économiques destinées à éviter les risques de la tétranormalisation. La poursuite de ces travaux porterait également sur le concept de désavantage concurrentiel lié à l'inégalité de la prévalence des normes selon les territoires, non apparu dans les résultats compte tenu de la restriction géographique de l'analyse.

BIBLIOGRAPHIE

ABBOTT, K. W., SNIDAL, D. (2000), Hard and soft law in international governance, *International organization*, 54, 421-456.

AMBEC, S., BARLA, P. (2007), Survol des fondements théoriques de l'hypothèse de Porter', *L'actualité économique, Revue d'analyse économique,* 83, 399-413.

ARROW K. J., FISCHER, A. C. (1974), Environmental preservation, uncertainty and irreversibility, *Quarterly Journal of Economics*, 88(2), 312-319.

ARTHUR, B. (1987), Competing technologies: An overview, (S. University, eds) *Technical paper, Center for Economic Policy Research*, July.

ARTHUR, B. (1989), Competing Technologies, Increasing returns, and lock-in by historical events. *Policy Research,* 99(394), 116-132.

BARLEY, S. R., TOLBERT, P. S. (1997), Institutionalization and structuration: Studying the links between action and institution, *Organization Studies*, 18, 93-117.

BARRY, A. (1990), Technical harmonisation as a political project, in Locksley, G. (eds), *The single European market and the information and communication technologies*, London and New York, Belhaven Press (Pinter), 111-120.

BARTHELEMY, B. (2000), *Gestion des risques, méthode d'optimisation globale*, Paris, Editions d'organisation.

BESSIRE, D., CAPPELLETTI, L., PIGE, B. (2010), *Normes : origines et conséquences des crises*, Paris, Economica.

BONCORI, A. L., CADET, I. (2013), Le comply or explain, un avatar de l'accountability, *Revue française de gestion*, 213/8, 35-55.

BRECHET, J. P., MONIN, P., SAIVES, A. L. (2008), Légitimité, déviance et délit, *Revue française de gestion*, 34(183), 15-34.

BRINT, S., KARABEL, J. (1991), Institutional origins and transformations: The case of American community colleges, in U. o. Press. (eds), *The new institutionalism in organizational analysis*, 337-360.

CADET, I. (2010), La norme ISO 26000 relative à la responsabilité sociétale : une nouvelle source d'usages internationaux, *Revue internationale de droit économique*, 24(4), 401-439.

CANTRELL, J., COOKSON, G. (2002), *Henry Maudslay and the pioneers of the machine age*, Tempus, Stroud.

CAPPELLETTI, L. (2006), Vers une institutionnalisation de la fonction contrôle interne ?, *Comptabilité-Contrôle-Audit,* 12(1), 27-43.

CAPPELLETTI, L. (2012), *Le contrôle de gestion de l'immatériel : une nouvelle approche du capital humain.* Paris, Dunod.

CHRISTENSEN, C., RAYNOR, M. E. (2003), The innovator's solution: Creating and sustaining successful growth, *Research-Technology Management*, 46(5), 61-61.
CHRISTIANSEN, C. (1994), The Precautionary Principle in Germany: Enabling Government, in O'Riordan, T., Cameron, J., (eds), *Interpreting the Precautionary Principle*, London, Earthscan Publications Ltd, 31-60.
COHEN, S. (1985). *Visions of social control: Crime, punishment and classification.* Cambridge, Polity Press.
CLEMENS, E. S., COOK, J. M. (1999), Politics and institutionalism: Explaining durability and change, *Annual Review of Sociology*, 25, 441-466.
COHEN, E. (2001), *Dictionnaire de gestion*, Paris, La Découverte, col. Repères.
COLLARD, F., GOETHALS, C., VINCENT, A., WUNDERLE, M. (2013), L'actionnariat des entreprises en Wallonie (2010-2011), Courrier hebdomadaire du CRISP, 38, 5-44.
CORNU, G., ASSOCIATION HENRI CAPITANT (dir.) (2005), *Vocabulaire juridique*, Paris, Presses universitaires de France, coll. Quadridge, 7e édition, « Règle », 774.
CROZIER, M., FRIEDBERG, E. (1977), *L'acteur et le système*, Paris, Le Seuil.
DAVID, P.A. (1987), Some new standards for the economics of standarization in the information age, in C. U. Press (eds), *Economic Policy and Technological Performance*, 206-239.
DAVID, P. A., GREENSTEIN, S. (1990), The Economic of Compatibility Standard: An Introduction to Recent Research, *Economics of Innovation and New Technology*, 1, 1-12.
DEUMIER, P. (2013), Saisir le droit souple par sa définition ou par ses effets, in CE (dir.), *Le droit souple*, Paris, La Documentation française.
DIMAGGIO, P. J. (1988). Interest and agency in institutional theory, in Zucker, I., Zucker L. (eds), *Institutional patterns and organizations*, Cambridge, MA, Ballinger, 3-21.
DIMAGGIO, P. J., POWELL, W. W. (1983), The iron cage revisited: Institutional isomorphism and collective rationality in organizational fields, *American Sociological Review*, 48, 147-160.
DIMAGGIO, P. J., POWELL, W. (1991), Introduction. *The new institutionalism in organizational analysis*, Chicago, University of Chicago Press.
DONNE, J. (1975), *Devotions upon emergent occasions*, Oxford University Press on Demand.
EDELMAN, L. B. (1992), Legal ambiguity and symbolic structures: Organizational mediation of civil rights law, *American Journal ol Sociology*, 97(6), 1531-1576.
EPSTEIN L. (1980), Decision-making and the temporal resolution of uncertainty, *International Economic Review*, 21(2), 269-283.

FORAY, D. (1990), Exploitation des externalités de réseau versus évolution des normes : les formes d'organisation face au dilemme de l'efficacité dans le domaine des technologies de réseau, *Revue d'économie industrielle*, 51, 33-41.
FRISON-ROCHE, M. A. (2001), Le droit de la régulation, *Le Dalloz*, 7, 610-616.
FRISON-ROCHE, M. A. (2002), *Le droit français entre corporate governance et culture de marché. La montée en puissance des fonds d'investissement*, Paris, La Documentation Française, Les études collection.
FRIEDLAND, R., ALFORD, R. R. (1991), Bringing society back in: Symbols, practices, and institutional contradictions, in Powell, W., Dimaggio, P. (eds), *The new institutionalism in organizational analysis*, SAGE Publications Ltd, 232-263.
GENDRON, C., TURCOTTE, M. F., AUDET, R., DE BELLEFEUILLE, S., LAFRANCE, M. A., MAURAIS, J. (2003), La consommation comme mobilisation sociale : l'impact des nouveaux mouvements sociaux économiques dans la structure normative des industries, *Cahier de la Chaire de responsabilité sociale et de développement durable*, 15, 1-21.
GOERKE, L., HOLLER, M. J. (1995), Voting on standardisation, *Public Choice*, 83(3-4), 337-351.
GOLLIER C., JULLIEN B., TREICH N. (2000). Scientific Progress and Irreversibility: An Economic Interpretation of the Precautionary Principle. *Journal of Public Economics*, 75(2), 229-253.
GOODRICK, E., SALANCIK, G. R. (1996), Organizational discretion in responding to institutional practices: Hospitals and cesarean births, *Administrative Science Quarterly*. 41, 1-28.
GREINER, L., SCHEIN, V. E. (1988), *Power and organization development: mobilizing power to implement change*, Virginia, Addison-Wesley.
HAWKINS, R. (1995), Standards-making as technological diplomacy: Assessing objectives and methodologies in standards institutions, in Hawkins, R. W., Mansell, R., Skea, J. (eds.) *Standards, Innovation and Competitiveness: The Politics and Economics of Standards in Natural and Technical Environments*, Cheltenmham, Edward Elgar.
HAWKINS, R. (1995), The Public Sector and Information Technology Standards, *Science Technology Industry Review*, 16, 149-175.
HAWKINS, R. (1996), Standards for communication technologies: Negotiating institutional biases in network design, in Mansell, R., Silverstone, R. (eds.) *Communication by Design: The Politics of Information and Communication Technologies*, Oxford, Oxford University Press.
HELMS, W., SUDDABY, R., WEBB, K. (2013), Organization Text work and ISO 26000: Influencing the meaning of a practice-defining standard, *Academy of Management Annual Meeting Proceedings*.
IGALENS, J., PENAN, H. (1994), *La normalisation*, Paris, Presses universitaires de France.

IGALENS, J., POINT, S. (2009), *Vers une nouvelle gouvernance des entreprises : l'entreprise face à ses parties prenantes*, Paris, Dunod, coll. Stratégies et management.

LANDE, R. H. (1993), Chicago takes it on the chin: Imperfect information could play a crucial role in the post- Kodak world, *Antitrust Law Journal*, 62, 193-202

LEBLEBICI, R., SALANCIK, G. R., COPAY, A., KING, T. (1991), Institutional change and the transformation of interorganizational fields: An organizational history of the U.S. radio broadcasting industry, *Administrative Science Quarterly*, 36, 333-363.

LEMLEY, M. A. (1996), Economics of improvement in intellectual property law, *Tex. L. Rev.*, 75, 989.

LEMLEY, M. A., MCGOWAN, D. (1998), Could Java Change Everything-The Competitive Propriety of a Proprietary Standard, *Antitrust Bull.*, 43, 715.

LIEBERMAN, M. B., MONTGOMERY, D. B. (1988), First-mover advantages, *Strategic management journal*, 9(S1), 41-58.

LOUNSBURY, M. (2007), A tale of two cities: Competing logics and practice variation in the professionalizing of mutual funds, *Academy of Management Journal*, 50(2), 289-307.

LOWE, P., GILCHRIST, P. (1988), *The Economic Benefits of Standards and Standardization: a Cost/Benefit Analysis*, Uxbridge, Brunel University.

MEYER, J. W., ROWAN, B. (1977), Institutionalized organizations: Formal structure as myth and ceremony, *American Journal of Sociology*, 83, 340–363.

MILL, J. S. (2006), A few words on non-intervention, *New England Review*, 252-264.

MINTZBERG, H. (1979), *The structuring of organizations*, Engle-wood Cliffs, Prentice-Hall.

MIONE, A. (1994), Standards in Marketing Strategy, *Benefits of Standardization in Business*, Proceedings of EURAS International Seminar, Hamburg, 3-4 November.

MIONE, A. (1994), *Les normes, instrument de la stratégie marketing de l'entreprise*, Thèse en sciences de gestion, Université Montpellier II.

MIONE, A. (2006), Les normes comme démarche collective, *Revue française de gestion*, 167, 105-122.

MIONE, A., DUBOIS, P. L. (2015), *La norme comme forme et les paradoxes associés* (No. hal-02130005), in Naro, G., Travaillé, D. (dir.), *Entre simplification et complexification : Quelles représentations des systèmes de gestion ?, Mélanges en l'honneur du Professeur Yves Dupuy*, Paris, Economica, 44-51.

MORENO, N., VALLECILLO, A. (2008), Towards interoperable Web engineering methods. *Journal of the American Society for Information Science and Technology*, 59(7), 1073-1092.

NORTH, D. C. (1991), Institutions, *The Journal of Economic Perspectives*, 5(1), 97-112.

PACHE, A.-C., SANTOS, F. (2010), When worlds collide : the internal dynamics of organizational responses to conflicting institutional demands, *Academy of Management Review*, 35(3), 455-476.
PAILLUSSEAU, J. (1989), Le droit est aussi une science d'organisation, *RTD com*, 42(1), 9-18.
PAILLUSSEAU, J. (1996), L'efficacité des entreprises et la légitimité du pouvoir, *Les petites affiches*, 74, 17-28.
PAILLUSSEAU, J. (1997), Les apports du droit de l'entreprise au concept de droit, *D. Chron*, 92.
PALMER, K., OATES, W., PORTNEY, P. (1995), Tightning environmental standards: the benefice-cost or the no-cost paradigm, *Journal of Economic Perspectives*, 119-131.
PELKMANS, J. (1987), The new approach to technical harmonization and standardization, *Journal of Common Market Studies*, 25(3), 249-269.
PELKMANS, J. (1990), Regulation and the single market: An economic perspective, *The completion of the single market*, Mohr, Tuebingen.
PESQUEUX, Y. (2007), *Gouvernance et privatisation*, Paris, PUF, coll. La politique éclatée.
PESQUEUX, Y (2010), Bazar des normes et souveraineté, Après-propos, in Bessire, D., Cappelletti, L., Pigé, B. (dir.), *Normes : Origines et Conséquences des Crises*, Paris, Economica, 217-226.
PESQUEUX, Y. (2011), Pour une épistémologie du risque, *Management & Avenir*, 3, 460-475.
RAMA, C. (2009), Risques financiers : quelle modélisation mathématique ?, *Pour la Science*, 375, 25.
REDDY, M. N. (1987), Technology Standards and Markets: a Market Institutionalization Perspective, in Gabel, H. L. (eds), *Product Standardization and Competitive Strategy*, Amsterdam, North-Holland, 47-66.
REDDY, M. N. (1990a), International Standardization of Technical Products, *TechNovation*, 10(6), 407-417.
REDDY, M. N. (1990b), Product Self-Regulation - A Paradox of Technology Policy, *Technological Forecasting and Social Change*, 38, 49-63.
REYNAUD, B. (1997), L'indétermination de la règle et la coordination, in Reynaud, B. (dir.), *Les limites de la rationalité,* Tome 2, Paris, La Découverte, 235-254.
RIPERT, G. (1951), Aspects juridiques du capitalisme contemporain, 2e édition. Paris, LGDJ.
RIVAL, M. (2002), *L'action politique des entreprises : pluralité des stratégies et contribution à la création de valeur pour l'actionnaire - Comparaison France/Grande-Bretagne*, Thèse de doctorat, Université Panthéon-Sorbonne-Paris I/IAE de Paris.
RIVAL, M. (2002), Lobbying et performance : une étude de l'action politique des entreprises françaises 1995-2000, *XVIes journées des IAE*.

ROULAND, M. (2004), La normalisation technique (instrument de concurrence à la loi), *Colloque Le droit mou, une concurrence faite à la loi*, Université Paris X-Nanterre.
ROULAND, N. (1991), *Aux confins du droit : anthropologie juridique de la modernité*, Paris, Odile Jacob.
SAVALL, H., ZARDET, V. (2005), *Tétranormalisation, défis et dynamiques*, Paris, Economica.
SAVALL, H., ZARDET, V. (2013), *The Dynamics and Challenges of Tetranormalization,* Charlotte, NC, Information Age Publishing.
SCOTT, W. R. (2001), *Institutions and organizations*, Thousand Oaks, C. Sage, Éd.
SCOTT, J., MARSHALL, G. (2009), *A dictionary of sociology*, Oxford, Oxford University Press.
SCULLY, M., MEYERSON, D. (1996), Before Isomorphism: the dynamics of legitimation in the early days of corporate ethics programs, MIT, Ed., *Working paper.*
SEO, M., CREED, W. E. (2002), Institutional contradictions, praxis, and institutional change: A dialectical perspective, *Academy of Management Review*, 27, 222-247.
SHAPIRO, C., VARIAN, H. R. (1999), The art of standards wars, *California management review*, 41(2), 8-32.
SHERIF, M. (1936), *The psychology of social norms*, Harper & Brothers Edition, New York and London.
SHRIVASTAVA, P. (1986), Is strategic management ideological?, *Journal of management*, 12(3), 363-377.
SKEA, J. (1995), Changing Procedures for Environmental Standards Setting in the European Community, in Hawkins, R. W., Mansell, R., Skea, J. (eds) *Standards, Innovation and Competitiveness: The Politics and Economics of Standards in Natural and Technical Environments*, Cheltenham, Edward Elgar.
SUDDABY, R., GREENWOOD, R. (2005), Rhetorical strategies of legitimacy, *Administrative Science Quarterly*, 50(1), 35-67.
SULLIVAN, C.D. (1983), *Standards and Standardization: Basic Principles and Applications*, New York, Marcel Dekker
SUSTEIN, C. (2005), *Laws of Fear: Beyond the Precautionary Principle*, Cambridge, University Press.
SWANN, P.G. (2000), *The Economics of Standardization. Standards and Technical Regulations Directorate*, London, UK Department of Trade and Industry.
SWANN, P.G. (2010), *The economics of standardization: An update*, UK Department of Business, Innovation and Skills, Innovative Economics Limited.
SWIDLER, A. (1986), Culture in action: Symbols and strategies, *American Sociological Review,* 51, 273-286.

TASSEY, G. (1995), The roles of standards as technology infrastructure, in Hawkins, R., Mansell, R., Skea, J. (eds), *Standards, Innovation and Competitiveness: The Politics and Economics of Standards in natural and Technical Environments,* Cheltenham, Edward Elgar.
TASSEY, G. (1997), *The economics of R&D policy,* Greenwood Publishing Group.
TASSEY, G. (2000), Standardization in technology-based markets, *Research policy*, 29(4), 587-602.
THIBIERGE, C. (dir.) (2009), *La force normative – Naissance d'un concept*, Bruxelles, Bruylant, LGDJ.
THIBIERGE, C. (2008), *Au coeur de la norme : le tracé et la mesure - Pour une distinction entre normes et règles de droit*, Paris, Dalloz, Archives de philosophie du droit, 51.
TREBULLE, F. G., UZAN, O. (2011), *Responsabilité sociale des entreprises. Regards croisés droit et gestion*, Paris, Economica.
TUSHMAN, M. L., ANDERSON, P. (1986), Technological discontinuities and organizational environments, *Administrative science quarterly*, 31(3), 439-465.
ULLMANN-MARGALIT, E. (1977), *The Emergence of Norms*, Oxford, Clarendon Press.
VERMAN, L. C. (1973), *Standardization: A new discipline*, Archon Books.
DE VRIES, H. (1999), *Standards for the Nation: Analysis of National Standards Organisations*, Dordrecht, Kluwer Academic Publishers.
VUILLEMIN, J. (1949), *L'être et le travail*, Paris, Presses universitaires de France.
WEBER, M. (1924), Legitimate authority and bureaucracy, *Organization theory: Selected readings*, 3-15.
WEBER, M. (1947), *The theory of economic and social organization*, Trans. AM Henderson and Talcott Parsons, New York, Oxford University Press.
WIBO, J.-L. (dir.) (2000), *Introduction aux cindyniques*, Paris, Eska.
WIRTZ, P. (1999), Évolution institutionnelle, schémas mentaux et gouvernement des entreprises : le cas Krupp-Thyssen, *Finance Contrôle Stratégie*, 2(1), 117.

LES IMPACTS SOCIO-ÉCONOMIQUES DES DÉFAILLANCES INTERNES DES TRÈS PETITES ENTREPRISES (TPE) SUR LEUR CROISSANCE

Françoise GOTER-GRIVOT
Magellan – ISEOR
Université Jean Moulin Lyon 3 (France)
francoise.goter@univ-lyon3.fr

RÉSUMÉ

Cet article aborde la question de la survie-développement des Très Petites Entreprises (TPE). Les travaux de recherche ont identifié quelques variables qui les fragilisent. La sensibilité des TPE à la conjoncture économique apparaît toujours comme une fatalité. De plus, *prises individuellement* et en comparaison à de grandes entreprises, chacune d'elles est « invisible » dans le paysage socio-économique. Pour autant, les recherches en sciences économiques et de gestion montrent un poids économique considérable de ces entreprises dans la dynamique territoriale et un potentiel de création de valeur sous-exploité. À partir de recherches-interventions conduites sur quatre ans auprès d'une vingtaine de TPE, l'objectif est d'approfondir les déterminants internes qui affaiblissent les TPE et d'identifier les facteurs clés internes favorisant leur développement. Ces TPE sont issues des secteurs architectural et médical. Au total, 36 gérants et 128 collaborateurs ont été interrogés. Afin d'illustrer notre analyse, nous « décortiquons » l'une des recherches-interventions.

Mots-clés : Très Petites Entreprises (TPE), management socio-économique, recherche-intervention, survie-développement, création de valeur.

ABSTRACT

The socio-economic impacts of internal failures of The socio-economic impacts of internal failures of Very Small Enterprises (VSEs) on their growth

This article addresses the issue of survival and development of very small enterprises (VSEs). Research has identified some of the variables that make them vulnerable. The sensitivity of VSEs to the economic situation always seems to be a foregone conclusion. Moreover, taken individually and compared to large companies, each of them is "invisible" in the socio-economic landscape. However, research in economic and management sciences shows the considerable economic weight of these companies in the territorial dynamics and an under-exploited potential of value creation. Based on research-interventions carried out over four years with some twenty VSEs, the objective is to examine in greater depth the internal determinants that weaken VSEs and to identify the key internal factors that favour their development. These VSEs are from the architectural and medical sectors. A total of 36 managers and 128 employees were interviewed. In order to illustrate our analysis, we 'unpack' one of the research-interventions.

Keywords: Very Small Enterprises (VSE), Socio-economic management, Research-intervention, survival-development, value creation.

JEL Codes : D22, O15

INTRODUCTION

Une entreprise est considérée comme une Très Petite Entreprise (TPE) si elle compte moins de 10 salariés ou si elle réalise un chiffre d'affaires inférieur ou égal à 2 millions d'euros. Selon le tableau de l'économie réalisé par l'INSEE en 2018, sur 3,82 millions d'entreprises en France, 3,67 millions sont des TPE, soit 96 %. Elles emploient 2,4 millions de salariés en équivalent temps plein, soit 18 % du total, contre 29 % pour les grandes entreprises. Le reste des employés se partagent entre les Entreprises à Taille Intermédiaire (ETI) et les Petites et Moyennes Entreprises (PME). De nombreuses TPE vitalisent les territoires et pourtant elles sont peu considérées. La crise sanitaire et le discours relatif aux commerces non essentiels ont de nouveau confirmé la fragilité des microstructures qui peuvent péricliter ou se faire racheter à tout moment.

Les travaux de recherche issus de la littérature anglo-saxonne sont foisonnants. Grace à des revues dédiées au champ de la TPE/PME telles que *Journal of Small Business and Enterprise Development*, *Small Business Economics*, *International Small Business Journal*, il est posible de définir une tendance des principales problématiques abordées. Ces revues anglo-saxonnes font état de nombreuses enquêtes sur les facteurs de croissance et d'innovation des TPE/PME tels que l'intelligence émotionnelle (Yitshaki, 2021), le territoire, la Responsabilité Sociale de l'Entreprise (RSE), la logique artisanale, familiale et le capital intellectuel (Dabić *et al.*, 2019). D'autre part, nous avons constaté qu'une part importante des articles figurant dans ces revues (près d'un tiers) est orientée sur l'entrepreneuriat (Abebe *et al.*, 2020 ; Bagheri *et al.*, 2020 ; Buba *et al.*, 2021) ; notamment sur la mesure de la création et de la capture de valeur dans l'écosystème entrepreneurial (Cavallo *et al.*, 2021, Zhe *et al.*, 2021). Quant à la vitalité des TPE, des études récentes montrent qu'elles sont tout autant capables d'innover que les grandes entreprises, mais que les coûts constituent un véritable obstacle, plus que les questions de qualité ou d'applicabilité de l'innovation (Athreye *et al.*, 2021).

En ce qui concerne les travaux de recherche francophones, plus la taille des entreprises est réduite et plus les études se raréfient (Kangasharju, 2000 ; Marchesnay, 2003). Il existe peu de recherches relatives à la capacité de survie-développement des TPE et qui ne soient pas dédiées au champ de l'entrepreneuriat. Ces recherches sont en faible quantité et disséminées (Arlotto *et al.*, 2011). Les sujets que nous avons relevés lors d'une analyse approfondie des travaux de recherche sur les 10 dernières années le montrent : la difficile appropriation du concept de RSE par les TPE (Callot, 2014), l'introduction d'outils de management chez les architectes (Delattre *et al.*, 2015), la stratégie de la TPE grâce à l'analyse de l'identité professionnelle de son propriétaire-dirigeant (Reyes, 2016), les effets du changement de dirigeant dans la TPE (Mouhli, 2018), le rôle du groupement d'employeurs (Lethielleux *et al.* 2018), la fidélité des salariés dans les TPE (Couteret, 2018), la gestion de la transmission d'une TPE (Barbot-Grizzo, 2019), une modélisation de l'intelligence économique dans les petites entreprises (d'Hennezel C., 2019), une TPE face à l'épuisement professionnel (Manzano *et al.*, 2019), le lien entre le cycle de vie des TPE-PME et le crowdfunding (de la Pallière *et al.* 2021).

D'autres travaux permettent tout de même de faire émerger ou de confirmer des facteurs internes et externes déterminants dans la survie-développement de ces entreprises : TPE et croissance (Arlotto *et al.* 2011), accompagner le développement de la TPE dans son écosystème entrepreneurial (Cloutier *et al.*, 2014), l'émergence d'une stratégie d'innovation pérenne en TPE (Ceccaldi, 2016), la défaillance des petites et très petites entreprises (Rivet *et al.*, 2020).

Après avoir réalisé un état de l'art des facteurs internes et externes relatifs à la survie et au développement des TPE, nous décrivons, puis analysons, le poids particulier des facteurs internes que nous avons identifiés lors de la réalisation d'une vingtaine de recherches-interventions au sein de TPE. Nous espérons ainsi pouvoir apporter des éléments de réponse permettant aux TPE de soutenir leur croissance, de la gérer dans le temps, d'identifier les ressources internes mobilisées et comment elles l'ont été.

Notre échantillon de recherches-interventions au sein de TPE est exclusivement composé de TPE créées depuis plus de 5 ans et qui sont restées sous le seuil des 10 salariés. Notre questionnement ne s'inscrit donc pas dans une « obligation » pour les TPE de croître (Aldrich, 1999 ; Reynolds, White, 1997 ; Storey, 1994). Les 22 TPE étudiées exercent dans les secteurs architectural et médical et représentent au total un peu plus de 160 personnes.

Notre problématique se résume de la façon suivante : *quels sont les facteurs internes qui permettraient aux TPE d'exploiter tout leur potentiel de création de valeur socio-économique* ?

La notion de valeur socio-économique que nous mobilisons dans notre recherche s'appuie sur les concepts développés dans la théorie socio-économique (Savall, Zardet, 1987, 2015). Il s'agit de la capacité d'une entreprise à investir dans le potentiel humain pour atteindre une performance sociale favorisant le bien-être des collaborateurs en termes de conditions de travail et étant source de performances économiques durables.

1. ÉTAT DE L'ART DES DÉTERMINANTS DE LA PERFORMANCE SOCIO-ÉCONOMIQUE DES TPE

Parmi les spécificités des TPE face aux PME ou grandes entreprises, nous souhaitons souligner que le moindre mouvement perturbe ces structures. Lorsqu'elles gagnent un client supplémentaire, elles peuvent ressentir une forte croissance soudaine. Lorsqu'un nouveau salarié entre ou qu'un salarié quitte l'entreprise, la TPE est énormément bouleversée. Ces situations, qui passeraient inaperçues dans une PME ou une grande entreprise, sont très impactantes pour les TPE. De plus, les dirigeants de TPE ont la particularité de ressentir davantage leur fragilité et ne perçoivent pas toujours les gisements à mobiliser. Ainsi, se crée un potentiel de création de valeur sous-exploité, qui pourrait également se traduire en épanouissement professionnel. Autre spécificité, la plupart des gérants de TPE n'ont pas suivi de formation en management, la hiérarchie est plutôt plate et la direction est exclusivement assurée par le « chef » d'entreprise (Marcq, 2006), qui est apprécié pour sa capacité à donner des conseils et sa proximité émotionnelle avec ses collaborateurs (Géraudel *et al.*, 2016).

Dans ces conditions, les TPE se retrouvent perturbées tout autant par les situations internes (rotation du personnel) qu'externes (arrivée d'un concurrent, changement de mode de consommation des clients). Les dirigeants éprouvent des difficultés à limiter l'effet « yoyo ». Si leur taille peut également être un atout (elles ont besoin de peu de moyens pour avancer), elles perdent assez facilement les bénéfices qui en sont issus. En effet, les gérants n'ayant pas appris à gérer la croissance, il leur arrive de tomber dans des pièges, notamment celui de l'euphorie liée à cette croissance.

Si la croissance des effectifs constitue un indicateur (Wiklund, 2005), de nombreux dirigeants de TPE ne souhaitent pas croître. En effet, la croissance est souvent perçue par eux comme un processus pouvant altérer les bases de l'avantage concurrentiel de leur entreprise (Mosakowski, 2002). D'autre part, les recherches en stratégie montrent que la décision d'exporter est très souvent, dans le cas de la TPE, liée à des opportunités émergentes et a rarement fait l'objet d'une planification antérieure (Arlotto *et al.*, 2011). Un autre facteur explicatif de la croissance des TPE est le souhait de « suivre » des clients. *A contrario* Arlotto *et al.* (2011) indiquent que les structurations de territoires aux fins d'amélioration du potentiel des entreprises de type technopôles ou parcs scientifiques ne constituent pas la panacée pour le développement des TPE.

La multiplicité des études de terrains éclaire petit à petit le champ de la recherche sur les facteurs de croissance des TPE. À partir d'un échantillon de 192 petites et très petites entreprises en difficulté dans le département de la Haute-Vienne, sur la période 2010-2013, Rivet *et al.* (2020) établissent une typologie de TPE selon leur capacité à mobiliser des ressources diverses, dont partenariales, et la nature du contexte dans lequel elles se meuvent. En 2019, d'Hennezel présente les résultats d'une enquête effectuée auprès de dirigeants de petites entreprises dans le secteur aéronautique spatial défense en Nouvelle Aquitaine et illustre un modèle d'intelligence économique adapté à la petite entreprise. Lethielleux (2018) analyse l'échec des groupements d'employeurs (GE) dans la gestion des défaillances des TPE/PME. À partir de l'étude approfondie de six agences d'architecture, Delattre *et al.* (2015) font un état des lieux des défaillances internes de ces entreprises et montrent les impacts positifs du levier managérial.

Ce champ du développement des TPE est à part entière puisque les écrits de Birley et Westhead (1994) montrent que les raisons à l'origine de la création d'entreprise ont, une fois l'entreprise créée, peu d'influence sur les trajectoires de croissance de ces mêmes entreprises (Arlotto *et al.*, 2011).

1.1. Principaux facteurs externes de survie-développement

1.1.1. L'influence du territoire et du secteur d'activité

Les études montrent une corrélation entre la capacité des TPE à s'insérer dans un territoire donné et à s'adapter au contexte concurrentiel sur la croissance de ces entreprises (Arlotto *et al.*, 2011). Un territoire dynamique contribue fortement à la croissance des TPE (Maskell, Malmberg, 1999 ; Boschma, 2005 ; Julien, 2005).

À ce facteur s'ajoute le secteur d'activité qui va impacter la capacité d'innovation des TPE (Carroll, Hannan, 2000 ; Davidsson, Delmar, 1998 ; Jovanovic, 1982). De plus, l'arrivée de nouveaux concurrents dans le secteur va gêner certaines trajectoires de croissance (Davidsson *et al.*, 2006).

1.1.2. Une relation de proximité avec ses clients

Dans son article, Ghewy (2006) explique que les TPE ont *« tout intérêt à développer des relations directes satisfaisantes avec leurs clients sachant que la fidélité prend sa source dans la confiance et la satisfaction plus que dans le discours »*.

1.1.3. Le recours aux financements, notamment aux financements participatifs

Enfin, les travaux sur le recours des TPE aux financements participatifs se multiplient. Ce qui était un effet de mode au départ devient une approche dynamique liant le cycle de vie de l'entreprise à son mode de financement (Ben Slimane *et al.*, 2018 ; Mejri *et al.*, 2018 ; Goy, 2019 ; de la Pallière *et al.*, 2021).

De récents travaux de recherche font état des relations entre le prêt de la Small Business Administration (SBA) et la croissance économique locale à l'aide d'un cadre économétrique spatial et d'un échantillon de comtés américains (Higgins, 2021).

1.2. Principaux facteurs internes de survie-développement

1.2.1. Le profil et l'expérience du dirigeant entrepreneur

Diverses études montrent que le profil du dirigeant entrepreneur est déterminant. Selon son profil (niveau d'études, âge, patrimoine, environnement familial), le dirigeant va être capable ou non de créer un cadre structurel et processuel favorable et la maîtrise d'un capital social (Macpherson *et al.*, 2007). Il va orienter différemment sa logique d'action (Kangasharju, 2000 ; Marchesnay, 2003 ; Julien, 2005). Certains auteurs centrent leurs recherches sur des professions spécifiques telles que les professions libérales : architectes (Delattre *et al.*, 2015), pharmaciens (Reyes, 2016), médecins libéraux (Salmeron *et al.*, 2018). Elles sont d'autant plus pertinentes que de nombreuses TPE sont en profession libérale ou dans les métiers de l'artisanat. Ces deux secteurs étant sensibles aux *« évolutions successives du comportement du client, de la concurrence et des pouvoirs publics entraînent beaucoup d'incertitudes sur l'avenir de son métier »* (Reyes, 2016). L'expérience entrepreneuriale des créateurs est également en concordance avec une plus forte propension à une croissance continue (Oséo, 2009).

1.2.2. Développement du potentiel humain et technologique

Godener (2002) explique que le développement du système d'information et de gestion, notamment avec l'implantation d'un nouveau CRM (Gestion de la Relation client), est un déterminant du lancement d'une expansion commerciale.

1.2.3. Le levier managérial

De nouvelles recherches font entrevoir des leviers internes importants tels que le levier managérial (Delattre *et al.*, 2015). À travers l'étude de six agences d'architecture, les auteurs démontrent la nécessité pour ces TPE de solutionner leurs défaillances internes et de perfectionner leurs pratiques managériales. Les six agences d'architecture ont mis en place progressivement des actions de régulation de leurs dysfonctionnements internes leur permettant de retrouver des marges de manœuvre économiques. Leur étude présente les transformations mises en place dans les agences et ayant débouché sur un accroissement des performances socio-économiques de ces microstructures (figure 1).

Sur le plan économique, les stratégies externes de développement de ces agences ont été autofinancées grâce à la baisse des dysfonctionnements internes et à des réallocations de temps des gérants au management de leurs agences respectives (Delattre *et al.*, 2015). Dans trois des cas étudiés, le résultat net après impôts a augmenté, dans le quatrième cas, il a diminué de 98%. Néanmoins, la valeur ajoutée créée en moyenne par une heure de travail (contribution horaire à la valeur ajoutée sur coûts variables ; Savall, Zardet, 1987, 2015) a peu baissé. Cela signifie que l'agence a limité les hémorragies internes qu'elle subissait l'année précédente. Selon les auteurs, l'un des déterminants majeurs de l'amélioration des performances de ces TPE a été d'aider les gérants architectes à définir leur projet stratégique grâce aux interactions entre eux et leurs équipes.

Figure 1. Un cercle vertueux d'actions-résultats (Delattre *et al.*, 2015)

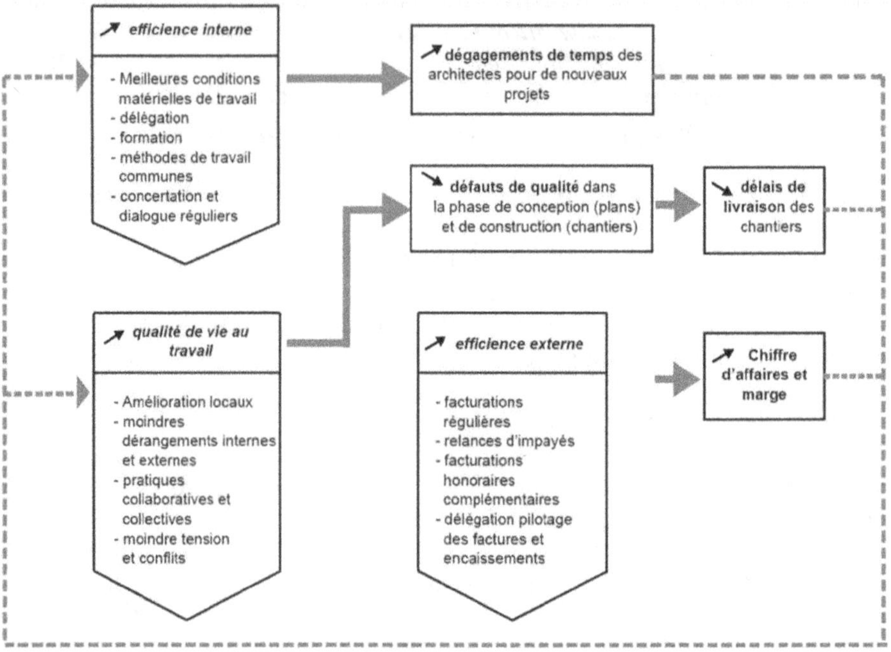

D'autres études approfondies illustrent également l'importance des facteurs internes dans la création de valeur d'une TPE. Par exemple, l'étude qualitative réalisée par Couteret (2018) auprès de 19 salariés du secteur de la coiffure montre que la fidélité des salariés apparaît comme un important facteur de performance pour les TPE.

Les résultats prometteurs de ces recherches nous amènent à étudier le poids particulier des facteurs internes agissant sur la survie-développement des TPE.

2. Les facteurs internes : un gisement sous-exploité

Quand il s'agit d'étudier les méthodes de recherche mobilisées sur le champ de la croissance des TPE, un certain nombre d'auteurs regrettent qu'elles soient principalement quantitatives et qu'elles proposent des modèles théoriques faiblement validés empiriquement (Arlotto *et al.*, 2011). Selon Schmitt *et al.* (2009), certains *« chercheurs se privent d'opportunités d'accès à des connaissances liées à l'expérience irremplaçable que des acteurs tant entrepreneuriaux qu'organisationnels développent dans leurs pratiques au sein des TPE »*.

Notre recherche est à vocation qualimétrique (Savall, Zardet, 2004) autant dans son processus que dans son protocole. Cette méthode de recherche-intervention qualimétrique collecte des données alternativement qualitatives, quantitatives et financières et se fonde sur l'observation des pratiques concrètes de management. (Savall *et al.*, 2019).

Nous avons tenté de limiter au mieux les facteurs d'hétérogénéité, ainsi que l'appartenance sectorielle. Nous avons donc choisi des TPE de professions libérales dans le secteur de la santé ou dans l'architecture (médecins, architectes, pharmaciens, kinésithérapeute, chirurgiens-dentistes).

Il est également conseillé d'éviter de comparer des expériences trop diverses *« parce que soumises à des univers concurrentiels et technologiques très différenciés »* (Arlotto *et al.*, 2011). Elles ont pour point commun d'être dans un secteur fortement concurrencé : l'une par le marché du médicament sur Internet et l'autre par le marché de la construction. Elles sont dotées d'une structure simple, centralisée et où les processus informels dominent. Enfin, nous avons limité notre étude à deux territoires : Ile-de-France et Auvergne-Rhône-Alpes.

2.1. Méthodologie de la recherche

Notre étude qualitative porte sur 22 TPE (tableau 1) qui ont implémenté le modèle de Management socio-économique (Savall *et al.*, 2019) via une recherche-intervention qualimétrique. Le déploiement du modèle de Management socio-économique (MMSE) se fait selon trois axes qui permettent d'organiser le traitement des besoins managériaux exprimés par l'organisation étudiée et sont formalisés dans la convention d'intervention (Savall, Zardet, 1987 [2015]).

Rigueur scientifique en recherche-intervention (Savall *et al.*, 2019)

« les instruments de la recherche-intervention (…) restent les mêmes d'un terrain d'investigation à l'autre pour préserver la comparabilité des observations faites, servent à collecter des données d'intention scientifique permettant d'élaborer de nouvelles hypothèses, d'en contester ou bien d'en confirmer de précédentes. »

« L'intervenant-chercheur est impliqué dans un projet organisationnel, sans abandonner son identité académique, son éthique et son projet de recherche. »

« les acteurs (…) coproducteurs de connaissances, contributeurs et apporteurs d'informations, co-évaluateurs de la recherche et expérimentateurs des connaissances en tant qu'utilisateurs finaux ».

Le processus de recherche-intervention se déroule sur 10 mois auprès de chaque microstructure. Il est basé sur des formations-accompagnements inter et intra-microstructures, portant sur des outils et des méthodes de management socio-économique. À ces formations s'ajoute un processus de résolution de problèmes et de pilotage des décisions prises tout au long de la recherche-intervention. Le processus est le même que celui mobilisé par Delattre *et al.* dans leur étude relative aux agences d'architecture (2015). Il est présenté dans l'encadré ci-dessous.

Encadré 1. Méthodologie (encadré adapté de Delattre, Petit et Zardet, 2015)

* Une série de formation-concertation, réunissant le (ou les) gérant(s) et les principaux collaborateurs des microstructures étudiées, portant sur la construction et l'appropriation de concepts et d'outils de management d'équipe et d'activités en favorisant les échanges d'expériences.

* Un processus de changement conduit avec chacune des agences, basé sur une analyse de données multiformes selon un spectre qualitatif – quantitatif – financier (Savall, Zardet, 2004), dont le processus comprend quatre étapes : diagnostic, projet, mise en œuvre et évaluation.

1. Dans chaque agence des entretiens semi-directifs individuels ont été réalisés avec le (ou les) gérant(s) et des entretiens de groupe avec les collaborateurs (2 à 5 personnes). Puis une séance collective a été organisée avec tous les acteurs, pour susciter un échange sur les dysfonctionnements et compléter les données qualitatives par leurs effets quantitatifs et financiers, sous la forme de coûts cachés (Savall, Zardet, 1987). Un mois plus tard a été organisée dans chaque microstructure une restitution orale et contradictoire du diagnostic (effet-miroir) auprès de tous les acteurs de la microstructure réunis.
2. Puis chaque agence a constitué un groupe de projet, composé des gérants et salariés, se réunissant à trois reprises (chaque réunion étant espacée de 2 mois environ), l'objectif étant de créer une dynamique et de stimuler les interactions pour faire émerger, par co-construction, des actions d'amélioration du fonctionnement interne et des relations avec l'environnement externe.
3. Le processus s'est achevé par une évaluation contradictoire co-construite et présentée à chaque microstructure, recensant les réalisations marquantes, les améliorations perçues, les performances économiques et commerciales, mais aussi des dysfonctionnements non traités et les difficultés rencontrées.

Ce cadre d'accompagnement multi-tpe favorise notamment l'apprentissage du management par des professions libérales. En effet, les échanges entre gérants de TPE sur leurs pratiques managériales et de fonctionnement font qu'ils se sentent moins isolés. Mais l'enjeu est surtout de permettre aux gérants de découvrir progressivement la contingence générique[1] (Savall *et al.*, 2019) liée à leur rôle de gérant et à la taille de leur entreprise.

Nous avons choisi de rapprocher ces 22 recherches-interventions au sein de TPE afin d'identifier des facteurs internes dit « génériques » s'ils existent ou, au contraire, des facteurs dit « contingents », qui freinent ou poussent les TPE dans leur développement ou dans leur survie.

2.2. Présentation générale des TPE étudiées

Chacune des 22 TPE étudiées a entre 1 et 10 collaborateurs. Les principes de notre méthodologie de recherche ont été répliqués pour la collecte et l'analyse des matériaux des 22 microstructures. Nous avons participé et piloté ces 22 recherches-interventions, ce qui nous a permis d'identifier des spécificités relatives aux TPE. Au total, 36 gérants et 128 collaborateurs ont été interrogés.

[1] la contingence générique, reconnaissant le caractère spécifique de chaque cas, ainsi que l'existence d'éléments génériques dans chacun (Savall *et al.*, 2019).

Tableau 1. Liste des recherches-interventions mobilisées pour l'étude

	Colonne A	Colonne B		Colonne C	Colonne D	Colonne E
	Secteur	Taille		Année de création	Année de la Recherche-intervention	Région
		Nb gérants	Nb collab.			
1	Architecture	1	10	2011	2017	ARA
2	Architecture	3	3	2012	2017	ARA
3	Architecte paysagiste	1	4	2005	2017	ARA
4	Architecture	1	7	2005	2017	ARA
5	Architecture	3	6	2004	2017	ARA
6	Architecture	1	1	2013	2018	ARA
7	Architecture	2	2	2004	2018	ARA
8	Architecture d'intérieur	1	4	2015	2018	ARA
9	Architecture	2	5	2007	2018	ARA
10	Architecture	1	9	2012	2018	ARA
11	Architecture	2	10	2012	2018	ARA
12	Chirurgien-dentiste	2	3	2010	2018	IDF
13	Chirurgien-dentiste	1	6	1999	2018	IDF
14	Architecture	2	6	2011	2019	ARA
15	Officine pharmaceutique	1	5	(nouveau gérant en 2017)	2019	ARA
16	Officine pharmaceutique	1	9	1996 (nouveau gérant en 2017)	2019	ARA
17	Officine pharmaceutique	2	10	2015	2020	ARA
18	Officine pharmaceutique	2	10	2014	2020	ARA
19	Officine pharmaceutique	2	10	1994	2020	ARA
20	Kinésithérapie	2	2	2005	2020	ARA
21	Architecture	2	2	1990 (nouveaux gérants en 2019)	2020	ARA
22	Médecin généraliste	1	2	1988	2020	IDF

ARA : Auvergne-Rhône-Alpes
IDF : Ile de France

Les 22 TPE mobilisées pour l'étude sont toutes en profession libérale avec des dirigeants ayant la particularité d'avoir un haut niveau d'études. La majorité d'entre elles ne souhaite pas spécialement augmenter la taille de leur structure, mais certaines ne s'interdisent pas de le faire. Quoi qu'il en soit, les évolutions d'effectifs pour certaines microstructures se limitent au recrutement d'un ou deux collaborateurs. Les 22 TPE n'ont pas dépassé la barre de 10 salariés depuis le démarrage de leur recherche-intervention. Un premier tri par secteur (colonne A) indique que 41 % sont dans la santé (9 TPE/22) et 59 % dans l'architecture (13/22). Elles sont toutes sur un marché fortement concurrentiel. Le tri par Région (colonne E) indique que les 22 TPE sont situées en Auvergne-Rhône-Alpes (86 % de l'échantillon) ou en Ile-de-France (14 %). Leur année de création (colonne C) oscille entre 1990 et 2015. Les TPE ont entre 20 à 5 années d'existence par rapport à la date de démarrage de la recherche-intervention. Sur les 19 branches, cinq professions libérales différentes sont représentées : architecture (13/22, soit 59 %), pharmacie (5/22, soit 23 %), médecin (1/22, soit 4,5 %), chirurgien-dentiste (2/22, 9 %), kinésithérapeute (1/22, soit 4,5 %).

Nous avons d'abord travaillé sur les principaux points de blocages débouchant sur la volonté d'entrer dans le programme de recherche-intervention. Le rapprochement de ces 22 recherches-interventions indique deux objectifs communs ayant conduit le gérant à se lancer dans une dynamique de changement organisationnel. D'une part, la volonté de se structurer pour avoir une solidité économique plus forte, en gagnant quelques points de croissance économique. Les difficultés structurelles et conjoncturelles leur pèsent ; les dirigeants souhaitent être plus sereins sur le plan économique. Ils souhaitent consolider, voire améliorer, le chiffre d'affaires et le résultat d'exploitation de la TPE. D'autre part, un autre point commun est que toutes ces TPE ont des projets stratégiques non définis ou bloqués depuis plusieurs années. Enfin, ces structures rencontrent une multiplicité d'évolutions qui conduit les dirigeants à se questionner sur la direction que doit prendre leur entreprise.

Parmi ces 22 TPE, nous avons choisi de détailler une microstructure représentative de l'échantillon afin d'illustrer les mécanismes internes bloquant la création de valeur. Il s'agit de la TPE n°5 composée de trois gérants-associés et de six collaborateurs. Nous avons choisi cette TPE car elle a suivi le programme de recherche-intervention en 2017 et l'a prolongé par un approfondissement de 2018 à 2020. Cela nous permet de tester la validité de nos variables sur l'équivalent d'une période stratégique (3 ans).

Cette TPE est composée d'une agence d'architecture et d'un bureau d'étude de conseil en environnement fondé en 2004 par trois architectes associés. La moyenne nationale de l'effectif des agences d'architecture est de 1,5 (équivalent temps plein). Il s'agit d'une profession dite « non commerciale ». Cette TPE est spécialisée dans une architecture respectueuse de l'environnement. En 2014, le troisième associé quitte la structure dans des conditions difficiles. En 2016, l'un des salariés devient co-gérant-associé. L'agence change de nom pour affirmer son identité architecturale.

Le métier d'architecte est très valorisé socialement. Les architectes sont considérés comme d'excellents créatifs, heureux dans leur travail. L'inconvénient est qu'ils ne sont pas toujours compétents dans leurs propres organisations car il n'y a aucune formation en management dans les écoles d'architecture. Les architectes sont considérés comme des artistes qui aiment passer du temps sur leur « art ». Ce constat est généralisable à toutes les professions libérales qui n'ont pas choisi le management comme métier (médecins, avocats, mandataire judiciaire…).

En 2017, les trois associés ont fait le constat que la taille de leur microstructure avait nettement changé. L'équipe est passée de 3 à 6 collaborateurs. Il existe donc un premier seuil, au-dessus duquel les gérants estiment que tous les membres de la TPE ne peuvent plus tout faire et qu'il est nécessaire d'identifier des rôles pour chacun. Jennings et Beaver (1997) identifient des limites de la gestion informelle apparaissant bien avant l'atteinte du seuil des 20 salariés.

2.3. Motivation des dirigeants de TPE à conduire le changement

Les gérants-associés ont constaté que de nombreux outils de gestion proposés n'étaient pas adaptés à la taille ou aux besoins de leur structure. Ce qui rejoint Bayad *et al.* (2010) sur le fait que les programmes et les outils de gestion proposés sont jugés par les dirigeants comme trop éloignés de leur réalité et peu pertinents en contexte de TPE.

Ils éprouvent une difficulté à gérer l'augmentation de l'effectif et l'absence de vision lointaine, car leur attention est tournée vers la production au quotidien. Ce qui réunit les associés, c'est-à-dire leurs affinités et les valeurs qu'ils accordent à leur métier ne suffisent plus à produire une certaine efficacité. Ils souhaitent reprendre la main sur « l'embarcation », définir un cap, être un peu moins sensibles à la houle, aux conjectures. Ils ressentent le besoin de gérer le mouvement de la structure, qui *a priori* risque de durer, tout en continuant à faire leur métier d'architecte. Ils estiment que le management, aussi indispensable qu'il soit dans leurs structures, doit rester une tâche parallèle et non une tâche principale. Ils se demandent comment arriver à jongler entre ces deux rôles.

2.4. Présentation des défaillances internes des TPE

La recherche-intervention de cette TPE a commencé par la réalisation d'un diagnostic socio-économique. Gérants et collaborateurs ont été vus en entretien pour identifier les principales défaillances internes. Nous avons retranscrit une cinquantaine de verbatims (cf. extraits ci-dessous).

Le regroupement de certains verbatims nous a permis de faire apparaître 21 problématiques internes majeures. En effet, après analyse de l'ensemble des verbatims, nous avons identifié 21 freins internes à la structure.

1. inquiétude diffuse face à l'avenir, au départ d'un associé
2. manque d'efficacité et d'efficience de l'organisation du travail
3. délégation insuffisamment développée
4. manque de suivi des dossiers
5. manque d'intérêt de certaines tâches, jugées ingrates
6. mauvaise estimation de la charge de travail
7. manque de règles et de procédures
8. manque de concertation dans l'élaboration des projets
9. manque ou difficulté de communication-coordination-concertation au sein de l'agence
10. dispositif de communication insuffisant ou défaillant
11. manque de transmission d'informations
12. les délais demandés par les clients internes ou externes sont peu réalistes
13. manque ou défaut de planification et de programmation des activités
14. manque d'anticipation de la charge de travail et des échéances
15. dérangements durant le travail
16. manque de formation en management
17. potentiels des personnes insuffisamment valorisés
18. orientations stratégiques imprécises ou non perçues
19. communication sur la stratégie absente ou défaillante
20. difficultés de recrutement et d'intégration
21. absence d'entretien annuel pour l'évaluation du personnel

Nous avons extrait quelques phrases-témoins issues des entretiens. Elles permettent d'illustrer les problématiques organisationnelles détectées.

Verbatim extraits du diagnostic socio-économique[2]

Organisation du travail

« On nous dit que l'on est "chargé de projet" mais au final c'est le gérant qui s'en occupe et on se retrouve à faire le grouillot. »

« On peut être à trois sur un dossier et parfois on ne sait pas qui s'occupe de quoi. »

« On fait des simulations thermiques dynamiques sans avoir toutes les données sur l'habitation. C'est lourd, complexe et personne ne sait les lire ni les analyser. »

« J'avais une période de creux en janvier et février. J'ai demandé si quelqu'un avait besoin d'aide mais personne ne m'a sollicité. »

Communication-coordination-concertation

« On passe du temps à rechercher des informations sur le réseau car tout le monde ne range pas de la même manière. »

« On ne prend pas toujours le temps de regarder un dossier à plusieurs avant de le transmettre. On a envoyé un document à un client et on n'a pas été retenu car on n'entrait pas dans le montant donné. »

« On a du mal à dire quand on a besoin d'aide. On craint de déranger les autres mais au final c'est fatigant et contre-productif. »

« On n'arrive pas à tenir nos réunions de co-gérance. Du coup, on n'avance pas sur les validations de documents comme les plaquettes. Cela nous pénalise dans nos démarches commerciales. »

« On a énormément de mails qui ne sont pas lus. C'est le bazar. »

« Nous faisons le tri sur les projets entre Paris et Lyon. Comme je suis en partie à distance, parfois je loupe l'information sur les projets qui me concernent. »

Gestion du temps

« Les gérants s'engagent parfois avec le client sur des délais serrés. Cela nous oblige à travailler dans l'urgence. »

« On a tendance à repousser certaines opérations car on n'a pas toujours de rendu avec une date précise. »

Formation intégrée

« On est architecte et on n'a aucune formation en comptabilité ou en gestion du personnel. »

Mise en œuvre stratégique

« Toutes les spécificités de notre agence ne sont pas définies. On aurait besoin de définir une stratégie d'agence. Par exemple, l'agence de Paris nous rapporte deux fois moins qu'elle nous coûte. »

« Le fait d'être à la fois ingénieur et architecte n'est pas un positionnement facile à lire pour les personnes. Du coup, on passe à côté de certains projets. »

« On essaye de faire au moins une fois par an un entretien avec chaque collaborateur mais on a du mal à s'y tenir. »

---

[2] Classés selon les six thèmes de performance sociale définis dans le modèle de Management socio-économique (Savall, Zardet, 1987).

Le diagnostic a permis de donner de la matière pour déclencher des questionnements opérationnels et stratégiques. Il est fait pour impulser une dynamique de changement et donne de l'énergie pour amener les équipes à améliorer leur mode de fonctionnement et se questionner sur les pratiques professionnelles. Si le diagnostic permet effectivement de libérer la parole, l'identification des principaux freins est une étape précieuse, car, par la suite, ces freins se transforment en leviers potentiels pour les acteurs qui décident de transformer leurs conditions de travail dans le cadre d'un groupe de projet.

Parmi les 21 freins répertoriés, nous avons identifié 14 freins identiques dans les 22 TPE étudiées.

1. manque d'efficacité et d'efficience de l'organisation du travail
2. délégation insuffisamment développée
3. manque d'intérêt de certaines tâches, jugées ingrates
4. manque de règles et procédures
5. manque ou difficulté de communication-coordination-concertation au sein de l'agence
6. manque ou défaut de planification et de programmation des activités
7. manque d'anticipation de la charge de travail et des échéances
8. dérangements durant le travail
9. manque de formation en management
10. potentiels des personnes insuffisamment valorisés
11. orientations stratégiques imprécises ou non perçues
12. communication sur la stratégie absente ou défaillante
13. difficultés de recrutement et d'intégration
14. absence d'entretien annuel pour l'évaluation du personnel

Ces 14 freins constituent des convergences. Nous avons également identifié des spécificités aux agences d'architecture que nous ne retrouvons pas dans les TPE du secteur médical telles que les problèmes de suivi de dossiers et l'inquiétude des équipes face à l'avenir.

De manière générale, dans les 22 TPE, il existe une attente forte des équipes pour développer leurs compétences, mieux communiquer avec le(s) gérant(s) et améliorer l'organisation du travail.

2.5. Des leviers internes facteurs de croissance

Nous présentons, dans cette partie, les actions d'amélioration mises en place au sein de la TPE n°5 pour pallier les défaillances internes relevées dans le diagnostic. Des séances de groupe de projet ont donné l'occasion aux gérants et aux salariés de rechercher des actions d'amélioration. Les gérants étant formés en parallèle à des outils de management, ces améliorations viennent donc compléter les effets issus de la mise en place des outils de management socio-économique (Savall, Zardet, 1987, 2015) : grille d'auto-analyse du temps, grille de compétences, éventail de délégation concertée, plans d'actions prioritaires, fiches d'ordonnancement par opération, tableau de bord de pilotage.

2.5.1. État des lieux des compétences et plan d'actions stratégiques

Tout d'abord, les associés de la TPE n°5 ont souhaité faire le tri entre les activités majeures / mineures de leur microstructure, ainsi qu'un état des lieux du corpus de compétences, ce qui leur a permis de mieux répartir les rôles. La réalisation d'un plan d'actions prioritaires a permis aux gérants de décliner la stratégie et de la communiquer en interne pour que la stratégie ait du sens pour chaque collaborateur. Assez rapidement, ils ont travaillé sur le rôle chef de projet et la notion d'engagement lié à ce poste. Ils ont mis en place des temps de concertation et d'échanges structurés. Ils ont rédigé une charte de fonctionnement de l'agence. Ils ont responsabilisé leurs collaborateurs, tant sur la qualité du rendu du dessin que sur les temps passés. Les interactions entre gérants et collaborateurs ont permis aux gérants d'avancer dans la définition de leur projet stratégique. Ce résultat rejoint les quatre facteurs internes relevés par Baum et Locke (2004) : les buts de l'entrepreneur, la vision partagée et le sentiment d'efficacité personnelle ont une forte influence sur la croissance.

Le renforcement de la cohésion interne et de la qualité de vie professionnelle a constitué un atout distinctif, et probablement une condition liminaire, pour affronter ensuite leur environnement externe et retrouver pleinement l'attrait de leur métier originel.

2.5.2. Les outils de gestion, un atout précieux pendant la crise sanitaire

Les outils et méthodes de management ont permis aux dirigeants de mieux comprendre leur mode de fonctionnement interne. Ils ont également apprécié la souplesse des outils et méthodes de management. Les actions d'amélioration mises en place en 2017 et approfondies en 2018, 2019 et 2020 leur ont permis de très bien gérer la crise sanitaire. À titre d'exemple, la mise en place de fiches d'activité polyvalente leur avait donné de la visibilité sur la charge de travail de leurs collaborateurs, à 3 mois et à 6 mois. Dans un contexte où les TPE ont vu leur planning complètement chamboulé, cet outil de gestion du temps leur a permis de savoir qui faire travailler, sur quoi et quand.

Pourtant, dans une profession où l'on juge le temps infiniment nécessaire au soin apporté aux dessins, les gérants ont compris l'importance de mesurer la valeur ajoutée du temps produit. La fiche d'activité polyvalente a été implantée fin 2019, mais dès les premiers mois de la recherche-intervention en 2017, les équipes avaient mis en place des outils de gestion du temps tels que l'agenda et les fiches d'ordonnancement par opération. Pour lever un élément qui peut sembler paradoxal, mais qui en réalité ne l'est pas : plus les équipes pilotent leur temps, plus cela développe la confiance et l'autonomie des associés envers l'équipe. Le pilotage des temps a donné une véritable qualité au temps. L'équipe passe moins d'heures de travail en commun mais la qualité de ce qu'elle réalise pendant ce temps est au moins décuplée.

En 2019, l'agence a fusionné avec une autre agence. L'équipe est passée à quatre associés-gérants et neuf salariés. En 2020, l'un des quatre associés a souhaité ne plus être gérant et se recentrer sur la production architecturale. Il a gardé le statut d'associé.

Les pratiques managériales des associés se sont orientées sur le développement de l'employabilité de leurs collaborateurs. Ils ne craignent pas cela et, bien au contraire, ils le cultivent. L'agence n'a pas dépassé la taille de 9 salariés mais les gérants-associés ont réalisé une croissance externe en rachetant des agences ou via des partenariats. Aujourd'hui, l'ensemble constitue un groupe de 15 personnes réparties sur 4 TPE, ce qui les place parmi les 10 % d'agences d'architecture les plus grandes de France. Les collaborateurs qui montent en compétence et qui créent leur propre agence deviennent des partenaires.

2.5.3. Au-delà des outils de gestion

Nous observons que, selon les gérants, la capacité à comprendre à quel point il est primordial pour les gérants de TPE et leur équipe de prendre du recul sur leur croissance est très variable. Nous percevons que ce point pourrait constituer un déterminant important permettant de décupler les effets socio-économiques des facteurs internes de croissance. En effet, sur les 22 TPE, seulement 5 d'entre-elles ont poursuivi et intensifié le temps consacré pour s'organiser et perfectionner leur mode de fonctionnement et de management.

CONCLUSION

Le cas de la TPE n°5 reflète en grande partie les transformations mises en place dans les 22 TPE étudiées : structuration et harmonisation des méthodes de travail, nouvelles pratiques de gestion du temps, mise en place de dispositifs de communication formels, développement des compétences, accroissement de la délégation du gérant vers ses collaborateurs, définition d'un plan d'actions stratégiques.

L'étude permet de mieux comprendre ce qui pousse à un moment donné les TPE à croître. Dans 21 des 22 TPE étudiées, le volume d'affaires a augmenté, ce qui a déclenché un ou plusieurs recrutements. Les dirigeants prennent davantage conscience d'être dans une profession en mouvement et « les accouchements » de projets stratégiques n'attendent pas neuf mois, mais ont lieu plusieurs fois par mois. Les dirigeants se sentent seuls dans la « salle d'accouchement » car ils n'ont pas de comité stratégique, ni de conseil d'administration.

Les TPE, même avec une croissance lente et des effectifs limités, parviennent à survivre grâce à leurs compétences et leurs projets stratégiques. Mais elles ne peuvent développer ces deux points qu'à partir du moment où elles réduisent le temps que l'équipe passe à réguler les défaillances internes et qu'elles se structurent des temps pour manager leur équipe et leurs activités.

L'étude des 22 TPE montre que, malgré le fait que cela soit une pratique de base en stratégie, la définition du projet stratégique n'est pas toujours réalisée et lorsqu'elle existe, elle n'est pas communiquée aux équipes.

À travers le cas de la RSE présenté par Callot (2014), le constat a été fait que les TPE étaient ni passives, ni proactives sur un certain nombre de sujets stratégiques. L'entreprise s'adapte petit à petit aux normes et autres obligations légales sous pression des contraintes liées à la profession. Elles ont ce que l'on appelle une stratégie réactive. Dans notre étude, nous avons observé que les 22 TPE étaient passées d'une stratégie réactive à une stratégie proactive.

Au-delà de la détermination de l'entrepreneur qui revient souvent dans la littérature, la « greffe » prend grâce aux questionnements externes / internes sur ce que les gérants veulent profondément. En effet, le diagnostic, les groupes de projet et les formations sont autant d'exercices permettant d'actualiser les problématiques, de se questionner et de se positionner. L'étude de cas a permis aussi de montrer que le dirigeant met du temps avant de comprendre son rôle.

Nous avons également observé la nécessité d'un processus de construction de sens (Mouhli, 2018), d'encourager régulièrement les acteurs à réinterroger les outils mis en place. Dans leur fonctionnement quotidien, cela passe souvent au second plan.

BIBLIOGRAPHIE

ABEBE, M. A., KIMAKWA, S., REDD, T. (2020), Toward a typology of social entrepreneurs: The interplay between passionate activism and entrepreneurial expertise, *Journal of Small Business and Enterprise Development*, 27(4), 509-530.

ALDRICH, H. E. (1999), *Organizations Evolving*, Newbury Park, CA, Sage Publication.

ARLOTTO, J., CYR, A., MEIER, O., PACITTO, J. (2011), Très petite entreprise et croissance : à la découverte d'un continent inexploré, *Management* & *Avenir*, 3(3), 16-36.

ATHREYE, S. S., FASSIO, C., ROPER, S. (2021), Small firms and patenting revisited, *Small Business Economics*, 57(1), 513-530.

BAGHERI, A., HARRISON, C. (2020), Entrepreneurial leadership measurement: A multi-dimensional construct, *Journal of Small Business and Enterprise Development*, 27(4), 659-679.
BAYAD, M., GALLAIS, M., MARLIN, X., SCHMITT, C. (2010), Entrepreneuriat et TPE : la problématique de l'accompagnement, *Management* & *Avenir*, 10(10), 116-140.
BARBOT-GRIZZO, M. (2019), Une gestion innovante du processus de transmission d'une TPE saine aux salariés sous forme de SCOP, *Recherches en Sciences de Gestion*, 3(3), 179-205.
BAUM, J. R., LOCKE, E. A. (2004), The relationship of entrepreneurial traits, skill and motivation to subsequent venture growth, *Journal of Applied Psychology*, 89 (4), 587-598.
BEN, S. F., ROUSSELET, E. (2018), Le financement participatif (ou le crowlending) aux PME et TPE : mythes et réalités d'une innovation financière, *Innovations*, 2(2), 15-39.
BIRLEY, S., WESTHEAD, P. A. (1994), Taxonomy of Business Start-up Reasons and Their Impact on Firm Growth and Size, *Journal of Business Venturing*, 9, 7-31.
BOSCHMA, R. A. (2005), Proximity and innovation: a critical assessment, *Regional Studies*, 39, 61-74.
BUBA, M. P., RAMLI, A., MOHAMAD, A. (2021), Entrepreneurial competencies, entrepreneurial orientation, entrepreneurial network, government business support and SMEs performance. the moderating role of the external environment, *Journal of Small Business and Enterprise Development*, 28(4), 586-618.
CALLOT, P. (2014), La difficile appropriation du concept de RSE par les TPE : le cas de la viticulture, *La Revue des Sciences de Gestion*, 5(5-6), 129- 137.
CARROLL, G. R., HANNAN, M. T. (2000), *The demography of corporations and industries*, NJ, Princeton University Press.
CAVALLO, A., GHEZZI, A., SANASI, S. (2021), Assessing entrepreneurial ecosystems through a strategic value network approach: Evidence from the San Francisco area, *Journal of Small Business and Enterprise Development*, 28(2), 261-276.
CECCALDI, V. (2016), L'émergence d'une stratégie d'innovation pérenne en très petite entreprise (TPE) : retour sur expérience d'une petite cave coopérative vinicole, *Innovations*, 2(2), 143-162.
CLOUTIER, M., CUEILLE, S., RECASENS, G. (2014), Accompagner le développement de la TPE dans son écosystème entrepreneurial, *Entreprendre* & *Innover*, 2(2-3), 66-76.
COUTERET, P. (2018), La représentation par les salariés de TPE des déterminants de la fidélité, *Revue internationale de psychosociologie et de gestion des comportements organisationnels*, 58(58), 215-252.
DABIĆ, M., LAŽNJAK, J., SMALLBONE, D., ŠVARC, J. (2019), Intellectual capital, organisational climate, innovation culture, and SME

performance: Evidence from croatia, *Journal of Small Business and Enterprise Development*, 26(4), 522-544.
DAVIDSSON, P., DELMAR, F. (1998), Some important observations concerning job creation by firm size and age, in Pleintner, H. J. (eds), *Renaissance des KMU in einer globalisierten Wirtschaft*, 57-67, KMU Vlg Hsg, St gallen, Switzerland.
DAVIDSSON, P., ACHTENHAGEN, L., NALDI, L. (2006), What do we know about small firm growth?, in Parker, S. (eds), *The life cycle of entrepreneurial ventures, International hand book series of entrepreneurship*, 3, 361-398.
DE LA PALLIÈRE, N., GOULLET, C., GUYVARC'H A. (2021), Le lien entre le cycle de vie des TPE-PME et le crowdfunding. Une étude sur le territoire breton, *Revue de l'Entrepreneuriat.*
DELATTRE, M., PETIT, R., ZARDET V. (2015), Ar(t)chitectes et management : histoires d'introduction d'outils de management chez les architectes, *Annales des Mines - Gérer et comprendre*, 2(2), 4-15.
D'HENNEZEL, C. (2019), Vers une modélisation de l'intelligence économique dans les petites entreprises, *Revue internationale d'intelligence économique*, 2(2), 159-181.
GÉRAUDEL, M., GUNDOLF, K. (2016), Les effets de la centralité sur la restructuration : le cas du passage de la TPE à la PE, *Revue de l'Entrepreneuriat*, 1(1), 15-33.
GHEWY, P. (2006), La légitimation sociale de l'activité économique de l'entreprise par le discours sur les valeurs : le cas des TPE, *Marché & Organisations*, 2(2), 97-108.
GÖDENER, A. (2002), PME en croissance : peut-on prévoir les seuils organisationnels, *Revue Internationale PME*, 15(1), 39-63.
GOY, O. (2019), Le financement participatif, nouvelle voie de financement pour les PME, *Annales des Mines - Réalités industrielles*, 1(1), 51- 54.
HIGGINS, M. J., LACOMBE, D. J., STENARD, B. S., YOUNG, A. T. (2021), Evaluating the effects of small business administration lending on growth, Small Business Economics, 57(1), 23-45.
INSEE, Tableaux de l'économie française, Edition 2018.
JOVANOVIC, B. (1982), Selection and the Evolution of Industry, *Econometrica,* 50, 649-670.
JULIEN, P.-A. (2005), *Les PME : bilan et perspectives*, 3e édition, Presses interuniversitaires.
KANGASHARJU, A. (2000), Growth of the smallest: determinants of small from growth during strong macroeconomic fluctuation, *International Small Business Journal*, 19(1), 28-43.
LETHIELLEUX, L., ANDRÉ, C. (2018), Groupement d'employeurs et gestion des défaillances des TPE/PME : le syndrome de l'arroseur arrosé, *Recherches en Sciences de Gestion*, 5(5), 205-224.

MACPHERSON, A., HOLT, R. (2007), Knowledge, learning and small firm growth: a systematic review of the evidence, *Research Policy*, 36, 172- 192.

MANZANO, M., JEOFFRION, C. (2019), Étude de cas n°10. Une TPE face à l'épuisement professionnel : l'instauration d'une « assemblée de paroles » et d'une « organisation capacitante », dans le cadre d'un dispositif centré sur l'analyse des situations-problèmes, in Desrumaux, P. (dir.), *10 études de cas en psychologie du travail et des organisations*, Paris, Dunod, 229- 250.

MARCQ, J. (2006), L'engagement des salariés dans la TPE, en particulier dans l'artisanat, *Marché & Organisations*, 2(2), 78-96.

MARCHESNAY, M. (2003), La petite entreprise : sortir de l'ignorance, *Revue Française de Gestion*, 144, mai-juin, 107-118.

MASKELL, P., MALMBERG A. (1999), Localised learning and industrial competitiveness, *Cambridge Journal of Economics*, 23 (2), March, 167-185.

MEJRI, I., HAMOUDA, M., TRABELSI, D. (2018), Crowdequity et Crowdlending : deux alternatives de financement des TPE/PME. Le cas de l'entreprise Gifts for Change, *Gérer et Comprendre*, 131 (1), 36-50.

MOSAKOWSKI, E. (2002), Overcoming resource disadvantages in entrepreneurial firms: when less is more, in Hitt, M. A., Ireland, R. D., Camp, S. M., Sexton, D. L. (eds), *Strategic entrepreneurship: creating a new mindset*, Blackwell Oxford, 106-126.

MOUHLI, K. (2018), Reconstruire collectivement du sens pour surmonter les effets du changement de dirigeant dans la TPE, *Management & Avenir*, 1(1), 85-108.

OSÉO PME (2009), Freins à la croissance des PME à potentiel de développement.

REYES, G. (2016), Décrypter la stratégie de la TPE grâce à l'analyse de l'identité professionnelle de son propriétaire-dirigeant, *Revue de l'Entrepreneuriat*, 1(1), 35-59.

REYNOLDS, P. D., WHITE S. B. (1997), *The entrepreneurial process: economic growth, men, women and minorities*, Westport, CT, Quorum Books.

RIVET, A., REIX, C., MONTINTIN, J. (2020), Défaillance des petites et très petites entreprises : cas des entreprises de la Haute-Vienne, *La Revue des Sciences de Gestion*, 1(1-2), 49-61.

SALMERON, J.C., ZARDET, V., PETIT, R., CAUMEIL, V. (2018), Comment intéresser les médecins libéraux à l'innovation stratégique, organisationnelle et managériale ? Cas d'un processus d'innovation socio-économique dans un cabinet d'exercice libéral, Colloque ALASS, France.

SAVALL, H., ZARDET, V. (1987), *Maîtriser les coûts et les performances cachés, Le contrat d'activité périodiquement négociable*, Economica, 6e édition en 2015. (traduit en anglais : Mastering Hidden Costs, IAP, Charlotte, NC, 2008).

SAVALL, H., ZARDET, V. (2004), *Recherche en sciences de gestion : approche qualimétrique - Observer l'objet complexe*, Paris, Economica.

SAVALL, H., ZARDET, V., BONNET, M., CAPPELLETTI L. (2019), Valoriser la recherche par l'expérimentation en entreprise : cas du modèle de management socio-économique, *Revue Française de Gestion*, 7(7), 149- 169.

SCHMITT, C., FILION, L. (2009), Le réel expérimenté pour explorer la TPE : apports conceptuels et méthodologiques, *Management* & *Avenir*, 10(10), 207-226.

STOREY, D. J. (1994), *Understanding the small business sector*, London, Routledge.

YITSHAKI, R. (2021), Entrepreneurs' emotional intelligence as a factor explaining entre-preneurial psychological ownership and high-tech start-up growth, *Journal of Small Business and Enterprise Development*, 28(4), 489- 514.

WIKLUND, J. (2005), Knowledge accumulation in growth studies: the consequences of methodoligical choices, communication, ERIM expert workshop Perspectives on the longi-tudinal analysis of new firm growth, Erasmus University, Rotterdam.

ZHE, C., XIANWEI, S. (2021), A systematic literature review of entrepreneurial ecosystems in advanced and emerging economies, *Small Business Economics*, 57(1), 75-110.

HÉTÉROGÉNÉISATION ET TENSIONS INTERCULTURELLES : L'EXEMPLE DU SECTEUR DU BÂTIMENT

Annick SCHOTT
Université de Bordeaux-Montaigne
Médiation InformationCommunication Art - Information, Connaissance et Innovation Numérique
annick.schott@iut.u-bordeaux-montaigne.fr

RÉSUMÉ

Cet article initie une réflexion sur la porosité entre contraintes socio-économiques et tension risquée des diversités interculturelles dans le bâtiment, illustrée par une étude de terrain auprès de dix PME néo-aquitaines.
Qu'est-ce qui peut faire le lien entre les pareils et les pas pareils, pour les conjuguer ? La culture d'entreprise, de par sa dimension intra, peut jouer ce rôle de trait d'union. Ce qui soulève le rôle de l'habitus des dirigeants de PME dans la conduite de leur(s) entreprise(s). L'habitus donne, en effet, la pulsation – facilitatrice ou empêcheuse – d'un faire, en particulier autrement.
Dix ans après la crise financière, le niveau de vulnérabilité de l'emploi est élevé dans ce secteur. Où se situe ce secteur au vu des difficultés des conditions de travail des équipes, conditions qui sont aggravées par le départ à la retraite de nombreux chefs d'entreprise.

Mots-clés : Construction, culture, étude de cas, PME, tensions inter-culturelles.

ABSTRACT

Heterogeneization and Intercultural Tensions: The Example Of The Building Sector

This paper initiates a reflection on the porosity between socio-economic constraints and risky tensioning of intercultural diversities in the Building sector, illustrated by a field study with ten neo-Aquitaine SMEs.

What can make the link between the same and the not the same, to conjugate them? Business culture, because of its intra dimension, can play this trait-union role. This raises the role of the habitus of SME managers in the conduct of their business (ies). Habitus gives, in effect, the impulse - facilitating or preventing - to do something, in particular otherwise.
Ten years after the financial crisis, there is a high level of job vulnerability in this sector. Where does this sector, in view of the difficulties the working conditions of the teams, conditions which are worsened by the retirement of many business leaders.

Keywords: Construction, culture, case study, SMEs, inter-cultural tensions.
JEL Codes: D22, L74, M14, O15, Z13

INTRODUCTION

Admettre, à l'instar de Granovetter (1985/2000), que l'économie est enchâssée dans le social, c'est également accorder une plus grande place au pluralisme culturel. C'est ne plus se suffire d'une association automatique entre progrès économique (technique) et progrès social ou environnemental. Les innovations ne sont pas simplement techniques ou économiques ; elles constituent des transpositions interculturelles. La culture, parce que définie comme une vision du monde et un ensemble de références (d'Iribarne, 1989), rend intelligible tout ce que nous faisons dans une organisation donnée.

Cet élargissement du champ d'application pose problème à l'entreprise : la potentialité de multiples conflits d'intérêts et de points de vue.

L'objet de la réflexion proposée porte dès lors sur cette question : pour répondre à ce regain de *« davantage d'ouverture aux interactions entre soi et l'autre dans l'individualisation des singularités »*, quels choix de gestion et d'organisation les entreprises tendent-elles à mettre en œuvre, quelles actions en légitimation des dirigeants ? Qu'en est-t-il dans les PME du secteur du bâtiment ?

L'enjeu est donc ici de cerner *si (en quoi les conditions font que) re-prendre le temps de faire différemment s'inscrit dans la pulsation - facilitatrice - de la stratégie du chef de l'entreprise et de la mise en œuvre organisationnelle (interculturelle, économique, sociale) de cette stratégie.* Il s'agit aussi de tenter d'investir ce qui a été manqué.

Répondre à ces questions pose, dans un premier temps, la mise en contexte de l'habitus du dirigeant et de la culture métiers du Bâtiment auxquelles les entreprises peuvent se référer ; puis, dans un second temps, seront observées les pratiques récentes repérées auprès d'une dizaine des PME girondines dans le secteur du bâtiment.

1. LE CADRE THÉORIQUE MIS EN CONTEXTE

Selon Philippe d'Iribarne (1990, p. 265) l'entreprise constitue *« une forme de collectivité qui, plus que bien d'autres, de par l'environnement difficile où la mettent les pressions économiques qui s'exercent sur elle, est soumise à des exigences sévères en matière de qualité de coopération interne. »* Les liens sociaux des 3 C (Communication-Coordination-Concertation) dépendent du mode de gouvernance, des choix de gestion et d'organisation des dirigeants afin de réellement investir dans les contextes historico-socio-culturels et les singularités relationnelles de toutes les parties prenantes internes.

Face à des intérêts distincts mais émanant de groupes d'acteurs inscrits dans des mêmes logiques et contextes historico-socio-culturels, le développement de l'entreprise semble suivre la même pente. Cependant, l'information transmise, parfois généreusement, sur des thématiques stratégiques, permet de construire un cadre cognitif commun mais dans des mises en appropriation de ressources souvent inégalitaires (Supiot, 1999). Les directions d'entreprise maîtrisent, en effet, les enjeux de gestion et la *« soft régulation »*, à base d'engagements moraux dit permissifs (Thuderoz, 2000). Le pluralisme d'intérêts interculturels dépassera-il l'impératif social d'intégration, pour entrer dans une démarche, un état d'esprit puis un processus comme autant de transposition des « faires autrement » permettant d'accoucher d'autre créativité, d'autre réadaptation, d'autre innovation. Ce qui pourrait réduire les risques de tension.

L'articulation entre les deux univers - gestionnaire et historico-socio-culturels - peut être remplie par, à la fois, l'habitus singulier du dirigeant, garant de la représentation dans leur pluralisme des pareils et des pas pareils, (1.2.) et la prégnance de culture « métiers » comme vecteur d'hybridation (1.1.)

1.1. Culture « métiers » comme vecteur d'hybridation

Le secteur de la construction reste un secteur d'insertion et d'ascension professionnelle des personnes issues de l'immigration. En Nouvelle-Aquitaine, les métiers de la construction représentent 8 % des actifs, c'est dire son poids économique (source : *Panorama emploi-formation bâtiment et travaux publics Nouvelle-Aquitaine,* 2018).

L'un des points communs qui rassemble une majorité des acteurs du bâtiment a trait à un type de formation professionnalisante alliant formation théorique et mise en application des savoirs et des savoir-faire en milieu professionnel. La filière de la construction est une de celles qui a le plus recours à la démarche de transmission par l'apprentissage et/ou la professionnalisation. L'acquisition de la maîtrise de ces savoirs professionnels-là demande du temps et de la pratique. Ce sont ainsi 18,5 % des apprentis néo-aquitains qui se forment à l'un de ces métiers du bâtiment (source : *Région Nouvelle-Aquitaine, Année scolaire 2016/2017*).

Cette approche favorise la diffusion du capital métier, tant au niveau des savoirs formels (formation initiale et/ou par alternance) que de ceux informels (expériences pratiques non consignées mais transmissibles dans une communauté de métiers).

Utiliser le terme de communauté de métiers, c'est faire référence aux compétences spécifiques des métiers, c'est-à-dire à des connaissances particulières, mais en les corrélant à des situations d'échanges et de réciprocité dans des façons de faire pour résoudre à la fois des questions techniques et opérationnelles... mais aussi humaines (lieu d'intégration, de sociabilisation et aussi d'apprentissage des bases socio-éducatives, pour des étrangers, des jeunes, des personnes en rupture avec les exigences d'un niveau socioculturel).

Dans n'importe quelle entreprise, la cohésion du groupe est nécessaire pour renforcer l'efficacité des moyens en présence. De même la transmission régulière de l'information et de l'expérience à tous les niveaux de l'entreprise contribue à construire et à enrichir la culture d'entreprise.

Dans le cas de figure qui nous occupe, cette communauté de métiers de la construction renvoie à une posture transversale ou plutôt trans-entreprises, mais pas « universalisable ». Régis Debray (2007) démontre, en effet, que si la norme standard relative à une technique ou une technologie ancienne ou nouvelle unifie selon le plus petit dénominateur commun, la culture pas. De plus, la technique a quelque chose d'irréversible (pas de retour en arrière possible) alors que la culture est un long cheminement qui non seulement peut inclure des ruptures mais aussi des allers et retours ; « *en d'autres termes nous habitons une culture et non une technique* ».

Il y a donc une importance à habiter la culture en particulier de son métier, importance consubstantielle à sa longue histoire et tradition, comme dans le bâtiment. Pour ne remonter qu'à un siècle, à cette époque le bâtiment demandait beaucoup de main-d'œuvre, et sa richesse résidait dans la qualité de son personnel. Si les immigrés ont maintenu leur implantation, c'est que le chantier s'est affirmé progressivement comme lieu d'identité commune. Selon Mareilla Colin (2001) les hommes y ont circulé et les savoir-faire aussi. Ces transpositions de technologie et de sociabilité sur le terrain ont facilité la transmission d'une culture autre qu'opératoire. De surcroît, ce secteur en croissance offrait des opportunités de forte mobilité professionnelle et sociale (passage du statut d'ouvrier à celui de patron) souvent par l'entremise de statuts intermédiaires. On n'a plus affaire à une collection d'individus recrutés parce que « meilleurs pros. », mais plutôt, en raison de ce type de relations aux métiers, à des acteurs qui ont co-élaboré du sens en commun. Ainsi la réussite de l'ouvrier/patron est jugée comme le résultat d'une éthique fondée sur les valeurs de l'effort, de l'esprit de sacrifice, de l'entre-aide. Pour renforcer cette cohésion sociale, c'est dans le clan qui *a priori* partage ces valeurs-là que l'on ira recruter, chercher du sang neuf pour aussi se régénérer. Cela signifie que le contexte dans lequel s'inscrit l'interaction entre deux sujets porteurs de cultures nationales différentes agit comme un catalyseur de sens. S'y condense, chaque fois recommencée et profondément « situationnelle », l'émergence de significations hybridées. C'est ce que souligne Alex Mucchielli (1988, 2015, p. 104) « *Le sens (...) émerge des configurations situationnelles dans lesquelles les activités se déroulent. Le sens est le résultat de processus multiples, il est co-construit par les acteurs en présence dans la situation qui intervient elle aussi* ».

« *Produit d'une histoire, patrimoine de savoir-faire, de façon d'agir et de penser, vision commune*, etc. » selon Maurice Thévenet (1987) qui, à l'instar de Fons Trompenaars (1994, 2008), l'a définie comme *« la manière dont un groupe de personnes résout ses problèmes »*. La culture ici Bâtiment permet d'approcher le sens en action, puisqu'au moins une part des éléments qui composent celui-ci, donnera naissance à des règles explicites et implicites. Comme le précise Michel Crozier (2007), on se situe dans l'ambiguïté d'une construction sociale : c'est une «*promesse … qui permet de réguler toutes les interactions humaines, elle est à la base de tout contrat*». Et c'est justement ici que se cachent les incompressibles du sensible dans leur hybridation.

En premier lieu, l'hybridation peut représenter un effet d'aubaine, lorsqu'elle est comprise comme autant d'économie de temps et d'énergie permettant de relever les défis liés à la triple confrontation à des situations nouvelles, des acteurs nouveaux, des productions sociales nouvelles. D'ailleurs Bhabha (1994, 2004) et Pieterse (1994) nous le confirment, en situant toute culture dans une perpétuelle construction, transformation et hybridation, issues de couplage donnant naissance à nouvelles cultures mixtes, hybrides. Ce processus s'ancre à nos connexions sensibles à propos d'un quelque chose ou d'un quelqu'un, connexions maillées à nos contextes socio-historiques.

Par exemple, dans les métiers du bâtiment, on se situe dans un modèle « d'expertise et de mise en ordre d'événements » qui renvoie à une réalité « connexioniste », ce qui signifie que les frontières sont autant formelles (nombre important de normes) qu'informelles. L'organisation se vit en mode chantier, toujours dans la co-activité qui est le moteur de l'expérientiel… à dimension variable.

Certes, dans la co-activité, on travaille les uns avec les autres et les uns pour les autres, mais quel sens – soi et l'autre – assignent-ils à leurs actions au travail ? Quel niveau d'engagement chacun consent-il à mettre - voire cède-t-il - au service du chantier commun ?

Ce sens et cet engagement sont-ils si naturels, même inscrits au cœur de la genèse ou génétique de la culture Bâtiment ? Arrivent-ils à dépasser *« le stéréotype qui »*, selon Rocheblave-Spenle (1970, p. 10), *« détermine les opinions des membres d'un groupe, cible un groupe particulier, résulte d'un différend ou d'un conflit, varie d'une culture à l'autre et s'apprend lors d'interactions sociales ».*

Sahlins (1976) ou Geertz (1973) nous apprennent qu'il n'existe aucune meilleure pratique universelle, applicable partout et dans tous les cas. Ce sont, en effet, les contextes socio-historiques qui encadrent et déterminent les pratiques managériales. A titre d'exemple, Philippe d'Iribarne (1989) applique la logique de l'honneur dans le mode d'action d'un Français. Il est probable qu'on la retrouve d'une certaine manière à propos du mode d'action d'un Portugais. Mais ce sera plutôt la logique du contrat qui s'appliquera à un Polonais.

Il existe également différentes conceptions du temps et de l'espace, selon l'organisation et le niveau de développement d'une société. Ce qui illustre la pluralité des conceptions et des conditions de vie. Ainsi, la grande diversité des façons de faire peut perturber, car chaque façon de faire fait référence non seulement au type de relations que l'on entretient avec la personne dans un contexte donné, mais aussi à l'histoire de cette relation (Guigo, 1994). Les pratiques de gestion évoluent à travers les interactions parfois confuses, souvent opposées et même contradictoires (Ozbilgin, Tatli, 2008).

Par conséquent, la gestion des pluralités interculturelles devrait, au mieux, se baser sur l'apprentissage des diverses façons de « (bien) faire les choses » (Ghadiri, 2014). Ce qui pose la question de l'habitus singulier du dirigeant et de l'accueil ou pas dans leur pluralisme des pareils et des pas pareils.

1.2. Question de l'habitus singulier du dirigeant et de l'accueil ou pas dans leur pluralisme des pareils et des pas pareils

L'acte de mise en « gestion des relations » en entreprise ne peut s'affranchir de l'intentionnalité qui l'anime. C'est l'une des raisons pour laquelle nos recherches portent sur le rôle de l'habitus singulier du dirigeant dans la conduite de leur(s) entreprise(s). C'est en effet l'habitus qui donne la pulsation - facilitatrice ou empêcheuse - dans ce que je nomme *l'esprit des lois informelles de la maisonnée* (perceptions - représentations)[1].

En 20 ans d'étude en PME (Schott et Jurquet, 2013), j'ai pu constater que :

- ✓ la présence de *l'esprit des lois de la maisonnée*, en tant que concret de l'habitus du dirigeant, est de nature plutôt informelle que formelle,

[1] *L'esprit des lois de la maisonnée* renvoie à la reprise du concept de Montesquieu (1748/2013) exprimé dans *De l'esprit des lois*. Lorsque Montesquieu s'efforce de comprendre ce qu'il appelle « *l'esprit des lois* », il tente de relier les lois entre elles comme dans un système puis de les rapporter à la structure des sociétés qui, à un moment donné, dans un espace donné, les ont engendrées. La société, dans notre travail, est l'entreprise.

- ✓ il y a acceptation de « celui qui fait est celui qui sait » et en même temps dans la coadaptation et la désadaptation de la politique et de l'organisation du travail,
- ✓ la co-activité : on travaille les uns avec les autres et les uns pour les autres,
- ✓ cette dynamique sociale et économique repose sur la légitimation par les dirigeants et les encadrants de cheminements autrement de tous.

Nous entendons par habitus ce qui est acquis et intériorisé par l'éducation, « *les convenances et les modes, les prestiges* » (Mauss, 1950/2013, p. 32*)*. Les habitus relèvent (Bourdieu, 1972/2000) à la fois de la perception (manières de percevoir le monde), de l'appréciation (manières de le juger) et de l'action (manières de s'y comporter). Ils sont hérités puis mis en œuvre par les individus. Il s'agit de « *systèmes de dispositions réglées, durables et transposables…* » (Bourdieu, 1980, p. 174) qui ainsi résistent aux permutations.

Ici l'habitus du dirigeant de PME sert d'entourage, de contexte (ou du moins dans sa façon de l'envisager) qui accorde ou n'accorde pas au faire dans un autrement de se révéler. C'est ce qui va exercer un attribut de la fonction contenante. Il remplit cette fonction contenante dans laquelle s'enveloppe ce faire dans un autrement, qui ainsi se libère. En effet, selon Albert Ciccone (2001) *« une fonction de contenance [qui] consiste à contenir et à transformer via le mécanisme d'identification projective »*. L'habitus du dirigeant est contenance dans la mesure où il autorise un *« espace dans lequel l'expérience, quelle que soit sa nature, va être reçue et contenue »* (Ciccone, 2001). Contenir une expérience signifie positivement la comprendre pour laisser accoucher les points de vues et les expériences d'autrui.

Comment faire co-exister, dans une co-activité impérative, divers groupes humains d'origine du pays, de région, de quartier, de langue, de culture, d'âge, de sexe, de compétences … aux aspects, aux caractères, … visibles ou invisibles si pluriels ?

Il faudra donc *« réfléchir à la manière d'optimiser les potentiels multiples au sein de l'entreprise. C'est le regroupement de toutes les différences et l'acceptation de la diversité qui nous entoure et qu'il faut apprendre à manager. Cela ne signifie pas uniquement gérer la cohabitation des différences »* (IMS, 2007) ; c'est donc aller vers l'hybridation.

Certes, l'hybridation revisite la complémentarité avec le nouveau, considérant que ce qui va en sortir peut-être source d'innovation, et s'inscrit dans des apprentissages culturels. Mais que faire avec des actions humaines qui ne s'inscrivent pas « que » dans un instrumental (Dewey, Bentley, 1949/1991) ?

Trois formes d'apprentissage ont été théorisées il y a plus de vingt ans par Jack Mezirow (1998). L'apprentissage *instrumental* (*instrumental learning*) renvoie à une compréhension de l'expérience, tout ce qui vise à maîtriser un environnement donné. Mobilisant une logique hypothético-déductive, cet apprentissage repose sur le postulat selon lequel l'expérience se réfère à une réalité qu'il est possible d'objectiver. Est ici mobilisé à plein régime le cognitif, associé aux connaissances et aux habiletés de la personne, dans ses savoirs et savoir-faire.

L'apprentissage *communicationnel* (*communicational learning*) désigne la capacité d'apprendre à comprendre le sens donné à une expérience partagée, et les intentions, valeurs, sentiments, idéaux, auxquels elle renvoie. Cet apprentissage repose sur de nombreux échanges et une logique basée sur un accord sur le sens des interprétations échangées. Ce qui permet d'explorer la nature normative et intersubjective des significations prêtées à l'expérience. Se loge ainsi, dans l'interstice de toutes ces intersubjectivités, la construction d'un socio-professionnel en contexte socio-historique au sein de laquelle se révèlent sentiments et motivations.

Enfin, l'apprentissage *émancipateur* (*emancipatory learning*) implique le développement d'une capacité à identifier la nature et l'origine de nos perspectives de sens (*meaning perspectives*) afin de remettre en question l'organisation des schèmes de sens (*meaning schemes*) à travers lesquels on interprète les significations associées aux apprentissages (instrumentaux et/ou communicationnels) issus de nos expériences de vie. Cet apprentissage exige de mettre en « fantaisie » notre réflexion critique, notre désir de vivre des choses qui s'ancrent et influencent notre histoire personnelle, familiale, professionnelle, sociale et culturelle. Ce qui suppose également une dose certaine d'ouverture d'esprit, d'écoute empathique et de qualités associées à notre engagement psycho-affectif.

Ici, se joue dans cette interprétation, l'envie vers un vers, qui va s'orienter vers des nouveaux agir et des agir à nouveau.

Cela veut dire qu'il est admis que la répétition n'est la reproduction d'un même, que la fixation de score peut être glissante, que la manipulation n'est pas un dehors subi mais aussi un dedans voulu.

Ici, celui qui admet, autorise, est le dirigeant Ainsi, existe-il un *continuum* qui s'auto-nourrit et nourrit des faires, *continuum* nécessaire pour l'expression de la créativité et de l'émancipation des sujets. Ce qui peut canaliser les interactions et faciliter les coopérations en régulation autonome, et cela va naturellement dans le bon sens.

L'enjeu est donc ici de cerner *si (en quoi les conditions font que) re-prendre le temps de faire différemment s'inscrit dans la pulsation - facilitatrice - de la stratégie du chef de l'entreprise et de la mise en œuvre organisationnelle (interculturelle, économique, sociale) de cette stratégie.* Il s'agit aussi de tenter d'investir ce qui a été manqué.

2. L'ÉTUDE TERRAIN ET RÉSULTATS

Avant de présenter nos principaux résultats, il nous faut expliciter notre méthodologie et notre corpus.

La méthode des cas a été privilégiée car il s'agit *« d'une enquête empirique sur un phénomène actuel [...] au sein de son contexte présent surtout lorsque les frontières entre le phénomène et son contexte ne sont pas clairement définies »* (Yin, 2009, 2013). Cette méthode permet d'utiliser principalement les entretiens semi-directifs comme modes de collecte des données.

Nous nous appuyons également sur la méthodologie du récit de vie (Pineau, Legrand, 1993, 2013). Comme le soulignent ces deux auteurs, « *tout acteur social est pris, dans son trajet existentiel, à conjuguer passés complexes et avenirs incertains, pulsions internes et intimations externes* ». L'histoire de vie entre dans la typologie des entretiens approfondis et longitudinaux. Pour notre part, il s'agit d'accueillir, si tel est son souhait, le récit de vie du ou des dirigeants. Il y reconstruit par ses dires son agir et ses pratiques mis en auto-réflexion, et sa fabrique du sens à partir de ses expériences vécues. Daniel Bertaux (1996) énonce « *qu'il y a du récit de vie dès qu'il y a description sous forme narrative d'un fragment de l'expérience vécue* ». Qu'il s'agisse de modifier ou d'introduire un quelque chose ou un quelqu'un de nouveau, ce sont bien les comportements réels des acteurs qui seront modifiés, dont les mots utilisés fonctionnent tel un révélateur (Osgoog, Walker, 1959).

La taille des entreprises a été un facteur de choix, puisque notre étude s'intéresse aux PME (10 à 250 salariés), ainsi qu'à l'âge de l'entreprise (5 ans et plus).

Les dirigeants rencontrés sont, dans 8 cas sur 10, au cœur de la stratégie de l'entreprise. L'ancienneté moyenne du mandat du dirigeant est de 20 ans. L'âge moyen frôle la cinquantaine. La formation va de « bac à bac + 3 ». Il s'agit d'une recherche longitudinale. Les entretiens avec les acteurs dirigeants remontent à mars 2014, réitérés en avril 2016, en mai 2019 puis réactualisés par téléphone en mai 2020. Ces entretiens ont duré entre 1h30 et 2h30. Les entretiens et observations auprès des salariés sur chantiers ont eu lieu en mai 2016 et juin 2019. Les données ont été rassemblées au fur et à mesure puis combinées pour ce papier.

Les 10 entreprises rencontrées s'ancrent dans une vision élargie de relations de compagnonnage multiculturel.

Nature de la structure	**Age de l'entreprise**	**Répartition par activité**	**Répartition des effectifs**
PME familiales Dirigeant = propriétaire à 50% minimum du capital social	de 5 à 20 ans = 5/10 de 20 à 60 ans = 5/10	Gros œuvre = 5/10 Second œuvre = 3/10 Autre = 2/10	10 à 49 salariés = 4/10 50 à 99 salariés = 2/10 100 à 249 salariés = 4/10

60 % des entreprises interrogées comptent moins de 100 salariés, chiffre assez homogène par rapport à la tendance nationale qui confirme le poids conséquent de l'artisanat du bâtiment : 60 % de la population

active (salariés, non-salariés confondus) se concentrent dans les entreprises de moins de 20 salariés (CAPEB, 2019b).

Voici nos principaux résultats relatifs aux perceptions coté dirigeants (2.1) et à celles des salariés (2.2.).

2.1. Perceptions côté dirigeants

6 dirigeants sur 10 considèrent comme structurantes leurs actions en matière de diversité qui en même temps permettent d'étendre tout ce qui concerne le respect des autres et les modes de pensée et de spiritualité.

Extrait des réponses : *« s'engager sur une telle voie renvoie aux problèmes humains, c'est-à-dire que tout cela se situe au niveau de l'éthique ».*

Pour 8/10 c'est une question éthique, même si *« l'impératif du chiffre »* reste incontournable. Il s'agit d'une prise de conscience supérieure car fondée sur des valeurs expérimentées, par exemple dans l'observation et l'apport des singularités.

Katz (1964) souligne qu'une organisation repose avant tout sur le refus de comportements de prédation entre ses membres et, au contraire, valorise l'émergence d'un souci de la conservation et du développement, basée sur l'intégrité globale.

C'est donc bien dans la capacité de prendre une distance à l'égard de contraintes externes et internes, de comportements appris, et même de règles, que se renouvelle cette posture éthique.

Autre ancrage quasi unanime, 8/10 reconnaissent se remettre en cause sur le rôle de l'entreprise et de la société.

Extrait des réponses : *« comment l'entreprise peut-elle contribuer au bien-être de tous, par exemple en intégrant des populations fragilisées, en étant dans l'acceptation des autres et de leurs différences ».*

Extrait des réponses : *« même si l'intérêt de l'entreprise doit primer, dans un secteur à forte main d'œuvre, l'homme est la première richesse de l'entreprise. Il est donc nécessaire de voir avec lui où et comment il se sent à l'aise, où et comment il s'adapte le mieux, - faire du social à la carte, avec ses singularités, d'autant qu'il y a pénurie de main d'œuvre dans nos métiers ».*

Extrait des réponses : *« on ne se contente pas de respecter le légal. En raison du rôle social de nos entreprises et du poids des relations humaines, on va bien au-delà ».* Il existe derrière cette posture la volonté et le profil du dirigeant.[2]

---

[2] Une typologie des entreprises du bâtiment est proposée dans l'étude que le cabinet Stravia (Pierre RIVARD) a menée pour la FFB (citée dans « Les trois visages de l'artisan du bâtiment », in *Constructif*, nov. 2004). Trois visages sont proposés : les deux premiers (l'artisan local et l'artisan spécialiste) sont emblématiques de l'artisanat du bâtiment ; le troisième (l'artisan gestionnaire) est apparu il y a une dizaine d'années.
L'artisan *local* : forte notoriété locale, proximité des clients, relation personnalisée avec la clientèle, souplesse et réactivité.

Extrait des réponses : *« la problématique est de dégager du temps pour faire vivre, avec tous, les engagements de la politique sociale »*.

Ces petits plus volontaires risquent d'entraîner des obligations supplémentaires ; « il n'y a pas de responsabilité sans sanction, il n'y a pas d'engagement qui ne lie pas » (Trébulle, 2003).

Dire que les salariés influent le plus le développement de l'entreprise est à mettre en perspective avec les facteurs de contingence du secteur du bâtiment : pénurie[3] actuelle et potentielle de main d'œuvre, faible attractivité des métiers.

Les engagements entreprises-salariés sont peu formalisés. Le peu de formalisme trouve sa source non seulement dans la longue tradition de l'oralité caractéristique du secteur du bâtiment, mais aussi dans le règne des relations informelles, de la relation *intuitu personae* et de l'application circonstanciée de la norme. On est dans le règne des repères, une « régulation[4] douce » (Moreau, Defarges, 2003, 2011).

Cette oralité, cette communication, cette régulation sont le ferment de rencontres diverses et ajustées qui permettent de nourrir et d'être nourries par des pensées et cultures disparates devenues communes. Ici, le fonctionnement incontournable et ancestral du mode chantier implique du temps, de l'énergie et surtout deux qualités essentielles : l'acceptation de la différence et le courage de la divergence.

L'habitus du dirigeant y joue aussi son rôle. Cependant, les difficultés économiques récurrentes de ce secteur, qui, de rebonds en chutes, ne semble connaître que des répits éphémères, ont fragilisé la résistance aux perturbations de l'habitus des dirigeants rencontrés. Ainsi, il se situe dans une contenance qui n'enveloppe pas suffisamment. On peut se demander, comment faire pour prendre une position observante afin de faire mieux face aux situations complexes rencontrées. En d'autres termes, comment faire pour prendre le temps d'observer chaque fois qu'une situation complexe plonge certains des dirigeants rencontrés dans un état où ils éprouvent ce sentiment d'être dépassé. Certes ils peuvent encore se positionner dans leur rôle et leurs prérogatives comme diffuseur, animateur, organisateur, régulateur, ré-ajusteur. Mais, cela ne va plus de

---

L'artisan *spécialiste* : détenteur d'un savoir-faire rare, recherché par une cible de clientèle, souvent présent sur les chantiers, transmission du savoir-faire aux compagnons, marché élargi : réseau de clientèle, adaptation du savoir-faire à des niches de marché.

L'artisan *gestionnaire* : organise et pilote l'entreprise à travers des outils de gestion, privilégie la maîtrise des coûts et le suivi des chantiers, souvent présent au bureau, délègue la maîtrise technique du métier à un collaborateur, définit une stratégie de développement en ciblant des clientèles.

[3] 10% des entreprises artisanales ne sont pas parvenues à satisfaire leur besoin de main d'œuvre qualifiée, alors qu'elles étaient 19% à chercher à embaucher au cours du premier semestre 2019 (conjoncture 2e trimestre 2019, juillet 2019, source CAPEB, 2019a).

[4] Pour Alain Supiot (2006, p. 267), *« réglementer, c'est dicter des règles de l'extérieur, tandis que réguler, c'est faire observer les règles nécessaires au fonctionnement homéostatique d'une organisation »*.

soi. Des fissures fragilisent le triptyque communication-concertation-coordination qui constitue le noyau dur de la pulsation facilitatrice des entrepreneurs rencontrés. Les relations aux socio-professionnels sont en train de subir quelques ruptures. Parce qu'un peu dépassés et trop pressés, les dirigeants n'investissent que les processus normatifs de leurs équipes, les fonctions liées à des comportements souvent ritualisés, à la recherche d'une objectivation d'automatisme…

C'est oublier l'affect, tous ces éléments subjectifs, ces jugements, ces préférences, ces émotions qui comme le souligne Emma Violand-Sanchez (1998, p. 28) avec « *l'activation d'expériences antérieures sont essentielles à la motivation* » dans l'acte de prendre et d'apprendre. C'est oublier le conatif destiné à faire réagir l'Autre, cet étrange autre, dans un certain sens, à orienter son comportement, son action. Ces processus psychiques permettant de conduire à une action (Florin, Vrignaud, 2007) sont délaissés.

Il semblerait que la capacité d'adaptation, pour résoudre des problèmes, la capacité de donner du sens et d'assumer des choix inattendus, s'avère bien trop souvent reposer sur les tâtonnements des équipes.

Pour dépasser ces points de vue généraux, trois des dirigeants des dix entreprises étudiées m'ont permis d'enquêter en toute liberté sur quelques-uns de leurs chantiers.

2.2. Perceptions côté salariés

Ce que vivent les équipes des chantiers investigués semble assez différent des dires et des perceptions des dirigeants. On se situe sur le registre du risque économique amplifié par un abandon des directions et une obligation pour les équipes d'inventer des trouvailles afin qu'elles s'ajustent pour « ingérer » en mode exponentiel de plus en plus de travailleurs détachés européens, venus de tous horizons.

Quelques chiffres :

En trois ans (2017 à 2019) sur les 8 chantiers enquêtés, en moyenne, la progression des travailleurs détachés européens par chantier a été la suivante : 15 % travailleurs qualifiés détachés portugais (rémunérés 12 € brut/h) puis 30 % et enfin 30 % en plus (ce qui fait 60 % de travailleurs détachés) mais d'origine polonaise (rémunérés 9,27 € brut/h). Pour mémoire un travailleur qualifié français est rémunéré 17€ brut/h.

Les conditions d'exécution du travail se dégradent, notamment en raison de :

* délais de plus en plus courts : *« au lieu de construire un bâtiment en 1 an on doit le faire en 6 mois » ; « le travail se fait de plus en plus à la va-vite » ; « la contrainte sur les délais entraîne des erreurs de planification de la hiérarchie »,*

* moyens de moins en moins importants : *« depuis trois ans, il faut faire avec moitié moins de moyens matériels et humains ».*

S'y ajoute « *la réduction des coûts de plus en plus lourde, la mauvaise qualité du travail, les relations parfois tendues avec la direction, etc.* »

Le maintien du niveau de réponse aux appels d'offres n'a été possible qu'en augmentant en conséquence le recours aux travailleurs européens détachés.

« *En 10 ans, leur nombre a été multiplié par 10 ; c'est trop* ». « *Les façons de travailler ne sont pas les mêmes, ni les cadences, en plus de la barrière de la langue.* »

Les règles de l'art et les exigences du métier ne s'inscrivent pas dans le même registre, les attitudes face à l'autorité non plus ; les relations deviennent problématiques. De plus, les non-respects des règles de sécurité s'accumulent.

Tout cela n'est pas simplement dû au faible niveau d'alphabétisation de certains. Les encadrants soutiennent leurs équipes, équipes de plus en plus démunies. Mais jusqu'à quand ? Ils se sentent fragilisés parce que de plus en plus délaissés.

Chaque interaction humaine est enchâssée dans des temporalités culturellement spécifiques à chaque personne (Bauman, 2004). La vie de groupe nécessite un certain nombre d'éléments partagés - langage, règles, croyances, valeurs. Ces éléments sont appris et intériorisés de manière à devenir naturels pour les personnes d'un même groupe ou d'un groupe proche. Mais qu'en est-il dans notre cas ?

Les travailleurs polonais ne partagent pas la notion commune sur « la façon de travailler » des travailleurs portugais et français jugée par ceux-ci trop « autonomisante ». Il leur faut des consignes strictes ; ils prennent cette souplesse comme une prise de risques pour eux et une lacune des encadrants (chef d'équipes et chef de chantiers) et de leurs compagnons. Sans comprendre les différences culturelles - ni même anticiper leur existence - les travailleurs polonais ont tendance à interpréter négativement les actions censées être positives.

De plus, comme souligne Hall (1979, 2016), la connexion à son espace personnel fournit les distances spatio-temporelles qui régulent nos relations sociales. Ainsi, les cultures méditerranéennes et latines permettent aux gens de se toucher plus facilement et de se regarder dans les yeux sans se sentir envahis dans son espace personnel (Hall, 1984, 1992). Pour un travailleur polonais, tout devient vite envahissant et confirme que l'autre aurait des intentions préjudiciables à son encontre. Concernant la dimension temporelle, les humains suivent deux principaux types idéaux d'utilisation du temps, monochronique ou polychronique. « *Le temps polychronique peut être représenté par un point plus que par un ruban ou une route, et ce point est sacré* » (Hall, 1971, 2014, p. 22). Il est présent dans les cultures méditerranéennes et latines. Ici la priorité est donnée aux interactions et au contexte social, au sensible, à l'informel.

« *Le temps monochronique est linéaire et segmenté, comme une route ou un ruban qui se déroule du passé vers le futur* » (Hall, 1971, 2014, p. 24). Il domine en

Europe du Nord et centrale. Ici, la priorité est donnée à la discipline, au rythme cadencé, à l'objectif et au formel.

Comment faire pour entretenir un taux d'intégration sociale suffisant entre des membres à variantes interculturelles très différentes, telles les sociétés latines par opposition à celles du Nord et de l'Est, par exemple (Chanlat, 2012).

Bien sûr dans les métiers du bâtiment il y a déjà des possibilités pour les compagnons d'accéder à un monde commun, mais il n'est pas toujours facile de comprendre ce que d'autres éprouvent, de dire ce qu'ils en comprennent et de s'entendre sur ce qui est dit. D'autant plus que sous pressions économiques, il est difficile de gérer ce type particulier interculturel, ce qui génère des « surtemps ». Cette composante « surtemps » popularisée par Savall et Zardet en 1992 renvoie à « *des temps passés dans l'entreprise pour réaliser des tâches ne correspondant pas à la création de la valeur ajoutée* » (Savall, Zardet, Bonnet, 2008, p. 53). Ces surtemps correspondent ainsi à un manque à gagner dans la mesure où ils représentent des non-créations de potentiel des salariés, parce qu'à force de devoir rajouter du temps, parce qu'il n'est pas permis de faire autrement, les dysfonctionnements s'accumulent, les performances sont retardées, les potentiels des salariés dépérissent et s'aliènent ! Comme le soulignent Savall et Zardet (2001, p. 128) *« un retard d'investissement immatériel peut compromettre la rentabilité, voire la survie de l'entreprise : c'est donc bien un coût caché stratégique … les non-créations de potentiel ont une incidence sur les résultats des exercices ultérieurs, principalement ».*

La conjonction de tous ces éléments a pour conséquence une souffrance latente. Ce qui fait dire aux salariés rencontrés… *« Je ne suis plus du tout fier de mon travail ; je ne peux plus faire mon travail correctement ; l'envie de travailler baisse, même si j'aime mon métier ; on n'a plus l'envie, mais on aime le métier ; je reste fier de mon métier mais dans mon entreprise on est de moins en moins attentif à notre sort ».*

Ce qui signifie que l'impact en termes de souffrance de toutes ces mises en dissonances n'est plus du tout contenu par la politique de management relationnel. Celle-ci ne donne plus assez de sens au jeu collectif et ne conjugue plus assez la capacité qu'a chacun à réinventer dans ses savoirs-agir en situation.

CONCLUSION

Ce travail empirique reste, bien sûr, limité à ce cas. Notre démarche inductive a montré que le ratage (prendre soin des équipages) génère des difficultés d'ajustements entre compétences internes et éléments organisationnels et surtout le ratage de la promesse de faire vivre le socialement responsable de leur entreprise. Gino Gramaccia (2017, p. 13) constate *« qu'en organisant la transition de la société industrielle à une société de l'information et des services, le capitalisme du XXIe siècle a profondément transformé les relations entre le politique, l'économique et le social »*.

Le secteur du bâtiment conjugue pourtant longue tradition d'intégration[5] et réputation parfois mitigée.

Intégration : La plupart des dirigeants rencontrés considère les salariés comme des spécialistes et des experts, des femmes et des hommes travaillant autour d'un projet. Ils opèrent en centres autonomes de production, organisation et culture chantier obligent. Ce qui signifie aussi que le spécialiste et l'expert qu'est l'homme du bâtiment a surtout un devoir de réussite.

Réputation mitigée : S'il est reconnu par les dirigeants eux-mêmes, qu'ils impulsent personnellement les politiques sociales et commerciales selon leur propre vision et leurs convictions – certains d'entre eux adoptent un côté militant[6] – il est reconnu aussi que les métiers du bâtiment sont difficiles et exigeants.

La rareté de certains profils sur le marché du travail crée des tensions. Celles-ci nécessitent une harmonisation économico-socio-interculturelle entre anciens et nouveaux, entre pareils et pas pareils ; ce qui est loin d'être le cas, car cela représente un coût très élevé pour les PME étudiées. Situation d'autant plus problématique dans un secteur où la main d'œuvre qualifiée devient de plus en plus rare (par exemple, en 2010, déficit de 100 000 personnes)[7].

Etre soucieux des personnels, notamment non-qualifiés, qui sont souvent des personnes usées par le métier dès leur plus jeune âge fait partie pourtant du rôle obligé de l'entreprise de prévenir les risques de santé de ces populations.

Dans les cas étudiés, il y a des déperditions dans l'approche globaliste, interactionniste et réflexive… La conséquence se condense autour de mises sous tension plus ou moins denses avec la série traditionnelle des pathologies managériales telles que les risques psychosociaux croissants, une démotivation pour ne pas dire un désengagement des salariés et plus généralement le sentiment d'un « bien faire » de moins en moins au rendez-vous, qui finit par affecter le travail du dirigeant. Le risque encouru devient l'extrême difficulté de marier les logiques économiques et comptables avec les ancrages socio-interculturels y compris la sauvegarde des cœurs de métiers.

---

[5] Cf. actions de la fondation de la fédération du bâtiment.

[6] Outre un ancrage fort dans le territoire il s'agit d'accompagner de jeunes créateurs dirigeants d'entreprise, de mener des actions diverses avec Pôle Emploi (guider des demandeurs d'emploi), avec l'ARACT sur l'amélioration des conditions de travail, …

[7] Avec 100.000 salariés du bâtiment à remplacer dans les 10 ans à venir, les difficultés de recrutement persistent. Elles risquent de s'aggraver avec le départ à la retraite, dans les 10 années à venir, de 80 000 chefs d'entreprises (source : KPMG 2010, Tendances et perspectives du bâtiment).

Mais au fait, est-ce vraiment le rôle de l'entreprise d'inscrire, dans son programme économique, un projet socio-interculturel ? A l'heure de la Covid-19, comme le souligne la citation mise en référence ci-dessous[8] l'Etat et ses représentants ne peuvent qu'inciter les acteurs des entreprises privées de bien vouloir se saisir du dispositif compris dans le plan relance de l'économie relatif à la *« gestion prévisionnelle des effectifs au niveau national »* et décliné *« région par région »* pour *« adapter »* les cursus de formations et d'apprentissages aux besoins des entreprises …

BIBLIOGRAPHIE

BAUMAN, Z. (2004), *L'Amour, élément liquide,* Arles, Le Rouergue/Chambon, coll. « Les Incorrects ».

BERTAUX, D. (1996), *Les récits de vie : perspective ethnosociologique*, Paris, Nathan/Université, coll. Sciences sociales.

BHABHA, H. K. (1994, 2004), *The location of culture*, London, Routledge.

BOURDIEU, P. (1972, 2000), *Esquisse d'une théorie de la pratique*, Paris, Seuil, coll. Points essais.

BOURDIEU, P. (1980), *Le Sens pratique*, Paris, Minuit, coll. Le sens commun.

CAPEB (2019a), *Artisanat du Bâtiment – Conjoncture 2e trimestre* 2019, Communiqué de presse, 24 juillet, https://www.capeb.fr/www/capeb/media/document/cp-capeb-conjoncture-2t2019-vd.pdf

CAPEB (2019b), *Chiffres Clés 2019*, RÉSEAU DE LA CAPEB, https://www.capeb.fr/www/capeb/media/document/capeb-cc2019-5.pdf

CHANLAT, J.-F. (2012), Anthropologie des organisations, in Allouche, J. (dir.), *Encyclopédie des ressources humaines*, Paris, Vuibert, 34-40.

CICCONE, A. (2001), Enveloppe psychique et fonction contenante : modèles et pratiques, *Cahiers de psychologie clinique*, 2001/2, 17, 81-102.

COLIN, M. (eds) (2001), L'émigration – immigration italienne et les métiers du bâtiment en France et en Basse Normandie, *Les Cahiers des Annales de Normandie*, 31, https://www.persee.fr/issue/annor_0570-1600_2001_hos_31_1

CROZIER, M., TILLIETTE, B. (2007), *Nouveau regard sur la société française*, Paris, Odile Jacob.

[8] Lors d'une table ronde à l'université d'été du Medef, le ministre de l'Economie a appelé les entreprises du bâtiment et de la construction à faire travailler le moins possible de travailleurs détachés dans les mois à venir et à privilégier l'embauche de jeunes (Le Moniteur le 28-08-2020 - https://www.lemoniteur.fr/article/bruno-le-maire-supplie-les-entreprises-de-btp-d-embaucher-des-travailleurs-francais-pas-des-detaches.2101244).

DEBRAY, R. (2007), *Un mythe contemporain : le dialogue des civilisations*, Paris, CNRS Editions, coll. Débats, https://www.cairn.info/un-mythe-contemporain-le-dialogue-des-civilisation--9782271066299.htm

DEWEY, J., BENTLEY, A. F. (1949/1991), Knowing and the known, in Boydston J. A. (eds.), *The collected works of John Dewey: The latter works, 1925-1953*, vol. 16, Carbondale, IL, Southern Illinois University Press, 1-294.

FLORIN, A., VRIGNAUD, P. (dir.) (2007), *Réussir à l'école : les effets des dimensions conatives en éducation : personnalité, motivation, estime de soi, compétences sociales*, Rennes, Presses universitaires de Rennes, coll. Psychologies.

GEERTZ, C. (1973), *The interpretation of cultures*, New York, Basic Books, Inc, https://monoskop.org/images/5/54/Geertz_Clifford_The_Interpretation_of_Cultures_Selected_Essays.pdf

GHADIRI, D. Ph., (2014), Quand le changement menace l'identité, *Gestion*, 2014/1, 39, 38-47

GRAMACCIA, G., (2017), Introduction in Gramaccia, G. (dir.), *Le temps des précaires. Approche communicationnelle de l'éphémère*, Bordeaux, PUB, coll. Le Territoire et ses acteurs, 13-19.

GRANOVETTER, M. (1985, 2000), Economic action and social structure: the problem of embeddedness, *American journal of Psychology* ; repris dans *Le Marché Autrement. Les réseaux dans l'économie,* 2000, Paris, Desclée de Brouwer, coll. Sociologie économique.

GUIGO, D. (1994), *Ethnologie des hommes des usines et des bureaux,* Paris, L'Harmattan.

HALL, E. T. (1971, 2014), *La Dimension cachée*, Paris, Points, coll. Essais,

HALL, E. T. (1979, 2016), *Au-delà de la culture*, Paris, Points, coll. Essais.

HALL, E. T. (1984, 1992), *La danse de la vie temps culturel, temps vécu*, Paris, Seuil, coll. Points Essais.

IMS-Entreprendre pour la Cité (2007), *La société, une affaire d'entreprise ? L'engagement sociétal des entreprises : enjeux, pratiques, perspectives*, Paris, Editions Eyrolles.

D'IRIBARNE, P. (1989), *La logique de l'honneur, la gestion des entreprises et traditions nationales*, Paris, Seuil.

D'IRIBARNE, P. (1990), Misère et grandeur d'un modèle français d'entreprise, in Sainsaulieu, R. (dir.), *L'entreprise, une affaire de société*, Paris. Presses de la Fondation nationale des sciences politiques, 253-265.

KATZ, D. (1964), The Motivational Basis of Organizational Behavior, *Behavioral Science*, 9, 131-133.

MAUSS, M. (1950, 2013), *Sociologie et anthropologie*, Paris, PUF, coll. Quadrige.

MEZIROW, J. (1998), On critical reflection, *Adult Education Quarterly*, 48(3), 185-198.

MONTESQUIEU (1748/2013), *De l'esprit des lois, Anthologie, choix de textes et présentation par Denis de Casablanca*, Flammarion, coll. GF, 1511.

MOREAU DEFARGES, P. (2003, 2011), *La gouvernance*, Paris, PUF, coll. Que sais-je ?, 3676, 4ème édition.
MUCCHIELLI, A. (1988, 2015), *Les motivations*, Paris, PUF, coll. Que sais-je ?, 1949, 10e édition.
OSGOOD, C., WALKER, E. G. (1959), Motivation and language behavior: A content analysis of suicide notes, *The Journal of Abnormal and Social Psychology*, 59(1), 58-67.
OZBILGIN, M. F., TATLI A. (2008), *Global diversity management: an evidence-based approach*, London, Palgrave Macmillan.
PIETERSE, J. N. (1994), Globalisation as hybridization, *International Sociology*, 9(2), 161-184.
PINEAU, G., LEGRAND J.-L. (1993, 2013), *Les histoires de vie*, Paris, PUF, coll. Que sais-je ?, 2760, 5e édition.
ROCHEBLAVE-SPENLE, A-M. (1964, 1970), *Les Rôles masculins et féminins, les stéréotypes, la famille, les états intersexuels*, Paris, Editions universitaires, coll. Encyclopédie universitaire, 2e édition.
SAHLINS, M. (1976), *Culture and practical reason*, Chicago, University of Chicago Press.
SAVALL, H., ZARDET, V. (1992), *Le nouveau contrôle de gestion, Méthode des coûts-performances cachés*, Paris, Editions Comptables Malesherbes.
SAVALL, H., ZARDET, V. (1987, 2001), *Maîtriser les coûts et les performances cachés. Le contrat d'activité périodiquement négociable*, 4e édition, Paris, Economica.
SAVALL, H., ZARDET, V., BONNET M. (2008), *Libérer les performances cachées des entreprises par un Management Socio-Economique*, Ecully, ISEOR, 2e édition.
SCHOTT, A., JURQUET, M. (2013), *Pilotage des Ressources Humaines en PME - loin des modèles pour ne plus tarir les Hommes au travail*, Paris, L'Harmattan, coll. Un autre regard.
SUPIOT, A. (dir.) (1999), *Au-delà de l'emploi : transformation du travail et devenir du droit du travail en Europe,* Rapport pour la Commission des Communautés Européennes, Paris, Flammarion.
SUPIOT, A. (2006), Les salariés ne sont pas à vendre, *Droit Social*, 264-273, https://www.college-de-france.fr/media/etat-social-mondialisation-analyse-juridique-solidarites/UPL4665155945135983123_Les_salari__s_ne_sont_pas____vendre.pdf
THEVENET, M. (1987), *Audit de la culture d'entreprise*, Paris, Editions d'organisation.
THUDEROZ, C. (2000), *Négociations, Essai de sociologie du lien social*, Paris, PUF, coll. Le Sociologue.
TREBULLE, F. G. (2003), Responsabilité sociale des entreprises : l'entreprise et l'éthique environnementale, *Répertoire Dalloz Sociétés*, mars.
TROMPENAAR, F. (1994, 2008), *L'entreprise multiculturelle*, 3e édition, Paris, Maxima Laurent du Mesnil.

VIOLAND-SANCHEZ, E. (1998), The Triune Brain and Learning: Practical Insights for the Classroom, in Reid, J. M. (ed.), *Understanding learning styles in the second language classroom*, Upper Saddle River (New Jersey), Prentice Hall Regents, 27-33.
YIN, R. K. (2009, 2013), *Case study research: Design and methods*, Thousand Oaks, CA, Sage Publications, Inc., 5th Ed.

LES CONTRAINTES NORMATIVES SUR LE MARCHÉ DU BÂTIMENT : UNE OPPORTUNITÉ D'ÉVOLUTION DES AGENCES D'ARCHITECTURE VERS DES STRATÉGIES PLUS COOPÉRATIVES ET INNOVANTES

Thibault RUAT
Centre de Recherche En Gestion des Organisations (CREGO)
Université de Bourgogne-Franche-Comté
thibault.ruat@univ-fcomte.fr

RÉSUMÉ

Les normes sont perçues par les acteurs comme des contraintes. Pourtant, l'essence même des normes, définies par la loi française, est d'intérêt général car elles encouragent le développement économique et l'innovation dans une perspective sociétale et de développement durable. Dans cette appréhension, les normes peuvent alors constituer des opportunités stratégiques pour les organisations. Cette recherche s'est attachée à mettre en lumière comment les agences d'architecture, confrontées aux nombreuses normes du cadre bâti, peuvent transformer ce qu'elles perçoivent le plus souvent comme des contraintes normatives en opportunités stratégiques. À partir d'une étude qualitative auprès d'agences d'architecture, les résultats de cette recherche mettent en évidence qu'une implication stratégique de ces organisations dans le pilotage normatif diminue les risques liés à une insuffisante maîtrise des normes et favorise les innovations internes. La recherche apporte également des pistes de développement d'un réseau de coopération stratégique transversal visant à améliorer les performances sociétales de l'application des normes dans le bâtiment.

Mots-clés : stratégie, normes, coopération, innovation, agence d'architecture, marché du bâtiment, risque.

ABSTRACT

Norms restrictions on building industry: an opportunity for architectural firms to develop more cooperative and innovative strategies

Norms are often perceived as business constraints. However, the very essence of norms, defined by French law, is to support general interest as they encourage economic development and innovation from a societal and sustainable development perspective. Under this light, norms can be grasped as strategic opportunities for organizations. This research highlights how architectural firms, faced with the many restrictions in the building environment, can transform what they most often perceive as regulatory constraints into strategic opportunities. Based on a qualitative study within architectural firms, this research shows that the strategic involvement of these organizations in norms management reduces risks associated with deficient mastery of norms and promotes internal innovations. The research also provides avenues for the development of a transversal strategic cooperation network aimed at improving societal performance and norms implementation in building industry.

Keywords:. strategy, standards, cooperation, innovation, architectural firm, building industry, risk.
JEL Codes : M14, M15, O15

INTRODUCTION

Le secteur du bâtiment et de la maîtrise d'œuvre, comme tous les autres secteurs socio-économiques, est confronté à de nombreuses normes. Les agences d'architecture y sont particulièrement exposées par leur travail de conception du cadre bâti qui fait autant appel aux réglementations d'urbanisme qu'aux normes de construction. Ces normes sont particulièrement d'actualité au regard des enjeux de développement durable du secteur. Le bâtiment représente, en effet, plus de 40 % des consommations énergétiques, ce qui fait de lui le secteur le plus consommateur en France avec près de 25 % des émissions de CO^2 pour sa seule phase d'utilisation. À ces émissions, il faut ajouter l'impact des produits de construction et d'équipement du bâtiment qui représentent plus de 60 % des émissions de gaz à effet de serre dans le cycle de vie d'un bâtiment (Hasina, 2020 ; Cerema, 2021). Les normes, à l'image de la future réglementation environnementale RE2020, sont ainsi de plus en plus exigeantes pour répondre à ces enjeux sociétaux. Mais qu'elles soient réglementaires ou d'application volontaire, ces normes sont majoritairement perçues par les acteurs comme des contraintes (Rasolofoarisoa, 2017). Pourtant, l'essence même des normes, définies par la loi française, est d'intérêt général car elles encouragent le développement économique et l'innovation dans une perspective sociétale et de développement durable. Dans cette appréhension, les normes devraient donc constituer des opportunités plus que des contraintes.

Cependant, la recherche a révélé que les agences d'architecture éprouvent des difficultés à maîtriser le corpus normatif relatif à l'acte de bâtir. Des difficultés qui ne font que renforcer cette perception contraignante des normes et accentuer les risques liés à leur insuffisante maîtrise. À partir d'une approche qualitative basée sur une étude de cas étendue auprès de dix agences d'architecture françaises, notre recherche s'est attachée à comprendre les causes et les conséquences de cette perception tout en mettant en lumière comment les agences d'architecture peuvent transformer les contraintes normatives, en opportunités stratégiques d'amélioration et d'innovation.

Après avoir présenté le positionnement théorique et méthodologique ainsi que les terrains de recherche, cet article développe les constats et les risques liés aux appréhensions actuelles des normes par les architectes avant d'exposer, dans une dernière partie, des leviers mobilisables par ces acteurs pour faire des normes un élément catalyseur d'amélioration et d'innovation interne.

1. POSITIONNEMENT THÉORIQUE, CHOIX MÉTHODOLOGIQUE ET TERRAINS DE RECHERCHE

1.1. La norme, les contraintes normatives et la normalisation

La norme est souvent définie comme une règle qui guide le comportement ou les caractéristiques à suivre dans un environnement donné. Elle crée des liens qui conditionnent les comportements (Supiot, 2003). Ainsi, un comportement, un produit ou une caractéristique en conformité avec la règle sont considérés comme normaux, tandis que ce qui ne l'est pas est reconnu comme anormal (Scott, Marshall, 2009). La norme peut être formelle, comme les lois, les réglementations ou encore les standards. Mais elle peut aussi être informelle, comme les traditions, les coutumes et les valeurs (Sherif, 1936). En sciences de gestion, le concept de norme s'est construit en s'appuyant sur les apports de nombreuses autres disciplines comme le droit, la politique ou encore la sociologie… ce qui a donné lieu à de nombreuses définitions. La définition de la norme, sans doute la plus proche des sciences de gestion, porte sur sa fonction de cahier des charges vis-à-vis des produits, services ou encore procédés. Dans notre étude, le concept de norme a été considéré dans ce sens large, c'est-à-dire comme un cahier des charges auquel l'organisation est invitée, de façon obligatoire ou non, à se conformer.

D'un point de vue des acteurs, les normes sont généralement perçues comme des contraintes. Durkheim (1893) et Weber (1904) parlent de la norme comme une « force contraignante » qui s'impose souvent contre les intérêts des acteurs. La plupart des travaux en sciences sociales abordent le concept de norme de façon intrinsèque à celle de contrainte. On parle ainsi de contraintes normatives qui peuvent représenter des menaces pour l'organisation d'un point de vue économique, social, organisationnel et environnemental (Pigé, 2017).

Cette notion de contraintes normatives semble cependant en contradiction avec l'essence même de la vocation des normes. En effet, le droit français définit la normalisation comme « une activité d'intérêt général » qui a pour objet de fournir des documents de référence élaborés de manière consensuelle par toutes les parties intéressées, portant sur des règles, des caractéristiques, des recommandations ou des exemples de bonnes pratiques, relatives à des produits, à des services, à des méthodes, à des processus ou à des organisations. Elle vise à encourager le développement économique et l'innovation tout en prenant en compte des objectifs de développement durable (article 1, décret n° 2009-697 du 16 juin 2009 relatif à la normalisation). La norme est ainsi considérée comme un élément d'intérêt public intégré à la vie sociale et économique et portant des enjeux sociétaux (Swann, Temple, Shurmer, 1996 ; Swann, 2010).

Dans cette perspective, la norme constitue une opportunité stratégique d'amélioration de performances mais également d'innovation. L'enjeu pour les organisations résiderait alors dans la transformation d'une vision *a priori* contraignante des normes en une force motivationnelle, au sens de Durkheim et Weber, qui pousserait les acteurs à agir dans les directions définies par les cahiers des charges normatifs.

1.2. L'opportunité stratégique des normes

Le concept d'opportunité stratégique émane des premiers écrits en stratégie (Ansoff, 1965 ; Penrose, 1959). Tout « facteur » extérieur ayant le potentiel d'influencer de manière favorable les perspectives de croissance et la trajectoire d'une organisation au regard de finalités stratégiques établies peut être qualifié d'opportunité stratégique (Germain, 2010). Deux principales approches émergent de ce concept en stratégie. Une approche classique où l'opportunité se construit sur le potentiel de l'organisation qui est lui-même activé par le management… et une approche intrapreneuriale où le comportement des acteurs favorise l'émergence d'opportunités pour l'organisation (Baden-Fuller, Stopford, 1996 ; Ireland, Covin, Kuratko, 2009). L'intrapreneuriat est entendu comme un comportement d'entrepreneurs des acteurs au sein de l'organisation favorisant le développement de leur degré d'autonomie et de responsabilité (Pinchot, Drucker, Burgelman, 1985).

Une norme, en lien avec l'activité d'une organisation, constitue de fait, par son caractère prescriptif, un facteur d'influence. L'approche classique invite à aborder cette influence au regard de la dialectique opportunités/menaces pour adapter au mieux l'organisation. L'approche intrapreneuriale vise à transcender la simple adaptation de la norme, afin de développer de nouvelles innovations et opportunités stratégiques en s'appuyant sur une dynamique endogène et une décentralisation de la stratégie au niveau de tous les acteurs.

Notre recherche s'appuie sur ces deux approches. L'approche classique pour comprendre l'appréhension des normes en termes d'opportunités/menaces par ces organisations et l'approche intrapreneuriale pour identifier en quoi et comment les normes peuvent représenter un potentiel d'innovations et de performances sociétales pour les agences d'architecture.

La théorie de l'innovation est mobilisée notamment à travers le concept de gestion des connaissances ou « knowledge management » au sens de Hatchuel et Weil (1995) et de Blackler (1995). L'approche intrapreneuriale, au-delà de favoriser l'utilisation des connaissances disponibles, permet également de créer du savoir dans une dynamique d'innovation. Elle s'inscrit aussi bien dans les stratégies de « codification » des connaissances qui mettent l'accent sur la formalisation, que dans les stratégies de « personnalisation » axées sur la mise en relation des personnes dans des approches innovantes (Hansen, Nohria, Tierney, 1999 ; Scheepers, Venkitachalam, Gibbs, 2004).

1.3. La méthodologie qualitative et les terrains de recherche

Cette recherche sur le processus de transformation des contraintes normatives en opportunités stratégiques au sein des agences d'architecture s'inscrit dans le cadre d'une méthodologie qualitative. Elle a été construite à partir d'un travail d'observation d'intention scientifique régulier dans le cadre d'une étude de cas étendue auprès de dix agences d'architecture françaises. L'étude repose sur des analyses de documents internes à ces organisations, ainsi que sur des données qualitatives issues de dix entretiens semi-directifs réalisés avec des gérants-architectes et des collaborateurs. Elle s'appuie aussi sur une étude de cas longitudinale avec des entretiens bimensuels pendant deux ans (soit 13 entretiens complémentaires) qui ont permis de capitaliser les résultats des expérimentations mises en œuvre par les acteurs de cette organisation. Des données collectées et exploitées dans le cadre de publications antérieures portant sur des expérimentations auprès de 22 terrains de recherche ont également été mobilisées (Ruat, 2016, 2017). Les analyses documentaires et les entretiens ont apporté des éléments de constats de l'appréhension des normes dans les agences d'architecture et l'étude longitudinale a permis d'identifier les opportunités stratégiques des normes dans le secteur du bâtiment et de la maîtrise d'œuvre.

Figure 1. Représentation graphique de la méthodologie et des terrains de recherche

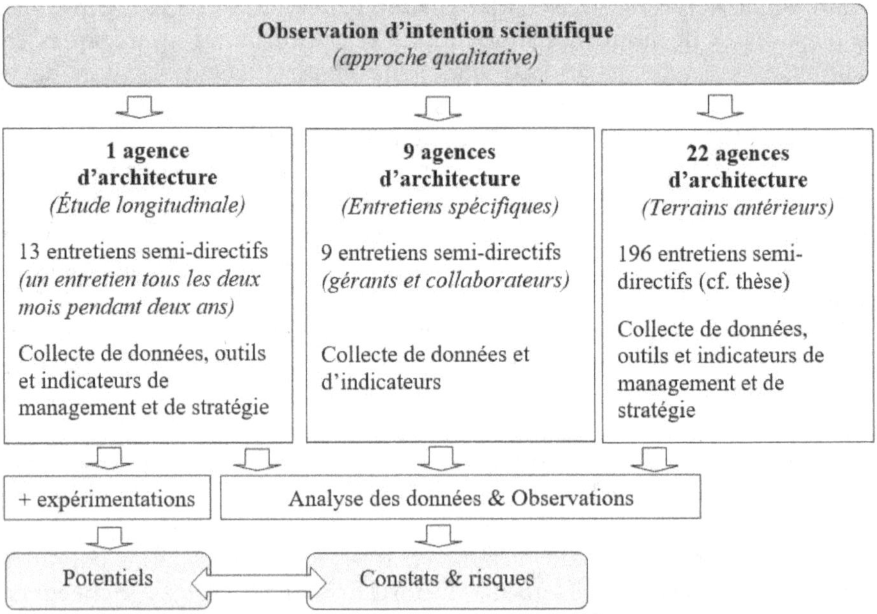

2. CONTRAINTES NORMATIVES EN AGENCE D'ARCHITECTURE : CONSTATS ET RISQUES IDENTIFIÉS

Les agences d'architecture sont confrontées à une multitude de normes qui visent à améliorer la qualité, la sécurité et les performances du cadre bâti mais aussi à limiter ses effets néfastes sur l'environnement. Cependant, la recherche a mis en évidence que les normes étaient davantage perçues comme des contraintes par les acteurs de ces organisations. Cette partie explicite les causes identifiées de cette perception ainsi que les conséquences en termes de risques.

2.1. Les normes dans le secteur du bâtiment et de la maîtrise d'œuvre

Le secteur du bâtiment, comme tous les autres secteurs d'activité, est encadré par des normes réglementaires obligatoires qui émanent de lois, de décrets ou d'arrêtés et des normes « d'application volontaire », qui représentent la grande majorité. Ces dernières constituent des documents de référence approuvés par un institut de normalisation reconnu. En

France, c'est l'AFNOR (Association française de normalisation) qui est garante de la viabilité de ces normes. Toutefois, ce n'est pas elle qui décide de la création des normes. Elle fédère les parties prenantes qui souhaitent s'impliquer dans la création d'une norme.

Les normes dans le secteur du bâtiment font partie des règles de l'art depuis des décennies. Les principales normes dans le bâtiment sont celles relatives à la mise en œuvre des ouvrages (NF DTU), les normes européennes sur les produits de construction et les normes de conception des ouvrages (Eurocodes). Sur la partie conception des bâtiments, les agences d'architecture doivent principalement se conformer à des règles d'urbanisme décrites dans les plans locaux d'urbanisme (PLU) ainsi qu'à des règles de construction édictées par le code de la construction et de l'habitation (CCH), toutes deux d'application obligatoire. Le plan local d'urbanisme est un document visant à déterminer l'affectation des sols d'une commune ou d'une intercommunalité. Il détermine, par exemple, l'implantation des constructions par rapport aux voies publiques, la hauteur maximale des bâtiments mais aussi les contraintes architecturales à respecter. Les règles de construction sont définies pour garantir un niveau minimal de qualité aux bâtiments en termes notamment de sécurité, de performances thermiques et acoustiques, d'accessibilité aux personnes handicapées et d'hygiène mais aussi pour prévenir les pathologies et les désordres.

À ces réglementations s'ajoute la réglementation thermique dont les enjeux sociétaux n'ont jamais été autant d'actualité. La première réglementation thermique a vu le jour en 1974, à la suite du choc pétrolier, avec pour objectif de fixer des limites de consommation énergétique pour les bâtiments résidentiels neufs. Au rythme d'environ une par décennie, les réglementations thermiques se sont succédées jusqu'à la nouvelle réglementation thermique RE2020 qui entrera en application au 1er janvier 2022. Cette réglementation vise à réduire significativement l'impact carbone des bâtiments sur l'ensemble de leur cycle de vie depuis la phase de construction jusqu'à la démolition. Cette norme porte trois objectifs principaux : donner la priorité à la sobriété énergétique et à la décarbonation de l'énergie, diminuer l'impact carbone de la construction des bâtiments et en garantir la fraîcheur en cas de fortes chaleurs. En signant l'Accord de Paris en 2015, la France a pris un engagement important dans la lutte contre le changement climatique. Une ambition réaffirmée dans la loi énergie-climat qui prévoit d'atteindre la neutralité carbone en 2050. Cette nouvelle norme est donc un défi important pour le secteur du bâtiment qui représente, comme on l'a vu en introduction, plus de 40 % de la consommation énergétique nationale et plus de 25 % des émissions de gaz à effet de serre (Ministère de la transition écologique, 2021).

À l'instar de cette nouvelle réglementation thermique, les normes ont donc vocation à accompagner les acteurs de l'acte de bâtir à répondre aux enjeux sociétaux de leur secteur d'activité. Cependant, malgré cette perspective, la recherche a montré que les architectes perçoivent très majoritairement ces règles comme des contraintes normatives qu'ils ont du mal à maîtriser.

2.2. Une insuffisante maîtrise des normes qui les rendent contraignantes

Plusieurs auteurs comme Rowe (1993), Baer (1997), Smith (2002), Raynaud (2004) ou encore Ben-Joseph et Szols (2005) ont fait le constat, dans leurs travaux sur les processus de conception, que les architectes percevaient les normes comme des contraintes normatives. Notre recherche a confirmé ce résultat mais a également permis d'identifier deux principales causes qui entretiennent cette perception.

La première cause est que les normes sont insuffisamment maîtrisées par les architectes et leurs collaborateurs. Ce constat a été exprimé spontanément dans 9 agences sur les 10 de l'échantillon.

- *« Personne ne maîtrise vraiment la réglementation dans l'agence. »*
- *« On ne maîtrise pas suffisamment les normes de conception. »*
- *« On ne fait pas de veille sur les évolutions réglementaires alors qu'on en aurait bien besoin. »*
- *« Sur chaque projet, on est obligé de reprendre en conception car les bureaux d'études pondent de nouvelles règles sans savoir d'où ça sort. »*
- *« La plupart de mes collaborateurs ne savent pas lire un PLU. La semaine dernière, il y en a un qui m'a conçu un bâtiment à cinq niveaux alors que le règlement d'urbanisme limite cette zone à trois niveaux »*
- *« On a inscrit toute l'équipe à une formation sur la réglementation incendie et l'accessibilité car on s'est rendu compte que personne ne la maîtrisait bien. À quasiment chaque projet, il y avait des problèmes et des choses insuffisamment prises en compte. »*

Au-delà de ces discours des acteurs, collectés lors des entretiens, l'analyse des indicateurs de compétences fournis par les gérants-architectes a confirmé cette insuffisance de maîtrise des normes. En effet, dans 8 des 10 agences, un indicateur synthétisant le niveau de compétences de chaque collaborateur a pu être réalisé à la suite des entretiens professionnels. Il fait apparaître, pour chaque activité réalisée à l'agence, le niveau de compétences des collaborateurs selon une échelle de maîtrise constituée de quatre niveaux : compétence non maîtrisée, en cours d'acquisition, maîtrisée et compétence d'expert. Sur les sept grands champs normatifs à maîtriser dans ces agences – *Réglementation d'urbanisme (PLU, PLU-H PPRI, plan de synthèse), incendie, personne à mobilité réduite (PMR), établissement recevant du public (ERP), normes logements (NF), normes bâtiments d'activités et grandes-moyennes surfaces, et normes bâtiments de bureaux* –, il s'est avéré qu'aucune des huit agences n'avait un niveau de compétences internes satisfaisant sur ces normes et autres réglementations.

Cette insuffisante maîtrise des normes est accentuée par une absence de pilotage stratégique interne des normes, qui constitue une deuxième cause de l'appréhension contraignante des normes dans les agences d'architecture. Huit agences ont fait apparaître une totale absence de veille réglementaire et les deux autres comptaient quelques faibles actions, comme l'abonnement à une revue informant parfois des évolutions normatives.

- *« On n'anticipe pas les évolutions réglementaires. »*
- *« On ne fait pas de veille réglementaire. On attend d'être démuni face au problème pour se poser la question. Mais comme la plupart du temps on est charrette ; on contourne le problème en revenant à des solutions plus classiques. »*
- *« Il n'y a pas vraiment de stratégie au sein de l'agence pour aborder les normes et les difficultés qu'elles engendrent. »*
- *« On sait que la réglementation thermique va évoluer, mais personne ne se pose vraiment la question de ce qu'il va falloir changer. »*
- *« On veut développer des projets scolaires, mais personne dans l'agence ne maîtrise les normes ERP. »*

Les normes sont donc vécues comme des contraintes normatives en agence d'architecture car elles sont insuffisamment maîtrisées par les acteurs et non intégrées dans la stratégie de l'organisation. Cela engendre des difficultés d'application et des risques pour les agences.

2.3. Les principaux risques du manque de maîtrise des normes par les architectes

La recherche a mis en évidence quatre principaux risques liés à l'insuffisante maîtrise des normes et à leur manque de pilotage stratégique au sein des agences d'architecture.

Risque 1 : Perte d'efficacité et de performance interne

Des temps sont régulièrement consacrés pour redessiner et reconcevoir des projets qui se sont avérés non conformes aux normes à prendre en compte. Dans certaines agences ces erreurs sont estimées fréquentes.

- « *Cela devient systématique : je crois qu'il n'y a pas eu un seul projet l'année dernière sans qu'il y ait des choses non-conformes dessinées. Alors, je passe derrière et on modifie pour que ce soit bon* ».

Des erreurs importantes sont faites parfois dès le début de la conception remettant en cause l'intégralité du projet.

- *« On ne maîtrise pas suffisamment les normes de conception. La dernière fois, le gérant a fait remarquer à un collègue que presqu'un quart de son projet de bâtiment, qui devait être présenté au client le lendemain, était conçu sur un espace non constructible. »*

Dans certains cas, ces erreurs, au-delà des déperditions de temps, engendrent des pénalités et/ou indemnités financières.

- *« Sur un projet, l'erreur n'a été décelée qu'après la conception du bâtiment. L'escalier menant au parking ne respectait pas les dimensions minimales imposées par la réglementation. L'espace n'était pas suffisant pour permettre aux secours d'intervenir avec un brancard en cas d'incident. Cette erreur a coûté un paquet d'euros ! »*
- *« Dans un bâtiment, l'espace minimum entre les piliers de parking et la largeur de la voie n'était pas conforme. La plupart des voitures ne pouvaient donc pas se garer ou alors après de multiples manœuvres. Je ne vous raconte pas le temps passé en procédures, le coût des indemnités »*

Ces défaillances engendrent des pertes d'efficacité qui grèvent la rentabilité des projets et la performance économique globale des agences déjà identifiée comme très fragile (Ruat 2012, 2016).

Risque 2 : Affaiblissement de l'innovation architecturale

Pour éviter de se confronter à une norme insuffisamment maîtrisée, les architectes se tournent parfois vers des solutions qu'ils connaissent même si elles ne semblent pas être les meilleures.

- *« Sur ce projet l'idée initiale avec les panneaux solaires nous semblait pertinente, mais comme personne dans l'agence ne voulait s'atteler aux contraintes que ça amenait, on est reparti sur une solution plus classique. »*
- *« On fait des copier-coller d'un projet à l'autre pour éviter de se relire les textes ».*

Le manque de maîtrise des normes diminue les prises d'initiative, bride la créativité et affaiblit l'innovation sur les projets.

Risque 3 : Éloignement du bon sens dans l'application des normes

Pour illustrer ce troisième risque identifié, nous prenons l'exemple rencontré par des parties prenantes sur un projet.

Dans le cadre d'un projet de rénovation d'un établissement scolaire, c'est-à-dire accueillant principalement des enfants âgés de moins de dix ans, un architecte a intégré dans ses plans un petit espace d'attente sécurisé (EAS[1]) au deuxième étage à la place d'un placard au fond d'une classe.

---

[1] Un EAS est une « zone à l'abri » des fumées, des flammes et du rayonnement thermique, dans un établissement recevant du public. Cet abri provisoire est conçu pour protéger les

L'idée étant qu'en cas d'incendie l'enseignant puisse introduire un élève en fauteuil roulant avant d'évacuer la salle et le bâtiment en feu avec les autres élèves. L'enfant en fauteuil roulant devrait attendre d'être secouru par les pompiers ou secouristes. Dans cet exemple, techniquement la solution proposée était conforme à la norme relative à la sécurité incendie[2] pour ce type de bâtiment. Cependant, quel enseignant, en cas d'incendie avéré, laisserait un élève handicapé de sa classe dans un espace pas plus grand qu'un placard avec l'incertitude qu'il puisse résister à l'incendie jusqu'à l'intervention des secours ? La réaction humaine serait plutôt d'essayer d'évacuer l'élève par tous les moyens, quitte à le traîner dans les escaliers en le tirant par les bras. D'ailleurs, un petit sondage auprès de l'équipe d'enseignants a confirmé qu'aucun d'entre eux n'envisagerait de laisser l'élève dans cet espace d'attente en cas d'incendie.

Sur ce projet, un entretien avec un pompier a permis d'identifier une autre alternative compatible avec la réglementation incendie pour ce type d'établissement mais qui n'était pas connue de l'architecte. Il s'agit d'utiliser une chaise d'évacuation qui permet, en cas d'incendie, d'évacuer rapidement l'élève en situation de handicap moteur par les escaliers en même temps que les autres élèves.

Cet exemple illustre bien qu'une simple application de norme insuffisamment maîtrisée peut conduire à une mise en œuvre qui s'éloigne du bon sens et dont l'application n'apporte pas la valeur ajoutée attendue.

Risque 4 : Insuffisante proactivité vis-à-vis des enjeux sociétaux

Comme on l'a vu dans la première partie (cf. 1.1), les normes ont vocation à aider les acteurs à répondre aux enjeux sociétaux. L'appréhension des normes et de leurs évolutions apportent des éléments de compréhension des moyens à mobiliser et des objectifs à atteindre pour répondre aux enjeux identifiés. Ainsi, une insuffisante veille (et maîtrise) des normes renforce le risque d'une posture réactive plutôt que proactive. Le cas de l'appréhension de la RE2020 par les agences d'architecture constitue une belle illustration. En effet, la majorité des agences sont actuellement en position de réactivité avec comme premier réflexe de demander le report de la mise en application de la norme (Chauvot, 15 décembre 2020). D'autres, dans une posture plus proactive, ont anticipé les attentes et les enjeux de cette réglementation en prenant l'initiative d'agir avant même que la norme s'impose. C'est ainsi que certains bâtiments conçus par ces agences répondent déjà aux exigences

---

personnes en situation de handicap dans l'attente d'une évacuation par les secours ou une aide extérieure, en cas d'incendie.

2 Arrêté du 24 septembre 2009, Art.GN8 : article portant approbation de diverses dispositions complétant et modifiant le règlement de sécurité contre les risques d'incendie et de panique dans les établissements recevant du public.

de la réglementation RE2020 avant même qu'elle entre en vigueur, offrant un bâtiment moins polluant, moins consommateur d'énergie, avec une meilleure qualité d'usage.

Cette partie a montré que les normes étaient perçues par les acteurs des agences d'architecture comme des contraintes normatives notamment parce qu'elles sont insuffisamment maîtrisées par ces derniers mais aussi insuffisamment intégrées dans le pilotage stratégique des agences. Ce manque de maîtrise des normes engendre quatre principales conséquences en termes de risques pour ces organisations : une perte d'efficacité et de performance interne, un affaiblissement de l'innovation architecturale, un éloignement du bon sens dans l'application des normes et une insuffisante proactivité vis-à-vis des enjeux sociétaux. La partie suivante développe les résultats d'une agence qui a développé depuis trois ans une plus grande implication stratégique dans le pilotage normatif.

Figure 2. Synthèse de l'appréhension des normes en agences d'architecture : causes et conséquences

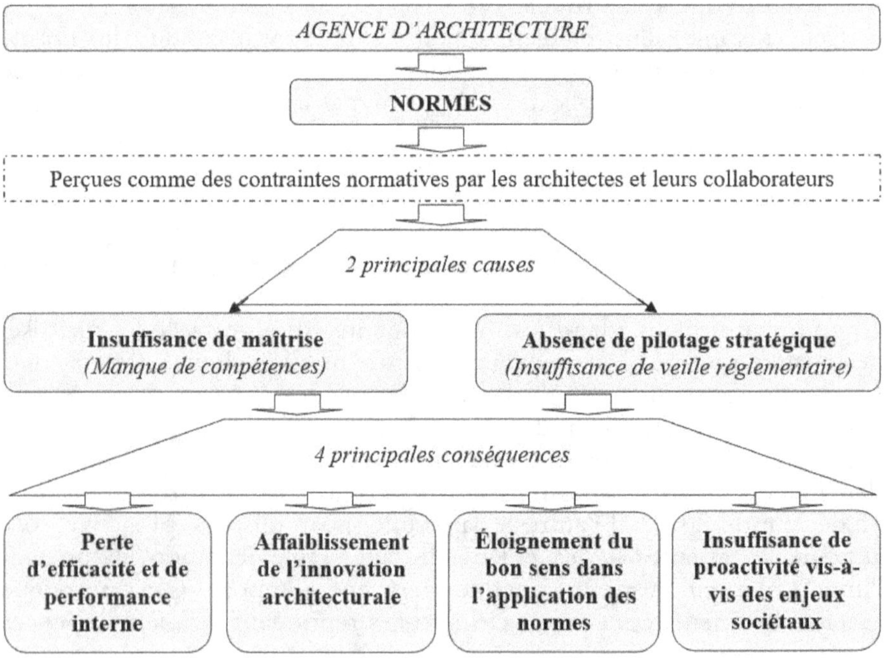

3. IMPLICATION STRATÉGIQUE DES AGENCES D'ARCHITECTURE DANS LE PILOTAGE NORMATIF : UN POTENTIEL D'INNOVATION ET D'AMÉLIORATION SOCIÉTALE

À partir notamment des données issues d'une étude longitudinale auprès d'une des organisations de l'échantillon, cette dernière partie présente les résultats de l'analyse d'une plus grande implication stratégique des agences d'architecture dans le pilotage normatif.

3.1. L'intégration des normes dans la stratégie de l'organisation : un catalyseur d'améliorations internes et d'innovations

Nous prenons ici l'exemple d'une agence d'architecture qui, il y a encore trois ans, appréhendait les normes comme la plupart des autres agences, c'est-à-dire comme une contrainte subie. Mais face aux constats des défaillances et des risques générés par cette posture (cf. partie précédente), elle a décidé de mieux intégrer les normes et leurs évolutions dans son pilotage stratégique.

L'équipe (le gérant et les collaborateurs) a travaillé cette évolution à travers deux principaux leviers : l'intégration des enjeux des normes dans sa stratégie d'agence et la montée en compétences de l'équipe sur le cadre normatif. De façon très concrète, cela s'est traduit par la définition d'objectifs stratégiques et la mise en œuvre d'actions de veille réglementaire et de développement de connaissances et de compétences au sein de l'équipe, comme l'illustre un extrait ci-dessous.

Tableau 1. Extrait d'objectifs et d'actions stratégiques d'une agence intégrant la dimension normative dans son pilotage stratégique

Objectifs	Actions
Mettre en place une veille règlementaire	Création d'un classeur de synthèse des normes pour améliorer et homogénéiser la qualité du travail (accessibilité, incendie, NF habitat, etc…)
	Réalisation d'une check-list des éléments importants à maîtriser pour les différents types de projets (bâtiment de bureaux, construction en bois-paille, etc.)
Anticiper l'application de la future réglementation thermique RE2020	Synthèse des principaux points d'évolution à prendre en compte dans les projets
Développer nos connaissances en architecture durable/passive pour réaliser des projets en construction bois et bois-paille	Participation à une formation permettant de mieux maîtriser les règles et les exigences de ce processus constructif
	Réalisation de rencontres avec des fabricants et fournisseurs de concepts bois-paille
	Participation à des rencontres avec le collectif Ville Développement Durable (VAD)
Capitaliser nos connaissances réglementaires	Réalisation d'une fiche synthétisant les éléments récurrents à prendre en compte dans le cadre de la réglementation PMR
	Organisation d'un retour d'expériences auprès de l'équipe après chaque phase de projet

Cette intégration de la dimension normative dans la stratégie de l'agence a eu des effets à plusieurs niveaux. D'abord, sur la qualité du fonctionnement interne, grâce à une meilleure formalisation et capitalisation des connaissances. Cela a contribué à réduire certaines déperditions de temps, comme par exemple des temps qui étaient auparavant consacrés à rechercher toujours les mêmes informations dans les textes. Il y a eu également des effets positifs constatés sur la qualité des rendus, avec une diminution des erreurs et une diminution des travaux à reprendre. Cette intégration stratégique a également impulsé la montée en compétences de l'équipe qui a, aujourd'hui, grâce à des formations internes, externes et davantage d'interactions avec des parties prenantes du secteur, une plus grande maîtrise du corpus normatif. Cette maîtrise lui a permis d'être davantage force de proposition sur les projets en concevant parfois des solutions plus innovantes. Cela a également fait évoluer les comportements vers des postures plus proactives. L'objectif formulé par l'équipe *« Anticiper l'application de la future réglementation thermique RE2020 »* en est une illustration. L'agence a ainsi amorcé une réflexion sur l'évolution constructive trois ans avant que la future norme vienne les y contraindre. Les acteurs ont considéré cette évolution normative comme une opportunité d'accélérer la mutation du cadre bâti vers des constructions moins néfastes pour l'environnement. Une évolution qui s'inscrit dans la trajectoire stratégique de l'agence qui visait notamment la conception d'ouvrages davantage écoresponsables…

Ces améliorations de comportements et de fonctionnement interne ont contribué à la diversification des projets de l'agence ainsi qu'à l'amélioration de ses performances. Par exemple, grâce à la meilleure maitrise normative, l'équipe a identifié, pour un projet sur lequel elle a été sollicitée dans une commune, que le règlement d'urbanisme lui permettait de réaliser un étage supplémentaire si le bâtiment était conçu en matériaux biosourcés. Cela a constitué un avantage discriminant par rapport aux concurrents. Forte d'une meilleure maîtrise normative, l'agence s'est également diversifiée en proposant ses compétences pour réaliser des projets de construction en bois-paille.

Figure 3. Effets d'une meilleure intégration de la dimension normative dans les stratégies des agences d'architecture

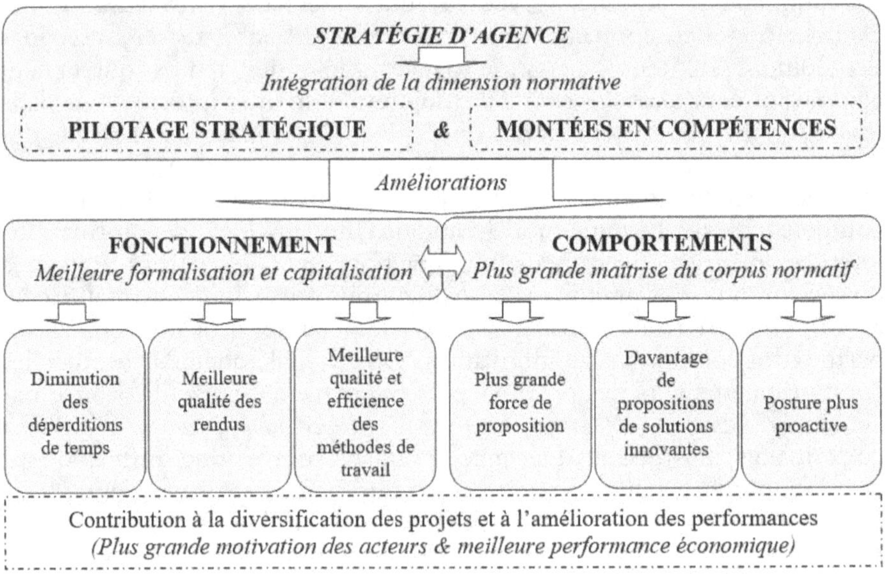

Ce travail interne sur une meilleure maîtrise des normes, grâce à une intégration de l'univers normatif dans la stratégie de l'agence, a permis d'améliorer la qualité du fonctionnement interne ainsi que les compétences de l'équipe, ce qui a favorisé les innovations aussi bien dans les méthodes de travail que dans la conception des projets architecturaux. Ces évolutions illustrent le passage d'une perception de contrainte normative à une opportunité stratégique d'innovation et d'amélioration de performances.

3.2. Un pilotage des évolutions normatives sur trois niveaux d'actions

Ces résultats de l'implication stratégique des agences d'architecture dans un pilotage interne des normes invitent à questionner leur implication dans l'environnement externe. Leur vision omnisciente de l'acte de bâtir, par leur rôle de maître d'œuvre, semble toute légitime pour contribuer de façon pertinente à la construction et à l'évolution normative. En effet, l'activité de conception place les architectes au centre des enjeux sociétaux du secteur du bâtiment, avec la responsabilité de concevoir des bâtiments sans cesse de meilleure qualité, moins polluants, moins consommateurs d'énergies et plus durables. Les normes doivent évoluer pour répondre toujours mieux à ces finalités. La normalisation est un processus itératif qui se développe à partir des résultats mesurés de son application concrète sur le terrain. La limite est qu'une agence, seule, n'aura pas les capacités suffisantes pour faire évoluer une norme, identifiée comme obsolète ou contradictoire, auprès des instances de normalisation.

Nous allons illustrer le cas d'une norme contradictoire relevée sur plusieurs terrains de recherche. Il s'agit d'une norme électrique dans le cadre d'un projet de crèche collective. La contradiction se situe sur la hauteur réglementaire des appareillages électriques pour ce type d'établissement. La norme définissait une hauteur minimale de 1,20 mètre au-dessus du sol, pour éviter que les jeunes enfants atteignent facilement les prises. Mais en même temps, la réglementation imposait une installation à une hauteur inférieure pour les personnes à mobilité réduite. Tous les architectes intervenant sur ce type de projet ont été confrontés à cette contradiction. Il a fallu plusieurs années pour que la réglementation évolue en définissant une hauteur qui lève cette contradiction.

Cette inertie s'explique en partie par l'absence de représentation de la profession dans les instances de normalisation. En France, il existe 14 comités stratégiques de filière[3] intégrés au processus de normalisation mais aucun n'est rattaché au processus de conception du cadre bâti. Ces comités rassemblent pourtant les professionnels d'un secteur, les organisations syndicales représentant les personnels de la filière et les pouvoirs publics. Les architectes ne participent donc pas, ou très peu, au processus de conception et d'évolution des normes. Une meilleure intégration dans ce processus contribuerait certainement à une meilleure appropriation des normes par les architectes. Comme le rappelle Smith, Boje et Foster (2013), une approche interactive de la normalisation où les parties prenantes concernées s'engagent significativement dans le processus d'élaboration, permet indéniablement une plus grande acceptation comme une cohérence dans sa mise en œuvre.

Ce constat offre une piste de développement de l'intégration des architectes dans le pilotage normatif sur trois niveaux d'actions interconnectés. Un premier niveau, interne à l'agence, comme on a pu le développer précédemment avec l'étude de cas (cf. 3.1), puis un niveau intermédiaire en coopération avec les instances représentatives de l'acte de bâtir existantes (Ordre des architectes, CAUE[4], associations d'architectes, etc.), et enfin un troisième niveau d'intégration à l'échelle des instances de normalisation. Cela pourrait être développé à partir de la création d'un comité stratégique de filière spécifique au secteur du BTP et de la maîtrise d'œuvre.

---

[3] Les 14 comités stratégiques de filière en question sont les suivants : Aéronautique, Alimentaire, Automobile, Biens de consommation, Bois, Chimie et matériaux, Éco-industries, Ferroviaire, Industries extractives et de première transformation, Industries et technologies de santé, Mode et luxe, Naval, Nucléaire et Numérique (Source : ministère de l'économie, des finances et de la relance).

[4] CAUE : Conseil d'Architecture, d'Urbanisme et de l'Environnement

Figure 4. Trois niveaux d'actions à développer par les agences d'architecture pour mieux piloter les évolutions normatives

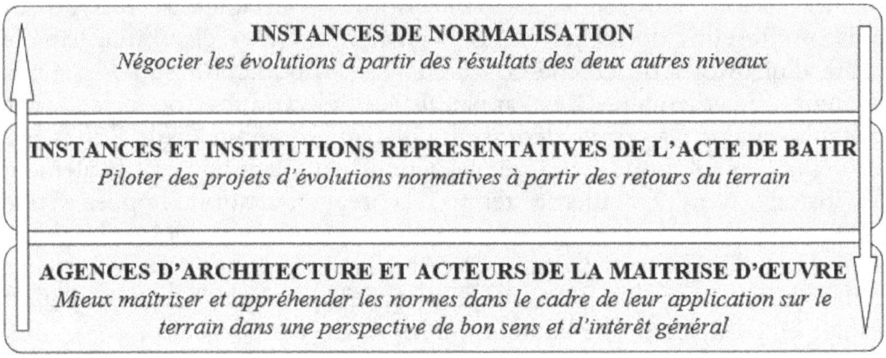

3.3. Un réseau de coopérations stratégiques transversal pour améliorer les performances sociétales de l'application des normes dans le bâtiment

L'évolution du pilotage normatif sur le niveau intermédiaire entre l'agence d'architecture et les instances de normalisation (cf. figure 4) constitue une perspective de recherche que nous avons amorcée à la suite de ces premiers résultats sur le niveau intra-agence. Le principal terrain de recherche est une association d'architectes qui réunit des gérants et des collaborateurs de plusieurs agences d'un même territoire. Leur objectif principal, à travers des interactions régulières, est de partager les bonnes pratiques et de mener des veilles sur les évolutions de leur profession et, plus largement, du cadre bâti. Cette instance représente une organisation pertinente pour développer un pilotage normatif inter-agences. D'autant qu'elle a construit depuis plusieurs dizaines d'années un réseau de compétences avec des partenaires départementaux et régionaux comme le CAUE, la direction départementale de l'équipement (DDE), le conseil régional de l'Ordre des architectes ou encore la fédération française du bâtiment. Elle constitue un réseau existant de coopérations transversales à l'échelle de son territoire. De plus, cette association est en réseau avec d'autres organisations similaires qui couvrent tout le territoire national. Elle pourrait centraliser et capitaliser les propositions des acteurs pour ensuite les partager et les consolider avec les autres associations. Cela offrirait une vision nationale qui pourrait être transcrite sous forme de projet à proposer aux instances de normalisation. Les propositions d'évolutions normatives issues des acteurs de terrain trouveraient ainsi un processus de concertation piloté jusqu'aux instances de normalisation. Cela permettrait d'adapter plus efficacement les normes afin d'améliorer la valeur ajoutée et la performance sociétale de leurs mises en œuvre et d'éviter des applications mécanistes parfois contraires au bon sens et aux enjeux sociétaux.

Figure 5. Processus d'implication stratégique interne et externe des agences d'architecture dans le pilotage normatif

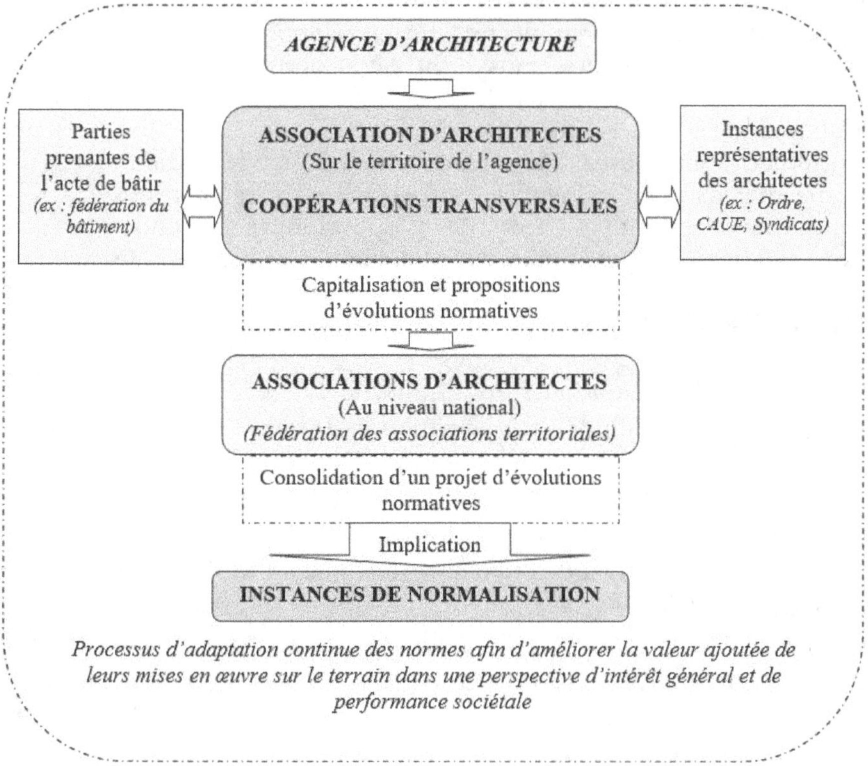

CONCLUSION

Cette recherche a montré que les normes étaient perçues par les architectes comme des contraintes normatives à cause d'une insuffisante maîtrise et d'une absence d'intégration dans le pilotage stratégique des agences d'architecture. Ces organisations subissent alors les normes, ce qui engendre principalement une perte d'efficacité et de performance interne, un affaiblissement de l'innovation architecturale, un éloignement du bon sens dans l'application des normes et une insuffisante proactivité vis-à-vis des enjeux sociétaux. Ces quatre principaux risques peuvent cependant être maîtrisés si les agences d'architecture développent une plus grande implication stratégique dans le pilotage normatif. L'expérimentation a montré que l'intégration des normes et de leurs évolutions dans la stratégie de l'organisation, en favorisant notamment le pilotage de veilles réglementaires et des montées en compétences, a des effets positifs significatifs sur le fonctionnement interne et sur les comportements des acteurs. Ce meilleur pilotage normatif agit comme un catalyseur d'améliorations et d'innovations aussi bien dans les méthodes de travail que dans la conception des projets architecturaux. Les résultats de cette recherche invitent également les agences d'architecture à développer un pilotage normatif, à la fois interne mais aussi externe, à travers trois niveaux d'actions interconnectés. Le développement d'un réseau de coopérations stratégiques transversal est proposé pour permettre aux architectes de se positionner comme des acteurs-parties prenantes de l'élaboration et de l'ajustement des normes du cadre bâti, et ainsi contribuer à améliorer leur valeur ajoutée sur le terrain dans une perspective d'intérêt général. Ce processus permet de transformer les contraintes normatives en des opportunités d'innovations et d'améliorations des performances sociétales des projets de construction.

BIBLIOGRAPHIE

ANSOFF, I. (1965), *Corporate strategy*, J. Wiley.

AVENIER, M.-J. (2007), *La construction de savoir pour l'action,* Paris, L'Harmattan.

BADEN-FULLER, C., STOPFORD, J. (1996), *Rejuvenating the mature business The competitive challenge*, Routledge.

BAER, W. (1997), Toward design of regulations for the built environment, *Environment and Planning*, 37-57.

BEN-JOSEPH, E., SZOLS, T. (2005), *Regulating Place : Standards and the Shaping of Urban America,* Routledge.

BLACKLER, F. (1995), Knowledge, Knowledge Work and Organizations: An Overview and Interpretation, *Organization Studies*, 1021-1046.

BURGELMAN, R. (1985), Managing the new venture division: research findings and implications for strategic management, *Strategic Management Journal,* 6(1), 39-54.

CEREMA (2021), *Réglementation Environnementale 2020 : réduire l'impact carbone des bâtiments neufs*, Paris.

CHAUVOT, M. (2020), Le bâtiment demande un report de six mois de la nouvelle norme environnementale, *Les Echos*, 15 décembre.

DRUCKER, P. (1985), The discipline of innovation, *Harvard Business Review.*

DURKHEIM, E. (1893), *The Division of Labour in Society*, Paris, Felix Alcan.

GERMAIN, O. (2010), Quand l'opportunité rencontre la stratégie, *Revue française de gestion*, 206, 171-187.

HANSEN, M., NOHRIA, N., TIERNEY, T. (1999), What's your strategy for managing knowledge ?, *Harvard Business Review*, 177(2), 106-170.

HASINA, R. (2020). *Le marché du batiment : bilan et perspectives en 2020,* Batimat.

HATCHUEL, A., WEIL, B. (1995), *Experts in Organization, a Knowledge-Based Perspective on Organizational Change,* New York, Walter de Gruyter.
IRELAND, R., COVIN, J., KURATKO, D. (2009), Conceptualizing Corporate Entrepreneurship Strategy, *Entrepreneurship, Theory* & *Practice,* 33(1), 19-46.
JOURNAL OFFICIEL DE LA REPUBLIQUE FRANCAISE (2009), n° 0138, 17 juin.
MINISTÈRE DE LA TRANSITION ÉCOLOGIQUE (2021), *Éco-construire pour le confort de tous*, Paris, Dossier de presse.
PENROSE, E. (1959), *The Theory of the growth of the firm*, Oxford.
PIGÉ, B. (2017), *Les normes comptables : cadre conceptuel et gouvernance,* Paris, EMS Editions.
PINCHOT, G. (1985), *Intrapreneuring*, Harper & Row.
RASOLOFOARISOA, A. (2017), *La transformation des contraintes normatives en opportunités. Cas d'organisations médico-sociales*, Lyon, Thèse de doctorat, Université Jean Moulin Lyon III.
RAYNAUD, D. (2004), Contrainte et liberté dans le travail de conception architecturale, *Revue Française de Sociologie*, 339-366.
ROWE, P. (1993), *Modernity and Housing*, MIT Press.
RUAT, T. (2012), Le management socio-économique d'une agence d'architecture : quels leviers d'amélioration de la performance globale ? *Mémoire de Master 2 Recherche en Gestion Socio-économique*, 104, Lyon, IAE Lyon, Université Jean Moulin.
RUAT, T. (2015), Défaillances de pilotage et de synchronisation au cours d'un projet de construction : un risque organisationnel pour les parties prenantes du projet, *Management* & *Avenir*, 147-163.
RUAT, T. (2016), *Le management stratégique des coopérations entre parties prenantes d'un projet de construction. Cas d'entreprises de maîtrise d'oeuvre du bâtiment*, Lyon, Thèse de doctorat.
RUAT, T. (2017), Management des compétences et évolution du positionnement stratégique sur le marché du bâtiment : cas d'entreprises de maîtrise d'œuvre, *Marché* & *organisations*, 29, 127-149.
SCHEEPERS, R., VENKITACHALAM, K., GIBBS, M.-R. (2004). Knowledge strategy in organizations : refining the model of Hansen, Nohria and Tierney, *Journal of Strategic Information Systems*, 201-222.
SCOTT, J., MARSHALL, G. (2009), *A dictionary of sociology,* Oxford, Oxford University Press.
SHERIF, M. (1936), *The psychology of social norms*, Harper & Brothers.
SMITH, N. (2002), New globalism, new urbanism : gentrification as global urban strategy, *Antipode*, 427-450.

SMITH, W., BOJE, D., FOSTER, T. (2013), A tetranormalization intervention of the Financial Accounting Standards Board (FASB) and the International Accounting Standards, BOARD (IASB), *Recherches en Sciences de Gestion – Management Sciences*, 99, 65-101.
SUPIOT, A. (2003), Un faux dilemme : la loi ou le contrat ?, *Droit social*, 59-71.
SWANN, P. (2010), The economics of standardization : An update, *UK Department of Business, Innovation and Skills. Innovative Economics Limited.*
SWANN, P., TEMPLE, P., SHURMER, M. (1996), Standards and trade performance: the UK experience, *The Economic Journal*, 1297-1313.
WEBER, M. (1904), *L'éthique protestante et l'esprit du capitalisme,* Paris, 1964.

G-SKOR : UN OUTIL EXTERNE STANDARDISÉ D'ÉVALUATION DE CONNAISSANCES FONDAMENTALES EN GESTION

Alain GINTRAC
Université de Bordeaux
alain.gintrac@u-bordeaux.fr

Philippe REYNET
Kedge Business School
philippe.reynet@kedgebs.com

RÉSUMÉ

Différents travaux ont mis en évidence les faiblesses des méthodes traditionnelles d'évaluation des connaissances. Les tests de connaissance sont alors rapidement apparus comme un moyen d'obtenir des évaluations objectives préservant l'égalité entre les apprenants ou les candidats.
Cette nécessité est ressentie par les institutions d'enseignement supérieur en gestion qui doivent mettre en place des dispositifs d'assurance qualité, notamment pour accéder aux accréditations internationales. Nous présentons ici un test de connaissances fondamentales en gestion, G-Skor, qui constitue un instrument externe de nature à répondre à ce besoin en fournissant des mesures individuelles et collectives de la performance d'apprentissage. Le processus de son élaboration contribue positivement à sa fidélité et sa validité de manière à minimiser le risque d'erreur de mesure inhérent à tout procédé d'évaluation d'un construit à partir d'items et, par voie de conséquence, le risque d'émettre un jugement erroné sur le niveau réel d'un sujet.

Mots-clés : accréditations internationales, assurance qualité, enseignement de la gestion, risque, test de connaissance.

ABSTRACT

G-SKOR: a standardized external tool for assessing fundamental management knowledge

The weaknesses of traditional assessment methods have long been identified, and several investigations have demonstrated how they affect negatively the quality of academic and professional evaluations. Standardized tests are meant to promote objectivity and ensure equality among students or applicants, along with playing a major role in quality assurance processes, especially for accreditation issues in the field of higher education in management.
This paper introduces a standardized test called G-Skor which focuses on fundamentals in management and aims to provide individual and group measures of learning outcomes. G-Skor items creation is managed in order to guarantee the test reliability and validity, that will lead to minimize the risk of measurement error, and therefore the risk of misconclusion about the real performance of the subject.

Keywords : international accreditation, quality assurance, business studies, risk, knowledge test.
JEL Codes: A22, A23, I21

INTRODUCTION

Dans la première moitié du XXe siècle, des interrogations de nature scientifique sont apparues à propos de l'art de la notation des élèves. Même si cette activité est qualifiée par le terme de docimologie, c'est-à-dire « science de l'évaluation », le terme d'art paraît beaucoup mieux convenir, ce que soulignent Leclercq, Nicaise et Demeuve (2004). En effet, depuis bien longtemps, des doutes existaient quant à l'exactitude des évaluations des travaux écrits ou des prestations orales des élèves. Bien sûr, on ne saurait s'appuyer sans précaution sur les déclarations de candidats ayant eu une mauvaise note et soulignant que leurs travaux avaient été mal jugés soit par incompétence soit par prévention des correcteurs. Il n'empêche qu'une certaine suspicion diffuse existait dans les familles et dans la société dans son ensemble. Cela justifiait que des enseignants s'interrogent et engagent une démarche scientifique, seule à même de vérifier la réalité du phénomène et d'en mesurer l'importance.

Aussi, convient-il de voir les limites et les faiblesses des modalités traditionnelles d'évaluation pour, ensuite, présenter les avantages et les inconvénients de la technique des tests de connaissances. Si, dans le monde anglo-saxon, il y a déjà longtemps que les tests de connaissances sont utilisés, il n'en va pas de même en France, d'où le développement d'un instrument francophone en cours de finalisation, le G-Skor dont on présentera enfin l'économie.

1. L'ÉVALUATION TRADITIONNELLE ET SES LIMITES

Des expériences diverses et répétées confirmèrent de manière indiscutable les premiers constats. Elles permirent de préciser les diverses causes du phénomène constaté. Elles imposèrent aussi de repenser le concept d'objectivité, fondement de la qualité et de la validité d'une évaluation.

1.1. Les expériences

Une première expérience montra des variations de notation très importantes selon les conditions expérimentales. On pouvait penser que le hasard ou des facteurs ignorés remettaient en cause la validité et donc l'utilité de la notation. Ce résultat était-il exceptionnel ou consubstantiel à toute évaluation ?

1.1.1. L'expérience initiale

Laugier et Weinberg (1927) soulignaient d'abord que la recherche en docimologie s'était jusqu'alors essentiellement intéressée à la psychologie des candidats alors que la notation d'une copie dépend non seulement de sa valeur réelle, mais aussi de l'examinateur. Conscients que deux examinateurs pouvaient diverger dans leurs notations, le point essentiel était l'importance de cette divergence.

Deux professeurs reconnus pour leurs compétences et leur sérieux[1] corrigèrent 166 copies d'un ancien concours d'agrégation d'histoire. Si, pour chaque correcteur, les notes se distribuaient selon une courbe normale, la subjectivité était bien présente : l'écart des moyennes des notes des deux correcteurs était non négligeable (7,9 et 9,1) ; un des deux correcteurs utilisait une échelle de notes plus étroite que l'autre ; l'écart le plus important entre les notes des deux correcteurs pour une même copie était de 9 points, 5 copies connaissaient un écart de 6 points, 15 de 5 points, 13 de 4 points et 33 de 3 points.

Ces premières constatations, surprenantes et déstabilisantes, incitèrent les chercheurs à renouveler l'expérience avec de nouvelles conditions expérimentales.

---

[1] Il s'agissait de *« professeurs ayant une longue expérience professionnelle et une haute conscience de leur mission »* (p 236).

1.1.2. Les expériences confirmatoires

Dans leur « deuxième contribution », Laugier et Weinberg (1930) s'intéressèrent à quatre questions : divergences entre correcteurs, stabilité temporelle des correcteurs, facteurs subjectifs dans les notes finales d'un jury et influence de la compétence.

Ainsi, Laugier et Weinberg firent corriger une épreuve d'histoire et géographie par les précédents correcteurs et une épreuve de philosophie par deux correcteurs différents. Pour la première épreuve, les deux anciens correcteurs manifestaient le même degré de sévérité (moyennes 7,4 et 7,8). Les nouveaux correcteurs étaient plus généreux (moyennes 11,2 et 11,6). Pour Laugier et Weinberg, s'agissant d'épreuves de concours, ces écarts traduisaient la variété des échelles de notation et non des différences de préparation des épreuves par les candidats.

Pour évaluer la stabilité temporelle des correcteurs, les mêmes correcteurs ont corrigé les mêmes copies avec un délai d'une année ou plus. Plusieurs se sont révélés inconstants avec des écarts moyens variables selon les correcteurs considérés (2,5 points chez un et 1,7 point chez un autre).

La double correction permet évidemment de réduire l'impact de la subjectivité des notes initiales avec l'élaboration d'une note unique. Dans 95,5 % des cas des deux expériences, la notation de synthèse est la moyenne arithmétique des deux notes, ce qui ne supprime probablement qu'une partie de la subjectivité car on peut douter que l'objectivité se situe automatiquement à la moyenne arithmétique des notes.

Enfin, pour évaluer l'influence de la compétence du correcteur, Laugier et Weinberg ont demandé à une titulaire de la première partie du baccalauréat latin grec, sans grande compétence dans le domaine scientifique mais intellectuellement supérieure à la moyenne, de noter des copies de sciences. Après une première lecture des copies pour se familiariser avec le sujet, elle les relut et les nota. Ses notes présentaient la même corrélation avec les notes des professeurs correcteurs que les notes des correcteurs entre eux et sa moyenne (9,6) était en harmonie avec les autres moyennes (9,6 - 9,5 - 8,9 - 11,7 et 11,6[2]). Ce constat ne signifie aucunement que les connaissances techniques seraient inutiles pour bien évaluer des copies, mais seulement qu'à côté d'elles il existe d'autres facteurs de « l'aptitude à corriger ».

Laugier et Weinberg (1936) confirmèrent les constats précédents dans une étude sur les notes du baccalauréat.

L'importance de l'évaluation, soulignée par De Landsheere (1980), tient à la triple fonction qu'elle remplit. Face au constat indiscutable présenté

---

[2] Les deux dernières moyennes concernent un professeur, jugé plutôt généreux, ayant corrigé deux fois les mêmes copies.

ci-dessus, deux questions devenaient évidentes : comment expliquer ces résultats et que faire pour éviter leur reproduction ?

1.2. La recherche des causes

Bacher (1969) rappelle les trois séries de facteurs qui permettent d'expliquer les constatations faites : la personne à évaluer, la procédure d'évaluation et l'évaluateur.

1.2.1. Le candidat

Certains des traits physiques ou psychologiques de la personne à évaluer peuvent influencer le niveau et les caractéristiques de la performance qu'il est en mesure de réaliser et donc la notation. Chase (1968) montre que la qualité de l'écriture des candidats influence cette notation.

De Landsheere (1992) rappelle que toute épreuve est génératrice de stress qui peut empêcher les candidats d'utiliser pleinement leurs capacités intellectuelles. Cet effet ne serait pas trop dommageable si tous les candidats réagissaient de manière identique à ce stress. Mais, alors que certains peuvent être presque totalement bloqués malgré leurs efforts pour retrouver des informations qu'ils connaissent bien et développer des raisonnements, d'autres sont stimulés par le stress, mobilisent facilement leurs connaissances et les traitent efficacement, arrivant même parfois à produire des copies de qualité supérieure à celle de leurs travaux habituels.

On ne saurait oublier les éléments qui viennent temporairement réduire les capacités intellectuelles normales d'une personne pour des motifs très divers d'ordre physique, physiologique ou psychologique.

En outre, certains traits de la personne à évaluer sont susceptibles d'influencer, positivement ou négativement, le ou les correcteurs. Ainsi, Landy et Sigall (1974) dans un article dont le début du titre résume l'esprit (*« Beauty is talent »*), constatent expérimentalement que la beauté des candidats influence positivement l'évaluation de leur travail, mais que cet effet est plus important pour les travaux de faible qualité que pour ceux de bonne qualité et les auteurs soulignent en conclusion que l'attrait physique d'un candidat influence à la fois l'évaluation de sa performance et de lui-même[3].

Déjà, à ce premier niveau des candidats, l'égalité tant vantée de tous devant les examens paraît délicate à soutenir.

---

[3] Il est très probable que le même mécanisme joue dans les procédures de sélection des candidats à l'entrée dans une formation.

1.2.2. Système éducatif et procédure d'évaluation

Evoquer l'évaluation, c'est à la fois s'intéresser aux questions soumises aux élèves et plus largement au système d'enseignement dont les modalités d'évaluation ne sont qu'une composante.

La formulation des questions est susceptible de modifier la qualité des réponses : Nimier *et al.* (1975) constatent que, selon l'énoncé d'une question de mathématiques, le pourcentage de bonnes réponses varie de 93,44 % à 60,34 %.

Mais la difficulté essentielle présentée par les systèmes d'évaluation est celle de leur égalité, entendue comme la possibilité de valoriser ses potentialités indépendamment des caractéristiques socio-économiques d'appartenance de la famille. Pour Bourdieu et Passeron (1970) le système éducatif a pour vocation d'entretenir le pouvoir des dominants, de faciliter la reproduction du système social en participant à la transmission des *habitus*[4]. Dans cette perspective, l'injustice du système n'est pas une faiblesse mais une condition de son rôle. Boudon (1973) constate d'abord que les choix scolaires effectués par les jeunes et leur famille pèsent plus fortement que leur appartenance sociale. Il montre ensuite comment l'augmentation très importante de la scolarisation et du nombre de diplômés n'entraîne pas de changement significatif de la structure sociale[5]. Ici, le facteur explicatif est les choix des individus et non le fonctionnement du système lui-même.

Un système d'enseignement est structuré et cette structuration engendre de l'hétérogénéité entre les éléments de cette structure. Van Kempen (2008), dans cette perspective, souligne deux effets : l'effet « établissement », tous les établissements n'ont pas le même niveau pour diverses raisons (localisation, stratégies développées, réputation acquise, etc.) d'où une sélection des élèves et souvent une auto-sélection des élèves comme des familles et, au sein des établissements, un effet « classe ». Certaines classes sont reconnues meilleures car rassemblant les meilleurs professeurs au profit des meilleurs élèves. Ces deux effets accroissent l'inégalité entre les élèves.

Selon la nature et les conditions de l'épreuve, un candidat sera plus à l'aise devant une copie blanche alors qu'un autre aura plus d'aisance face à un interrogateur surtout s'il sait qu'il peut bénéficier de l'effet d'attrait physique déjà évoqué.

---

[4] Voir, sur cette question, P. Cabin Dans les coulisses de la domination. La sociologie de Pierre Bourdieu in P. Cabin et J.F. Dortier, *La sociologie. Histoire des idées*, Editions Sciences Humaines, Auxerre, 2004, p. 181-196.

[5] Pour une présentation claire et synthétique du raisonnement de Raymond Boudon voir J.M. Morin (2020) p. 96-108.

1.2.3. L'évaluateur, l'examinateur

De ce côté, les risques d'injustice du système sont nombreux et variés quant à leur nature. On en a déjà évoqués. On a donc pensé que l'imposition d'un barème de correction pouvait assurer une convergence des notes ; le barème réduit la dispersion des notes mais ne la supprime pas.

Depuis les expériences de Asch (1946), on sait combien la fourniture préalable à un évaluateur d'informations sur une personne à évaluer est susceptible de modifier l'appréciation du correcteur dans un sens favorable ou défavorable, au sujet selon la tonalité globale, positive ou négative, des informations fournies. Asch a, en outre, montré que ces informations influençaient fortement l'interaction ultérieure évaluateur-évalué. Caverni, Fabre et Noizet (1975) ont constaté qu'après communication aux correcteurs de notes antérieures élevées la moyenne des notes attribuées atteignait 11,9 alors qu'elle n'était que de 9,8 après des notes antérieures faibles[6].

De Landsheere (1980) a défini l'effet *Posthumus*, dont tout correcteur est victime : « *un enseignant tend à ajuster le niveau de son enseignement et ses appréciations des performances des élèves de façon à conserver d'année en année, approximativement la même distribution (gaussienne) de notes* » (p. 224). Ainsi, les notations des correcteurs sont influencées chaque année par leurs notations des années antérieures sans considération des caractéristiques des élèves de l'année.

Cet effet combiné avec l'effet « classe » évoqué plus haut a des conséquences importantes sur la notation des élèves : un élève moyen dans une classe assez faible va être classé dans le premier tiers de la classe alors que, dans une classe plus forte, il serait dans le deuxième voire même dans le troisième. On voit bien que le résultat n'est pas négligeable tant en termes de notation que d'appréciation littéraire.

Les expériences de Laugier et Weinberg (1927, 1930 et 1936) ont vu leurs conclusions confirmées par toutes les études ultérieures ; ainsi Capelle (2010) a constaté que dix professeurs ayant à corriger une copie de philosophie avaient donné des notes de 6 à 15 avec des appréciations très différentes.

1.3. La quête de l'objectivité

L'objectivité constitue une exigence évidente mais difficile à atteindre ; un moyen de s'en rapprocher est d'adopter un nouveau paradigme impliquant une démarche qualimétrique.

---

[6] Dans cette expérience il y avait moins de 5 chances sur 1.000 pour que cet écart des moyennes soit dû au hasard.

1.3.1. Une exigence éthique difficile à satisfaire

Comme le rappellent Leclercq *et al.* (2004), *« la quête de l'objectivité de la note est semée d'embûches majeures »*. Néanmoins, sa poursuite est essentielle au regard de l'importance des enjeux. En effet, les critiques du système traditionnel d'évaluation s'inspirent toutes du principe d'égalité entre les candidats, un des fondements d'un Etat démocratique... et il faut constater que ce système d'évaluation est générateur d'un risque considérable qui pèse sur tous les acteurs du processus. Le risque est grand pour des évalués méritant une évaluation positive mais obtenant un résultat plus médiocre. On pourrait au moins penser que les « passagers clandestins », ceux qui ne méritaient pas la note obtenue, bénéficient d'un avantage sans conséquence négative pour d'autres. Sauf que, dans des épreuves à nombre de places limitées, le « favorisé du sort » écarte un autre candidat qui avait plus de titres pour obtenir cette place. Dans toutes ces situations, à côté du risque intrinsèque de toute évaluation normalement faible et impossible à supprimer, vient s'ajouter un risque systémique très important. Pour les correcteurs, les différences synchroniques (entre correcteurs) et diachroniques (pour un même correcteur dans le temps) ne peuvent que dégrader l'image de « bons correcteurs » qu'ils ont d'eux-mêmes et qu'ils voudraient renvoyer à leur environnement. Pour le système éducatif enfin, l'idée de méritocratie ne peut qu'être ternie, ce qui ne peut être sans conséquence sur le degré d'adhésion de la population au système politique.

Si la conclusion essentielle porte sur le risque, les réactions peuvent être très diverses.

La première, très radicale mais qui paraît logique, consiste à renoncer à évaluer. Si la solution est intellectuellement satisfaisante, elle est de fait impraticable : comment décider de l'évolution de personnes dans un parcours de formation ? Ainsi peut-on supprimer le redoublement ? Mais il arrive toujours un moment où une sélection devient nécessaire et alors comment la pratiquer de manière juste ?

Une autre solution consisterait à augmenter le nombre d'évaluateurs ; avec la croissance du nombre d'évaluateurs, il arrive un moment à partir duquel l'évaluateur marginal n'a plus qu'une influence insignifiante sur la moyenne des notes. La solution de la multiplication du nombre de correcteurs paraît donc, à première vue, tout à fait intéressante et elle a été approfondie par Laugier et Weinberg (1936) qui ont déterminé le nombre minimal de correcteurs nécessaires. Ce nombre, variable selon la matière à corriger, passe de 13 en mathématiques à 127 en philosophie. Pour la philosophie, c'est à l'évidence impossible puisque l'on raisonne en nombre de correcteurs ou en nombre de copies par correcteur. Mais, même pour les mathématiques qui exigent dix fois moins de correcteurs, c'est encore irréalisable en pratique.

Capelle (2010) examine, en seconde partie de son article, les changements permis par le développement des outils numériques sous la forme de la « correction instrumentée sur internet » avec un logiciel dénommé « Viatique ». La copie numérisée est corrigée en ligne ; pour ce travail, le correcteur dispose d'aides, un corrigé, des consignes de correction et d'autres éléments pour faciliter la correction et en homogénéiser les procédures d'évaluation et de notation. L'auteur conclut que cette interface numérique conduit le correcteur à modifier ses pratiques. Pour autant, et à ce stade, on ignore si ces changements ont un effet sur la notation elle-même qui demeure l'objectif essentiel.

1.3.2. L'apport d'une approche qualimétrique

Les méthodes traditionnelles d'évaluation fondée sur le duo évaluateur-évalué s'inscrivent *de facto* dans le cadre d'un paradigme positiviste fondé sur une division claire des rôles et des statuts des protagonistes qui accompagne le processus d'apprentissage et l'évaluation de la performance autour de son « objet » clairement identifié.

Sans doute incontournable pour ce qui concerne les examens et concours nationaux pour lesquels le triptyque référentiel-double correction-arbitrages finaux constitue à l'évidence le seul dispositif opérationnel envisageable, ce modèle peut cependant être reconsidéré au bénéfice d'une approche constructiviste lorsque, au sein d'un projet pédagogique, l'évaluation a pour double produit *« un jugement (souvent formulé sous forme de note ou d'une mesure plus ou moins sophistiquée) ... et un savoir d'action quand le processus évaluatif a pour finalité directe de prendre des décisions pour l'action »* (de Ketele, 2012). Dans le paradigme qui se met alors en place, l'évaluation va intervenir autant comme soutien de l'apprentissage que comme mesure du résultat. Dans ce cas, comme le souligne de Ketele (2012), *« le pilotage n'est plus simplement un pilotage d'experts qui savent et qui conseillent, mais un pilotage d'experts accompagnateurs qui soutiennent, et où le premier expert est l'élève lui-même »*.

Dès lors, la problématique d'objectivation de la mesure pour réduire les biais des pratiques évaluatives doit prendre en compte, simultanément, l'enseignant, l'apprenant et le référentiel qui est associé aux objectifs de la formation et, en outre, considérer que l'apprenant est doté d'une expertise qu'il convient de solliciter dans le cadre d'une interaction maîtrisée.

Le contexte ainsi créé présente des caractéristiques proches de la recherche-action pour laquelle Savall et Zardet (2004) ont élaboré une approche qualimétrique permettant la production de connaissances à partir du traitement simultané d'informations quantitatives et qualitatives. Cette approche mobilise trois principes : la contingence générique, l'intersubjectivité contradictoire et l'interactivité cognitive. Dans le cadre du paradigme constructiviste de l'évaluation que nous envisageons ici, la contingence générique relie l'apprenant à la classe, l'information recueillie lors de l'interaction avec chaque apprenant et ses productions écrites ou orales permettant de dégager des régularités à partir desquelles il est possible d'échafauder des représentations de la relation des apprenants avec le référentiel et des déterminants de la performance dans une vision praxéologique de l'apprentissage. L'intersubjectivité contradictoire est alors assurée par la confrontation des points de vue et des analyses respectifs des acteurs (l'enseignant et les apprenants, tous « experts ») pour en identifier les convergences et les spécificités. Quant à l'interactivité cognitive, elle intervient lorsque l'enseignant, jouant le rôle d'intervenant chercheur (au sens de la recherche-action), fait émerger des phénomènes signifiants à partir d'observations dont il partage l'analyse avec les acteurs apprenants afin, notamment, d'identifier les sources d'écarts entre l'objectif poursuivi et la réalité observée.

Mais qu'il s'agisse d'objectiver l'évaluation d'épreuves finales ou d'alimenter en données quantitatives un processus de pilotage de l'apprentissage fondé sur des évaluations formatives et une dualité d'informations, les tests de connaissances constituent une méthode de recueil de données particulièrement intéressantes. Leur intérêt a été mis en évidence par Laugier et Weinberg (1927) en conclusion de leur première étude. *« Une conclusion pratique s'impose. Il faut autant que possible remplacer les appréciations subjectives par des mesures objectives. Il faut s'efforcer de remplacer les compositions écrites traditionnelles, du moins certaines d'entre elles, par des tests de connaissance »* (p. 243). En effet, comme le rappellent Fabre et Noizet (1979), *« la méthode d'évaluation des connaissances par questionnaires à choix multiples (QCM) a les avantages de l'objectivité (absence de divergence entre évaluateurs), de la rapidité de correction et de la possibilité d'automatisation de cette correction »*. En outre, les tests constituent une méthode qui permet à la fois de *« caractériser un individu d'un point de vue déterminé »* et de le *« classer dans un groupe composé d'individus qui lui soient comparables »* (Martin, 2002).

2. LES TESTS DE CONNAISSANCES

Il convient de rappeler les caractéristiques nécessaires au regard des objectifs d'évaluation poursuivis ainsi que les avantages de cette méthode d'évaluation et les questions qu'elle pose.

2.1. Points clés des tests

Pour définir ce qu'est un test, nous retenons la proposition de Pichot (1954) selon lequel *« un test est une situation expérimentale standardisée servant de stimulus à un comportement. Ce comportement est évalué par une comparaison statistique avec celui d'autres individus placés dans la même situation, permettant ainsi de classer le sujet examiné soit quantitativement, soit typologiquement »*.

De Landsheere (1979) précise que *« (…) pour mériter le nom de test, un examen doit être standardisé, fidèle, validé et étalonné »*.

2.1.1. Standardisation

Un test est dit « standardisé » si tous les sujets doivent répondre, dans le cadre de la même procédure de passation, aux mêmes questions ou à une sélection de questions issues de la même banque de questions et si les scores sont obtenus selon une modalité unique. À l'évidence, l'usage des tests standardisés permet de contourner plusieurs biais potentiels de l'évaluation par un correcteur.

2.1.2. Fidélité

Pour Rolland (2006), *« Analyser la fidélité d'un test revient à répondre aux questions suivantes : Quelle est la précision de ce test ? (...) Quelle confiance peut-on accorder au score obtenu par une personne à ce test ? »*. La fidélité renvoie donc au degré de constance ou d'exactitude avec lequel un instrument mesure le phénomène qu'il est censé mesurer. L'estimation de la fidélité d'un instrument doit considérer ses deux aspects : la stabilité et la consistance interne. La stabilité concerne la constance des mesures lorsque l'instrument est appliqué plusieurs fois aux mêmes sujets ; la consistance interne est relative à l'homogénéité de l'instrument et donc, à sa capacité à mesurer seulement le concept pour lequel il a été élaboré. Lorsqu'un test s'appuie sur des items dichotomiques (« Vrai/Faux »), la vérification de l'unidimensionnalité peut alors s'exercer à partir de la valeur du KR20 de Kuder et Richardson (voir encadré 1).

Encadré 1. Formule 20 de Kuder et Richardson (KR20)

$$KR20 = \frac{k}{k-1}\left(1 - \frac{\sum_{i=1}^{k} p_i q_i}{\sigma^2 y}\right)$$

avec

k → nombre d'items

p_i → proportion de bonnes réponses à l'item i

q_i → proportion de mauvaises réponses à l'item i (soit, $1-p_i$)

$\sigma^2 y$ → variance du score total

Le KR20 apparaît ainsi comme une version du coefficient alpha de Cronbach dans le cas d'items dichotomiques.

2.1.3. Validité

« D'une façon générale, un instrument de mesure est dit valide, s'il mesure ce pour quoi il a été construit » (Nunnaly, 1978). La validité d'un test est le fondement de son utilité pratique et de sa pertinence théorique. L'utilité pratique est liée au double rôle que jouent ces tests : ils fournissent une image de la situation d'un sujet par rapport à un thème ainsi que l'explication de cette situation et constituent ainsi un diagnostic ; ils permettent également d'envisager des possibilités d'orientation future donc de permettre d'élaborer un pronostic. Demeuse et Henry (2004), soulignant le caractère polysémique du terme de validité, en précisent les cinq significations : validité prédictive ou critérielle, validité de contenu ou manifeste, validité de construit ou conceptuelle, validité concourante ou corrélationnelle, validité incrémentale.

La première concerne la possibilité de prédire la survenance d'un évènement ou d'un critère (réussite à un examen, obtention d'un emploi, etc.) à partir du résultat du test. Cette forme de validité suppose une corrélation ou *a minima* une concordance entre résultat du test et valeur du critère. Plus la corrélation est élevée, plus la validité prédictive du test est forte.

« La validité de contenu s'apprécie à partir de la représentativité (pertinence et exhaustivité) des éléments qui composent l'instrument de mesure au regard du concept mesuré » (Midy, 1996). Laurencelle (1998) nomme cela la « validité manifeste » ou *« l'adéquation entre les contenus apparents du test et la caractéristique qu'on souhaite mesurer »* (p. 105). Dans le cas de tests de connaissances associés à des formations diplômantes, les programmes officiels de diplômes nationaux et les *syllabi* des enseignements d'institutions académiques reconnues constituent une source de contenus.

Lorsque l'étude porte sur un objet d'évaluation abstrait qui ne bénéficie pas d'une définition unique, il est nécessaire d'en élaborer une représentation en s'appuyant sur les différentes théories issues de travaux antérieurs et de vérifier les validités convergente et divergente de l'instrument envisagé. Dans le cas de tests de connaissances, s'agissant de mesurer une performance au regard de référentiels disciplinaires à l'intérieur desquels sont conçus les items, la vérification de cette validité de construit est sans doute moins centrale que lorsqu'il s'agit, par exemple, de mesurer l'intelligence ou la personnalité.

Similaire à la validité prédictive ou critérielle dans sa démarche, la validité concourante porte sur un critère particulier, un autre test : un test validé sert de critère pour valider un autre test. Dans des épreuves devant être répétées (examens), il est nécessaire de disposer d'une pluralité de formes des épreuves tout en étant assuré que ces différentes formes sont bien équivalentes en termes de difficulté, d'expression, etc.

Enfin, pour ce qui concerne la validité incrémentale, Bernier et Pietrulewicz (1997) soulignent que l'utilité d'une batterie de tests est d'améliorer la qualité prédictive de l'ensemble des tests : un test quelconque a une validité incrémentale s'il améliore significativement le résultat, sinon il doit être supprimé puisqu'il alourdit inutilement le poids de l'épreuve.

2.1.4. Etalonnage

Cette étape essentielle de l'élaboration d'un test permet de confronter les résultats d'un individu à ceux des personnes du même groupe. Demont (2009) souligne les difficultés de cette démarche : la population d'étalonnage est représentative de l'ensemble de la population si ses caractéristiques sont très proches de celles de la population dont elle est issue. On distingue deux catégories d'échelles pour ordonner les résultats. Les échelles en quantiles rangent les performances de la population d'étalonnage par ordre croissant, regroupées ensuite en classes contenant toutes la même fraction de performance (déciles ou centiles) ; les échelles, sigmatiques, ou normalisées, sont construites sur l'hypothèse d'une distribution normale des performances (les classes ont des effectifs variables correspondant à leur fréquence dans la distribution normale).

2.2. Avantages et problèmes des tests

Il est nécessaire de rappeler l'utilité des tests et d'aborder quelques questions importantes.

2.2.1. Utilité des tests de connaissances

Dans un domaine dominé par une forte subjectivité, les tests de connaissances introduisent l'objectivité dans l'évaluation des performances des candidats : les situations susceptibles de fausser plus ou moins gravement l'évaluation des candidats (comportements différents des correcteurs, interactions correcteur-candidat) sont éliminées.

Les tests de connaissances permettent d'assurer un suivi régulier des personnes et de leurs progrès depuis la sélection à l'entrée jusqu'en fin de formation en alternant les rôles pronostique et diagnostique.

Elaborer des tests de connaissances est une démarche longue, lourde et coûteuse qui implique le recours à une pluralité de spécialistes du ou des domaines objets des tests. Avant d'utiliser un test, il faut vérifier qu'il respecte bien les quatre points fondamentaux évoqués plus haut. En pratique, tout item doit offrir au moins quatre ou cinq réponses possibles, être formulé positivement, éviter les termes très généraux ou ambigus.

Pour Mathet et Widlöcher (2019), il est nécessaire de comparer les résultats des tests à ceux de correcteurs humains multiples ou « évaluation inter-annotateurs » du fait de la très grande différence de nature des deux démarches. Dans le test on confronte les réponses du candidat à celles du test, dans l'évaluation multiple on retient la moyenne des notations des correcteurs.

2.2.2. De quelques limites des tests de connaissances

Synthétiser en un score les réponses aux items de test constitue un problème de la mise en œuvre de tests, comme le soulignent Demeuse et Henry (2004) : *« chaque item pouvant présenter un niveau très différent de difficulté (...) on ne peut pas passer de manière simple d'un nombre d'items réussis à un niveau de compétence »*.

L'emploi plus généralisé des tests aux Etats-Unis (obtenir un diplôme de fin d'études, accéder à l'enseignement supérieur, recruter ou reconnaître une qualification professionnelle...) permet à Bacher (1982) de dégager certains problèmes.

Des groupes sociaux ou des minorités sociales ont discuté ces outils et leurs résultats parce que susceptibles de favoriser, malgré une apparente neutralité, certaines catégories sociales aux dépens d'autres. La loi américaine a défini les règles que devaient respecter les concepteurs de tests. Bien que posant des obligations assez difficiles à respecter, la loi n'a pas supprimé toutes les incertitudes et a suscité de nouvelles questions. Des activités se sont spécialisées dans l'entraînement au passage de tests de connaissances. Anastasi (1981) a souligné que certaines sont légitimes et utiles pour apprendre à maîtriser la technique très particulière des questions à choix multiples (QCM). Schmidt et Hunter (1981) font aussi remarquer que des entreprises de taille petite et moyenne n'utilisent pas ces outils efficaces de sélection par crainte d'être pénalisées et recourent à des techniques plus subjectives et moins efficaces. Mais cette controverse a contraint concepteurs et utilisateurs des tests à prouver la validité des tests utilisés.

L'une des limites souvent évoquée des tests se situe au niveau de leur capacité à évaluer autre chose que des connaissances. Par exemple, De Ketele et Gérard (2005), à propos des grandes enquêtes internationales qui mettent en œuvre des tests standardisés, considèrent qu'elles *« sont fiables et valides, mais ne sont pas pertinentes par rapport à l'approche par compétences et donc par rapport aux finalités des systèmes éducatifs conçus dans cet esprit »*. Néanmoins, ce point de vue n'est pas partagé par tous les auteurs. Ainsi, Lafontaine et Monseur (2004) rappellent que les travaux de Demonty et Fagnant (2004) *« ont montré que, dans le domaine des mathématiques, les épreuves PISA correspondent assez fidèlement aux compétences figurant dans les référentiels communs à l'ensemble des établissements »*.

A l'évidence, le débat n'est pas tranché mais l'utilité des tests de connaissances n'est plus discutée, ni en théorie ni en pratique, et leur multiplication est le signe de leur adaptation de plus en plus fine à des situations de plus en plus spécifiques. S'ils semblent particulièrement adaptés à l'évaluation de connaissances, ils sont aussi utilisables lorsqu'il s'agit d'apprécier la capacité à mettre en œuvre des connaissances pour prendre en charge des situations concrètes. Dans ce cas, la performance traduit une véritable compétence puisque la réponse est issue de la mobilisation d'un savoir ou d'un savoir-faire dans le cadre d'un contexte. Cette approche est à l'origine du développement du G-Skor dont la mise en œuvre peut être envisagée en autonomie, ou au sein d'un dispositif multi-instrument dans lequel les apports du test sont complétés par des informations qualitatives obtenues à travers l'interaction avec les étudiants.

3. LE TEST G-SKOR[7]

3.1. Nature du besoin

En gestion, la nécessité d'une évaluation systématique des résultats d'apprentissage (en anglais *« learning outcomes assessment »*) est exprimée dès 1991 par l'AACSB[8] qui l'introduit formellement dans ses standards. L'assurance qualité (*« Assurance of Learning »* dans les standards de l'AACSB) devient ainsi un pilier de l'accréditation en reposant sur deux principes essentiels : responsabilité et amélioration continue. Du point de vue de la responsabilité, *« (...) des mesures de la performance d'apprentissage permettent de démontrer aux parties prenantes telles que des étudiants potentiels, des instances publiques et les accréditeurs que l'institution atteint ses objectifs »* ; du point de vue de l'amélioration continue, *« (...) l'institution peut évaluer le degré de réussite de ses étudiants au regard des objectifs d'apprentissage, utiliser les mesures pour planifier des actions d'amélioration et, au niveau individuel, fournir aux étudiants des informations qui leur permettront de piloter leur propre démarche d'apprentissage »* (AACSB, 2007).

Pour obtenir ces mesures, les institutions s'appuient principalement sur des dispositifs mixtes, internes et externes, d'évaluation directe des étudiants. Ainsi, dans le monde anglo-saxon, le *Major Field Test in Business (MFTB) d'Educational Testing Services (ETS)* apparaît comme un instrument majeur d'évaluation externe – et donc non lié à des sources internes de subjectivité – des connaissances de base dans les disciplines fondamentales du champ de la gestion (comptabilité, finance, management, marketing, ...).

En France, il n'existe pas d'outil comparable au test d'ETS alors que l'assurance qualité devient une composante de plus en plus consistante des démarches qualité des universités et des institutions privées d'enseignement supérieur (Pierronnet, 2018).

---

[7] Le test G-Skor et sa banque de questions sont développés par un groupe d'enseignants-chercheurs en gestion issus d'institutions académiques (Universités et Grandes Écoles) francophones.

[8] AACSB : *Association to Advance Collegiate Schools of Business*

La création de G-Skor s'inscrit directement dans le contexte de l'évolution de l'enseignement de la gestion. En effet, du point de vue des projets pédagogiques, celle-ci nous semble marquée par trois tendances majeures. La première se traduit par un large mouvement de standardisation-normalisation, observable mondialement et qui se développe sous l'influence des agences internationales d'accréditation (AACSB et EFMD[9] en particulier). La deuxième concerne l'évolution des *curricula* de la plupart des formations, en particulier ceux des programmes gérés par les écoles de management qui se caractérisent désormais par une réduction significative de la part consacrée à l'apprentissage des techniques de gestion (comptabilité, finance, statistiques...) au profit d'enseignements plus qualitatifs tournés vers l'acquisition de *« soft skills »*. La troisième est celle de la flexibilité des parcours d'apprentissage, pouvant aller jusqu'à des formes d'individualisation. La prise en compte de ces trois éléments légitime la création d'un dispositif standardisé d'évaluation de connaissances relatives à des notions fondamentales, principalement techniques, de la gestion. Ces connaissances constituent un socle commun dont l'acquisition au sein des parcours d'apprentissage n'est plus tout à fait garantie. En outre, un tel dispositif permet également une évaluation *ex ante* de ces connaissances pour les étudiants qui accèdent aux programmes en cours de parcours, après les enseignements de tronc commun, alors que la plupart des Grandes Ecoles de management accueillent un nombre significatif d'étudiants dans le cadre de l'admission directe en deuxième année.

3.2. Caractéristiques du test

3.2.1. Objectifs

G-Skor a été conçu pour répondre aux besoins de pilotage pédagogique et d'assurance qualité des institutions académiques d'une part et pour permettre aux individus de gérer leurs parcours d'apprentissage et démontrer leur potentiel d'autre part.

G-Skor apporte aux institutions académiques l'information qui leur permettra de démontrer l'efficience de leurs programmes et de piloter leur amélioration continue. Les mesures, obtenues après chaque session de test et accumulées dans le temps, constituent un véritable entrepôt de données à partir duquel s'élabore le tableau de bord pédagogique des différents programmes et les indicateurs qui seront mis à la disposition des parties prenantes.

Du point de vue individuel, grâce aux mesures restituées par G-Skor, chacun peut ajuster son parcours d'apprentissage afin d'améliorer, si nécessaire, sa performance. Les scores obtenus sont autant d'éléments

---

[9] EFMD : *European Foundation for Management Development*

susceptibles d'être appréciés dans le cadre d'un projet professionnel, pour accéder à un nouveau parcours de formation ou bien à la validation des acquis.

3.2.2. Niveau et couverture disciplinaire

G-Skor concerne les connaissances fondamentales en gestion acquises à la fin du premier cycle d'apprentissage ; il s'adresse donc en priorité aux programmes de niveau licence. Mais, s'agissant de notions de base, il peut également être utilisé à des niveaux supérieurs, par exemple pour vérifier l'acquisition de prérequis.

Le niveau des connaissances testées et la couverture disciplinaire sont directement issus du positionnement stratégique de G-Skor. En effet, le test doit être tout à la fois : aligné sur les contenus les plus couramment constatés des enseignements dispensés dans les programmes en gestion des universités et grandes écoles francophones afin que le test devienne une composante du dispositif d'assurance qualité de ces programmes ; aligné également sur les programmes officiels de diplômes nationaux correspondant au niveau académique du test (en particulier, Brevet de Technicien Supérieur et Diplôme Universitaire de Technologie) ; conforme aux standards AACSB, car un objectif stratégique majeur est que le test soit reconnu en tant qu'équivalent francophone du MFTB d'ETS et utilisé par les institutions accréditées pour alimenter leur *« reporting »* périodique. Là, la référence est actuellement la révision de juillet 2018 des standards 2013 (AACSB, 2018) et, en particulier, le « standard 9 » qui décrit les attributs nécessaires d'un *curriculum « approprié aux attentes générales pour le type de programme »*. Une analyse du contenu de ce standard pour le niveau *« Bachelor »* nous a conduit à décomposer le territoire thématique du test en huit champs disciplinaires répartis dans les deux « sections » présentées dans le tableau 1 ci-après.

Tableau 1. Structure disciplinaire du test

Section 1	Section 2
• Comptabilité (financière et de gestion) • Finance • Management (dont GRH) • Marketing (dont «Stratégie»)	• Environnement économique • Environnement social et légal • Méthodes quantitatives • Systèmes d'information

La section 1 accueille en fait les disciplines que l'on peut qualifier de « centrales » en gestion des entreprises et des organisations ; dans la section 2, on trouve des champs associés à des disciplines « support » de la gestion ou qui s'inscrivent dans l'environnement des activités créatrices de valeur économique.

3.3. Validité du contenu du test

La validité de contenu est une dimension essentielle de la qualité d'un test qui ambitionne de mesurer des acquis caractéristiques d'un niveau d'études. Pour Demeuse et Henry (2004), *« (…) pour assurer la validité de contenu, on analyse les programmes, les principaux manuels utilisés, des notes de cours récentes, et l'on recueille l'avis d'enseignants, d'inspecteurs et de professeurs d'université, lorsqu'il s'agit d'épreuves scolaires »* (p. 167).

La conception du dispositif de validation du contenu d'un test relatif à des connaissances en gestion est influencée par deux éléments de contexte particulièrement importants. Le premier concerne les programmes d'enseignement. Là, il convient de constater que, si les formations universitaires permettant l'accès à un diplôme national sont encadrées par des programmes officiels, il n'existe aucun texte régissant les *curricula* des formations de niveau licence ou master gérées par les « Grandes Ecoles » et, d'une manière générale, par des institutions privées d'enseignement supérieur. Le second est relatif au champ disciplinaire lui-même. En effet, parce que la formation à la gestion est, par nature, à finalité professionnelle, il est légitime d'envisager le référentiel d'un test en relation avec des besoins de compétences qui seraient exprimés par des professionnels de la gestion et du management.

Sur la base de ce double constat, nous avons conçu le dispositif suivant de conception et de validation du contenu du test G-Skor reposant sur la mise en place d'un comité d'experts et l'analyse de programmes pédagogiques.

Le comité d'experts installé pour piloter le processus d'assurance qualité du test est divisé en deux collèges. Le premier, académique, est composé d'enseignants issus de l'Université et de Grandes Ecoles[10] ; le second, professionnel, accueille des gestionnaires et managers en activité dans des entreprises industrielles et de services. Les domaines d'expertise des membres de ces groupes correspondent à la couverture thématique du test, dans la phase de lancement du test ils interviennent en particulier au niveau de la gestion des référentiels, du cahier des charges relatif à la création des questions et du contrôle de la qualité des questions au regard de ses spécifications.

Pour élaborer le référentiel de chacun des huit champs disciplinaires du test, nous avons analysé les programmes pédagogiques de plusieurs formations universitaires de niveau bac+2 et bac+3 conduisant à des diplômes nationaux et le contenu des cours obligatoires de formations de type *« Bachelor »* dispensées dans des Grandes Ecoles de management françaises ou à l'Université Laval de Québec (on trouvera en annexe 1 la liste des sources exploitées pour cet inventaire).

---

[10] Université de Bordeaux, Université Laval à Québec, ESCP Business School, Kedge Business School, Excelia Group.

A titre d'illustration, le tableau 2 ci-après contient un extrait du résultat de cette investigation centrée sur l'identification des compétences visées par les enseignements obligatoires et leurs contenus les plus fréquemment observés.

Tableau 2. Analyse de programmes pédagogiques (extrait)

Discipline	Compétence	Contenu(s) associé(s)
Comptabilité (financière)	Maîtriser la représentation des opérations courantes dans le système comptable.	. Méthodologie comptable : écriture, actif et passif, charges et produits. . Achats et ventes
Comptabilité (de gestion)	Savoir calculer des coûts et des marges.	. Types de coûts . Méthode des coûts complets . Coûts spécifiques
Finance	Pouvoir établir un diagnostic financier (simple)	. Soldes intermédiaires de gestion . Capacité d'autofinancement . Fonds de roulement
Management	Pouvoir interpréter les comportements humains au sein des organisations.	. Les caractéristiques individuelles . La motivation au travail
Marketing	Connaître les leviers de l'action marketing.	Les composantes du mix marketing et leurs interactions.
Environnement économique de l'entreprise	Connaître les principaux mécanismes de régulation de l'économie par les politiques publiques.	. La protection sociale . Le budget de l'Etat . Les politiques économiques contemporaines . Le rôle de l'Union Européenne
Environnement juridique et social de l'entreprise	Connaître les caractéristiques et les principes de fonctionnement des principales sociétés commerciales.	. Sarl . Société Anonyme . Société par Actions Simplifiée
Méthodes quantitatives	Appréhender les enjeux et comprendre les principes du jugement sur échantillon.	. Loi normale . Loi des grands nombres . Estimation ponctuelle . Intervalle de confiance
Systèmes d'information	Pouvoir exploiter des données issues d'une requête sur une base de données de gestion.	. Bases de données relationnelles : tables et relations . Requête . Excel : tableaux croisés dynamiques

3.4. Banque de questions et fidélité du test G-Skor

3.4.1. Types de questions

Les questions de la banque G-Skor relèvent des trois types suivants :

• *Type 1* : les réponses possibles sont des propositions associées à une définition ou un principe

Exemple : Parmi les opérations suivantes, laquelle n'a pas d'impact sur la trésorerie ?

a) Remboursement d'un emprunt

b) Vente au comptant à un client

c) Dotation annuelle aux amortissements

d) Versement de dividendes aux actionnaires

• *Type 2* : les réponses possibles sont des propositions associées à une situation pour la mise en œuvre immédiate d'une définition ou d'un principe.

Exemple : En mesurant sur 20 individus, la valeur de 2 variables numériques X et Y, on a obtenu 20 couples (Xi, Yi) et, ainsi, le nuage de points ci-après :

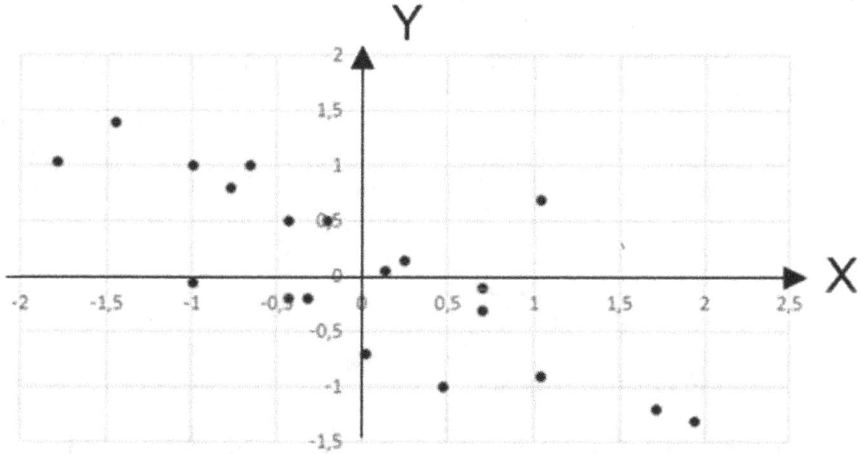

Parmi les valeurs suivantes de coefficients de corrélation, quelle est celle qui est la plus proche de la valeur (inconnue) du coefficient de corrélation linéaire entre les variables X et Y ?

a) - 0,7 b) - 0,1 c) + 0,3 d) + 0,7

• *Type 3* : exercice d'application comportant une phase de « calcul » (*i.e.* utilisation des données de l'exercice dans un processus *ad hoc* pour obtenir un résultat formel) ; les réponses proposées sont des résultats possibles du « calcul ». Les données de l'exercice sont conçues pour permettre le calcul mental aisé.

Exemple : La planète Fictifus compte 2000 habitants, lesquels se nourrissent exclusivement de fromage de vache (Fv) et/ou de chèvre (Fc). La configuration du marché est la suivante :

- Consommateurs exclusifs de fromage de chèvre (Fc) : 300
- Consommateurs mixtes (Fc + Fv) : 700
- Consommateurs exclusifs de fromage de vache (Fv) : 1000

Quel est le taux de pénétration du marché potentiel par le fromage de chèvre ?

a) 30%
b) 50%
c) 70%
d) Réponse impossible car on ne connaît que le marché réel, pas le potentiel

3.4.2. Création et maintenance des questions

Les questions de la banque G-Skor sont créées par des enseignants et des praticiens expérimentés représentant les différentes disciplines couvertes par le test. Chaque question est évaluée lors de sa création au regard des spécifications du test. Cette évaluation est conduite par un expert de la discipline concernée et un gestionnaire du test. Un contrôle final a lieu lors de deux sessions annuelles au cours desquelles les membres du collège académique et du collège professionnel du comité d'experts évaluent chacun un échantillon de nouvelles questions. Quant à l'actualisation des questions, elle est réalisée chaque année en fonction de la valeur d'un paramètre caractéristique de chaque question et qui représente son exposition au temps, ou bien ponctuellement, lorsqu'une modification du socle de connaissances intervient (par exemple dans le cas d'une évolution de la législation).

3.4.3 Fidélité des questions

Pour évaluer la fidélité de notre instrument, nous avons conduit deux expérimentations à partir d'un prototype. La première a concerné 650 étudiants de la même promotion de troisième année du programme « Bachelor » d'une Grande École de management accréditée auxquels on a soumis un instrument partiel, couvrant seulement deux disciplines du périmètre du test : comptabilité et méthodes quantitatives. Pour la seconde, nous avons utilisé un prototype plus complet proposé à 56 étudiants de la même promotion de troisième année d'un programme « Master Grande École » et couvrant les disciplines suivantes : comptabilité, environnement économique de l'entreprise, marketing, méthodes quantitatives, systèmes d'information, Dans les deux cas, il s'agissait d'apprécier la fidélité de chaque sous-instrument disciplinaire associé à chacune des disciplines participant à l'objet du test. Nous avons obtenu les valeurs suivantes de KR20 :

Discipline	**Essai 1** (n=650)	**Essai 2** (n=56)
Comptabilité	0,58	0,50
Environnement économique de l'entreprise		0,41
Marketing		0,54
Méthodes quantitatives	0,47	0,53
Systèmes d'information		0,64

Les valeurs constatées de KR20 sont toutes inférieures à 0,7 qui est le seuil d'acceptabilité communément admis. G-Skor est aujourd'hui encore en phase expérimentale ; un programme de révision des items par discipline est actuellement mis en œuvre afin d'améliorer de manière décisive la fidélité de l'instrument.

CONCLUSION

La docimologie s'est développée à partir de la prise de conscience que, finalement, l'importance du risque dans les résultats, tant pour les examens que pour les concours, atteignait des niveaux inacceptables et qu'en outre c'étaient les candidats les moins favorisés, particulièrement sur le plan social, qui en étaient les plus pénalisés, mettant à mal l'idéologie républicaine fondatrice et égalitariste de la réussite fruit du mérite. D'où la question classique : que faire ? Les tests de connaissances constituent une réponse : ils suppriment, en effet, les causes de nombreux dysfonctionnements et, en particulier, tout ce qui concerne tant la psychologie des correcteurs et des candidats que les interactions des deux catégories d'intervenants. Pour autant, il est apparu clairement que l'efficacité des tests de connaissances est étroitement liée à la qualité de leur conception. On a constaté que les quatre points clés évoqués de standardisation, fidélité, validité et étalonnage sont des facteurs essentiels de la qualité que l'on recherche et qui justifie l'utilisation des tests, mais on a également noté que ces critères ne sont ni simples, ni faciles à satisfaire. On a également perçu que le « test universel », évidemment dans un domaine spécifique de connaissances, n'existait pas. Chaque test a des objectifs qui lui sont propres ; ces objectifs conditionnent à la fois toute sa conception et son efficacité. Ainsi, le G-Skor, dont on a présenté la structure générale, ne vient pas dupliquer des tests existants mais vise seulement à compenser un manque dans l'offre actuelle de tests de connaissances en langue française. Il est, en effet, le seul instrument francophone de mesure de connaissances couvrant l'essentiel du territoire disciplinaire associé à un profil de « généraliste » en gestion. Il est cependant nécessaire d'améliorer ses performances au regard des critères habituels d'évaluation de la qualité d'un test de connaissance ; les résultats de cette phase d'expérimentation et les adaptations qui en découleront feront l'objet d'une communication.

BIBLIOGRAPHIE

AACSB (2007), Assurance of learning standards: an interpretation, *AACSB White Paper*, 3, 2.

AACSB (2018), Eligibility procedures and accreditation standards for business accreditation, Rév. 1, juillet.

ANASTASI, A. (1981), Coaching, test sophistication and developed abilities, *American Psychologist*, 36(10), 1086-1093.

ASCH, S. E. (1946), Forming impressions of personality, *Journal of Abnormal and Social Psychology*, 41, 258-290.

BACHER, F. (1969), La normalisation de la notation, Colloque de l'Association Internationale de Pédagogie Expérimentale de Langue Française, Lyon, 3-6 avril 1968, *Bulletin de l'Institut National d'Orientation Professionnelle*, 1969, 25, 75-90.

BACHER, F. (1982), Sur certains problèmes soulevés par l'utilisation des tests psychologiques, *L'année psychologique,* 82(2), 439-455.

BERNIER, J. J., PIETRULEWICZ, B. (1997), *La psychométrie. Traité de mesure appliquée*, Montréal, Gaëtan Morin éditeur.

BONBOIR, A. (1985), *La méthode des tests en pédagogie. Problèmes d'évaluation et psychométrie,* Paris, Presses Universitaires de France.

BOUDON, R. (1973), *L'inégalité des chances. La mobilité sociale dans les sociétés industrielles*, Paris, Colin.

BOURDIEU, P., PASSERON, J.-C. (1970), *La Reproduction*, Paris, Editions de Minuit.

CABIN, P. (2004), Dans les coulisses de la domination. La sociologie de Pierre Bourdieu, in P. Cabin et J. F. Dortier, *La sociologie. Histoire des idées*, Editions Sciences Humaines, Auxerre, 181-196.

CAPELLE, C. (2010), Pratiques de correction sur copies d'examen et nouveaux usages instrumentés, *EducPros*, 1-16. (hal-00542664).

CAVERNI, J. P., FABRE, J., NOIZET, G. (1975), Dépendance des évaluations scolaires par rapport à des évaluations antérieures : études en situation simulée, *Le Travail humain*, 38(2), 213-222

CHASE, C. (1968), The impact of some obvious variables, *Journal of Educational Measurement*, 5(4), 315-318.

DE KETELE, J.- M. (2012), À la recherche de paradigmes unificateurs ou de paradigmes intégrateurs ?, in Mottier Lopez, L., Figari, G. (dir.), *Modélisations de l'évaluation en éducation*, Bruxelles, De Boeck.
DE KETELE, J.-M., GÉRARD, F. M. (2005), La validation des épreuves d'évaluation selon l'approche par les compétences, *Mesure et évaluation en éducation,* 28(3), 1-26.
DE LANDSHEERE, G. (1979), *Dictionnaire de la recherche en Education*, Paris, Presses universitaires de France.
DE LANDSHEERE, G. (1980 et 1992 6e éd.), *Évaluation continue et examen. Précis de docimologie*, Paris, Nathan, Bruxelles, Labor.
DEMEUSE, M., HENRY, G. (2004), Théorie classique des tests – L'analyse classique d'items, in Demeuse, M. (dir.), *Introduction aux théories et aux méthodes de la mesure en sciences psychologiques et en sciences de l'éducation*, Liège, Les éditions de l'Université de Liège.
DEMONT, É. (2009), Chapitre II. Les méthodes en psychologie, in Demont, E. (eds), *La psychologie,* Auxerre, Éditions Sciences Humaines, 39-62.
DEMONTY, I., FAGNANT, A. (2004), *Évaluation de la culture mathématique des jeunes de 15 ans : document à l'attention des professeurs de mathématiques des 1er et 2e degrés de l'enseignement secondaire,* Bruxelles, Ministère de la Communauté Française, Service Général du Pilotage du Système Éducatif.
FABRE, J., NOIZET, G. (1979), Une procédure automatisée d'évaluation des connaissances : la méthode du jugement autopondéré, *Revue française de pédagogie*, 47, 16-28.
GOUGEON, D. J. (2016), Analysis of student perceptions in an introductory business statistics course, *Journal of the Northeastern Association of Business, Economics & Technology,* 19(1), 1-8.
GRÉGOIRE, J. (2000), Psychométrie, dans *Universalis*, https://www.universalis.fr/encyclopedie/psychometrie/
KUDER, G. F., RICHARDSON, M. W. (1937), The theory of the estimation of test reliability, *Psychometrika*, 2(3), 151-160.
LAFONTAINE, D., MONSEUR, C. (2012), Entre savoirs scientifiques et usages normatifs : les enquêtes internationales d'évaluation des acquis des élèves, in Mottier Lopez, L., Figari, G. (dir.), *Modélisations de l'évaluation en éducation*, Montréal, De Boeck.
LANDY, D., SIGALL, H. (1974), Beauty is talent; task evaluation as a function of the performer's physical attractiveness, *Journal of personnality and social psychology*, 24(3), 299-304.
LAUGIER, H., WEINBERG, D. (1927), I. le facteur subjectif dans les notes d'examen, *L'année psychologique*, 28, 236-244.

LAUGIER, H., WEINBERG, D. (1930), II. le facteur subjectif dans les notes d'examen, *L'année psychologique*, 31, 229-241.
LAUGIER H., WEINBERG, D. (1936), *Commission française pour l'enquête Carnegie sur les examens et concours. La correction des épreuves écrites au baccalauréat*, Paris, Maison du livre.
LAURENCELLE, L. (1998), *Théorie et techniques de la mesure instrumentale*, Sainte-Foy, Presses de l'Université du Québec.
LECLERCQ, D., NICAISE, J., DEMEUSE M. (2004), Docimologie critique : des difficultés de noter des copies et d'attribuer des notes aux élèves, in Demeuse, M. (eds), *Introduction aux théories et aux méthodes de la mesure en sciences psychologiques et en sciences de l'éducation*, Liège, Les éditions de l'Université de Liège, 273-292.
MARTIN, J., (2002), Aux origines de la *science des examens* (1920-1940), *Histoire de l'éducation*, 94, 177-199.
MATHET, Y., WIDLÖCHER, A. (2019), Annotation, évaluation et mesure d'accord en linguistique de corpus, *Revue Française de Linguistique Appliquée*, 24, 111-128.
MIDY, F. (1996), *Validité et fiabilité des questionnaires d'évaluation de la qualité de vie : une étude appliquée aux accidents vasculaires cérébraux*, Rapport de recherche du Laboratoire d'analyse et de techniques économiques (LATEC).
MILES, M., P., HAZELDINE, M. F., MUNILLA, L. S. (2004), The 2003 AACSB Accreditation Standards and Implications for Business Faculty: A Short Note, *Journal of Education for Business*, 80(1), 29-34.
MORIN, J. M. (2020), *Boudon un sociologue classique*, deuxième édition, Paris, L'Harmattan, coll. Théorie sociale contemporaine.
NIMIER, J. *et al.* (1975), *Influence de la formulation dans l'acquisition d'un concept mathématique*, IREM de Reims, Ronéo.
NUNNALY, J. C. (1978), *Psychometric theory*, 2nd Revised edition, New York, McGraw-Hill.
PICHOT, P., (1954), *Les tests mentaux*, Paris, Presses Universitaires de France, coll. Que sais-je ?.
PIÉRON, H. (1928), La critique expérimentale des méthodes d'examen. *Bulletin de la Société Française de Pédagogie*, 27, 20.
PIÉRON, H. (1932), Les origines, en France, de la méthode des tests et la signification pédagogique de l'œuvre de Binet, *Pour l'ère nouvelle. Revue mensuelle d'éducation nouvelle*, juillet, 164.
PIERRONNET, R. (2018), L'assurance qualité, révélateur d'universités entrepreneuriales à la française, *Projectique*, 19, 23-40.

PINI, G., (2012), *A propos de la théorie des réponses aux items*, Notes de l'Institut de Recherche et de Documentation Pédagogique, Suisse.
ROLLAND, J. P. (2006), Comment évaluer un test, in Levy-Leboyer, C., Louche, C., Rolland J. P. (eds), *Ressources Humaines : Les apports de la psychologie du travail*, Paris, Editions d'organisation.
SAVALL, H., ZARDET, V. (2004), *Recherche en Sciences de Gestion : approche qualimétrique*, Paris, Eyrolles.
SCHMIDT, F. L., HUNTER, J. E. (1981), Employment testing: Old theories and new research findings, *American Psychologist*, 36, 1128-1137.
VAN KEMPEN, J. L. (2008), *Comment favoriser l'objectivité en matière d'évaluation*, Bruxelles, UFAPEC.

Annexe 1. Sources documentaires de la phase d'élaboration des référentiels disciplinaires

- Baccalauréat en Administration des Affaires, Faculté des Sciences de l'Administration, Université Laval, Québec
Site web : https://www4.fsa.ulaval.ca/etudes/programme/B-ADM_ADM/#structure

- BBA in Global Management, Skema
Catalogue des enseignements téléchargé depuis l'adresse : https://www.skema.edu/Documents/International/SKEMA_BBA_Course-Catalogue_2020-2021.pdfSite

- *Bachelor*, Ieseg
Moteur de recherche du site web de l'Université Catholique de Lille : http://univ.univ-catholille.fr/our-academic-departements/search-course-results.asp

- Programme Grande Ecole, Essec
Catalogue des cours téléchargé depuis l'adresse : https://www.essec.edu/media/catalogue_cours_master_2019-2020.pdf

- Programmes pédagogiques nationaux
  - Diplôme Universitaire de Technologie, Gestion des Entreprises et des Administrations
  - Diplôme Universitaire de Technologie, Techniques de commercialisation
  - Brevet de Technicien Supérieur, Management Commercial Opérationnel

Site web : https://www.enseignementsup-recherche.gouv.fr/

- Licence Administration Economique et Sociale, Université de Bordeaux
Syllabi des cours obligatoires téléchargés depuis l'adresse : https://economie.u-bordeaux.fr/Formations/Licences-AES

- Licences économie-gestion, Université de Bordeaux
Syllabi des cours obligatoires téléchargés depuis l'adresse : https://economie.u-bordeaux.fr/Formations/Licences-economie-gestion

MANAGEMENT DU CAPITAL HUMAIN OU DES TALENTS ? PROPOSITION D'UN MODÈLE INTÉGRATEUR

Anne GOUJON BELGHIT
IAE Bordeaux, IRGO
anne.belghit@gmail.com

Jocelyn HUSSER
IAE Aix-en-Provence, CERGAM
jocelyn.husser@iae-aix.com

Saïd SEFIANI
Kedge Business School, Bordeaux
said.sefiani@kedgebs.com

RÉSUMÉ

Cette recherche ambitionne de rapprocher le concept de capital humain avec celui du management des talents afin de proposer un modèle intégrateur permettant d'identifier des pratiques de management stratégiques qui se déclinent en 16 possibilités. Cette matrice tridimensionnelle intègre le degré de rareté, la valeur ou encore le niveau d'identification des pratiques : individuel, groupe, organisationnel ou inter-organisation. Cette matrice offre un guide pour les organisations permettant d'adopter une vision complète de leurs pratiques managériales et évite les risques de dispersion.

Mots-clés : capital humain, management des talents, modèle intégrateur, matrice de management stratégique.

ABSTRACT
Human capital or talent management? Proposal of an integrating model

This research aims to bring together the concept of human capital and the one of talent management in order to develop an integrative model, able to identify strategic management practices that are available in 16 possibilities. This three-dimensional matrix integrates the degree of uniqueness, the value as well as the level of identification of practices:

individual, unit, organizational or inter-organization. This matrix provides a guide for organizations to adopt a complete vision of their managerial practices and avoids the risks of dispersion.

Keywords: Human capital, Talent Management, integrative model, matric of strategic management practices.
JEL Codes: M14, O15

Les concepts de capital humain et de management des talents sont aujourd'hui bien identifiés et reconnus dans la littérature anglo-saxonne et francophone (Coff, Kryscynski, 2011 ; Goujon Belghit, Trébucq, 2016 ; Mellahi, Collings, 2010 ; Miralles, 2007 ; Ployhart, Moliterno, 2011). Ils apparaissent de manière bien distincte alors même qu'ils présentent un certain nombre de similitudes.

Sur le plan opérationnel, les praticiens souhaitent optimiser leurs pratiques managériales sans pour autant ressentir le besoin de distinguer le capital humain de la gestion des talents. En effet, la gestion des immatérielles est devenue cruciale aujourd'hui pour les organisations souhaitant communiquer sur leur performance globale dans leurs rapports intégrés, leurs rapports annuels ou leurs rapports de développement durable. Pour les organisations, cette gestion présuppose de capter leur capital humain tout autant que de détecter leurs talents (Trébucq, 2013). L'optimisation des pratiques nécessite d'éviter de tomber dans le piège de l'oubli organisationnel (Husser, 2014).

D'un point de vue théorique, un rapprochement semble important étant donné que les approches sur le capital humain utilisent la notion de talent (Hollenbeck, Jamieson, 2015 ; Kryscynski, Ulrich, 2015) et que les articles sur le management des talents mobilisent le concept de capital humain (Pascal, 2004 ; Lewis, Heckman, 2006) ; l'utilisation conjointe de ces deux concepts demeurant exceptionnelle (De Vos, Dries, 2013).

Plusieurs chercheurs étudient les possibles rapprochements entre disciplines scientifiques (Benraiss-Noailles, Viot, 2014) ou au niveau des concepts (Loufrani-Fedida, Oiry, Saint-Germe, 2015). L'objectif de cet article est alors d'identifier le lien entre le concept de capital humain et celui de management des talents à partir de plusieurs critères : leur caractère multi-niveaux et les matrices de management stratégique. Nous observons que les outils managériaux proposés dans la littérature pour aider les professionnels dans leurs pratiques demeurent incomplets. Certains optent pour la gestion du capital humain alors que d'autres orientent les professionnels sur la maîtrise de leurs talents. Notre article de recherche se propose de répondre à ce manque théorique en posant la question de recherche suivante : quelles sont les pratiques de management stratégiques combinant à la fois leur capital humain et la gestion de leurs talents ?

Pour répondre à cette problématique, une présentation claire des deux concepts détaille non seulement les différents niveaux adoptés par les chercheurs mais également les modèles de management stratégiques proposés. Cette analyse des définitions assoit les bases de notre matrice de management stratégique du capital humain et des talents qui repose sur trois principaux critères : le niveau d'analyse, la rareté et la valeur. Finalement, les contributions de cette recherche ainsi que les différentes perspectives sont discutées.

Après avoir précisé les cadres théoriques de référence concernant le capital humain et la gestion des talents, nous présentons une matrice de management stratégique multi-niveaux. Nous expliquons les enjeux théoriques et managériaux de cette matrice.

1. GESTION DU CAPITAL HUMAIN OU GESTION DES TALENTS ?

Il est surprenant d'observer, dans la littérature, autant de similarités entre le concept de capital humain et celui du management des talents sans être frappé par l'existence de deux mondes qui cohabitent sans jamais véritablement se rencontrer.

De plus, les définitions adoptent pour les deux concepts une approche multi-niveaux et les auteurs préconisent des stratégies managériales.

1.1. La gestion stratégique du capital humain

Définir le capital humain semble complexe au vu des nombreuses approches et autres définitions présentées dans la littérature (Goujon Belghit *et al.*, 2019). En effet, depuis les travaux fondateurs des économistes qui modélisent les stratégies d'investissement développées par les individus dans différents domaines comme la formation, la mobilité, la santé, l'utilisation des temps libre afin de valoriser leurs ressources immatérielles (Becker, 1964, 1976 ; Schultz, 1961), le capital humain est largement repris en sciences de gestion et à différents niveaux.

Tout d'abord, au niveau de l'individu, Campbell, Coff et Kryscynski (2012) définissent le capital humain comme une forme d'investissement de la personne, des choix qui auront une incidence sur leur valeur sur le marché du travail ou au niveau d'une organisation. Ployhart et Moliterno (2011) appréhendent le capital humain comme un ensemble de KSAOs (*Knowledge, Skills, Abilities and Other characteristics*). Les autres caractéristiques renvoient aux traits de personnalité qui s'appréhendent comme des éléments stables dans le temps. Ils sont à différencier de l'attitude au travail, éléments variables et très spécifiques aux situations (Ackerman, Heggestad, 1997 ; Ployhart *et al.*, 2014).

Au niveau de l'unité, ou du groupe, les travaux passent d'une approche par l'individu à une perspective plus globale, s'intéressant à la fois aux stars qui contribuent de manière disproportionnelle aux résultats de l'équipe (Groysberg, Lee, 2009 ; Hess, Rothaermal, 2011 ; Ployhart *et al.*, 2014) mais également aux mécanismes de mise en action par l'interaction d'un groupe d'individus au service de la performance (Campbell *et al.*, 2012 ; Felin *et al.*, 2012 ; Goujon Belghit, 2016). Pour Ployhart *et al.* (2014), la combinaison peut également être interactive ou agrégative, interdépendante, ou encore sur différents niveaux, en interne ou en système ouvert sur l'externe en fonction de l'utilisation des ressources (Denrell, Fang, Winter, 2003 ; Ennen, Richter, 2010).

Finalement, au niveau organisationnel, l'enjeu réside dans la gestion optimale de leur capital humain, optant pour des stratégies de développement interne (Bettis, Bradley, Hamel, 1992), d'externalisation (Quinn, 1992 ; Snow, Miles, Coleman, 1992) ou de combinaison des deux (Lepak, Snell, 1999). L'internalisation favorise la stabilité organisationnelle puisqu'il est alors possible de prévoir les ressources (Pfeffer, Baron, 1988), de les contrôler (Jones, Hill, 1988 ; Williamson, 1981) ou encore de diminuer les coûts de transaction (Lepak, Snell, 1999 ; Williamson, 1975). L'externalisation présente l'avantage de diminuer les coûts de gestion tout en maintenant un haut niveau de flexibilité (Lepak, Snell, 1999). La troisième option, l'ajustement entre l'internalisation et l'externalisation, génère quatre stratégies de pilotage : l'alliance, le développement interne, la contractualisation et l'acquisition. Lepak et Snell (1999) présentent une matrice qui allie en ordonnée la rareté du capital humain avec, en abscisse, sa valeur. La rareté désigne la difficulté pour une organisation de trouver une certaine forme de capital humain, que ce soit en externe sur le marché du travail ou en interne. Par exemple, certaines formes de compétences s'utilisent dans des circonstances exceptionnelles ou alors certaines expertises reposent sur des connaissances tacites (Becker, 1964 ; Perrow, 1967). La valeur est évaluée selon un ratio entre les avantages stratégiques découlant de compétences par rapport aux coûts de mise en œuvre pour satisfaire les clients (Snell *et al.*, 1996). Lepak et Snell (1999) identifient quatre stratégies dont deux s'appuient sur des logiques d'internalisation et deux autres sur de l'externalisation ; soit respectivement la stratégie de développement interne, d'acquisition puis la contractualisation et finalement l'alliance.

1.2. La gestion stratégique des talents

Le management des talents est, tout comme le capital humain, un concept multiniveaux (Wilska, 2014) qui interpellent non seulement les chercheurs mais également les consultants comme en témoignent les travaux de McKinsey en 1997 qui traitent de la guerre des talents au niveau de la survie des organisations dans des environnements hyper-compétitifs.

Du point de vue de l'individu, la personne talentueuse est perçue comme étant créatrice et pleine de ressources (Borkowska, 2005 ; Wilska, 2014), détentrice d'un potentiel remarquable (Listwan, 2010 ; Wilska, 2014), avec un haut niveau de motivation et de connaissances, des compétences, des expériences et des comportements spécifiques (Cheese *et al.*, 2008) ainsi que dotée de dons innés, d'intelligence, de jugement et d'un caractère particulier (Michaels *et al.*, 2001).

Du point de vue de l'unité, le management des talents peut être défini comme une somme d'attributs collectifs (Armstrong, 2011) restreinte à un petit groupe d'individus qui inspirent leurs collègues par leur capacité à atteindre une performance extraordinaire (Berger, 2004).

Du point de vue de l'organisation, le management des talents peut être appréhendé soit de manière inclusive, soit de manière exclusive. La forme inclusive renvoie principalement à la gestion stratégique des ressources humaines mise en œuvre afin d'accroître la productivité organisationnelle grâce à des processus de recrutement efficaces qui allouent les bonnes personnes au bon endroit (Downs, Swailes, 2013 ; Hejase *et al.*, 2016 ; Lewis, Heckman, 2006 ; Lockwood, 2006 ; Schein, Van Maanen, 2016). L'approche exclusive défendue notamment par Collings et Mellahi (2009) préconise la constitution d'un pool de talents, à mobiliser de manière optimale, au bon endroit, au bon moment pour le travail adéquat de manière à générer de la performance (Collings, Mellahi, Cascio, 2019). Bien entendu, cette sélection d'élites, d'individus clés placés à des positions centrales, stratégiques signifie que cette approche managériale ne concerne qu'une petite partie des collaborateurs, les « *happy few* » (Mellahi, Collings, 2010) et que tout départ desdits talents occasionne de sérieuses complications (Huang, Tansley, 2012). Lewis et Heckman (2006) soulignent l'importance de détecter les opportunités de marché afin d'associer les bonnes compétences grâce à une analyse stratégique claire ; en développant des stratégies RH comme la gestion des promotions internes, des connaissances ou encore des futurs départs (Vaiman, Scullion, Collings, 2012).

Plusieurs modèles de gestion stratégique des talents sont identifiés dans la littérature dont celui développé par Lewis et Heckman (2006) sur la base des travaux de Zuboff (1998). Ils proposent une matrice qui présente en ordonnée le caractère difficilement remplaçable de l'individu et en abscisse sa valeur ajoutée. Plusieurs préconisations ressortent de ce modèle. Par exemple, dans la configuration où les individus sont faciles à remplacer et qu'ils n'apportent pas de valeur ajoutée, alors les organisations n'investissent pas dans la formation et adoptent des process automatiques.

Le tableau suivant synthétise les correspondances entre les théories du capital humain et les travaux conduits sur la gestion des talents.

Tableau 1. Synthèse des théories multiniveaux sur le capital humain et sur la gestion des talents

	Gestion du capital humain	Management des Talents
Niveau des individus	Campbell, Coff et Kryscynski (2012) définissent le capital humain comme une forme d'investissement de la personne, des choix qui auront une incidence sur leur valeur sur le marché du travail ou au niveau d'une organisation. Ployhart et Moliterno (2011) appréhendent le capital humain comme un ensemble de KSAOs.	Borkowska (2005) et Wilska (2014) définissent le talent comme une personne talentueuse, perçue comme créatrice et pleine de ressources. Michaels *et al.* (2001) considèrent que le talent concerne une personne dotée de dons innés, d'intelligence, de jugement et d'un caractère particulier.
Niveau des groupes	Cambell *et al.* (2012) et Felin *et al.* (2012) définissent le capital humain au niveau des groupes comme la mise en action par l'interaction d'un groupe d'individus au service de la performance. Ployhart *et al.* (2014) étudie les différentes formes de combinaison. Elle peut être interactive ou agrégative, interdépendante, ou encore s'effectuer sur différents niveaux, en interne ou en système ouvert sur l'externe.	Pour Armstrong (2011), le management des talents peut être défini comme une somme d'attributs collectifs restreinte à un petit groupe d'individus. Pour Berger (2004), le groupe inspire les collègues par leur capacité à atteindre une performance extraordinaire.
Niveau organisationnel	Lepak et Snell (1999) identifient quatre stratégies dont deux s'appuient sur des logiques d'internalisation (stratégie de développement interne et d'acquisition) et deux autres sur de l'externalisation (contractualisation et alliance). La matrice est construite en combinant le degré de rareté du capital humain avec sa valeur.	Lewis et Heckman (2006) proposent une matrice qui présente en ordonnée le caractère difficilement remplaçable de l'individu et en abscisse sa valeur ajoutée

1.3. Synthèse entre gestion stratégique du capital humain et gestion stratégique des talents

D'un point de vue théorique, plusieurs auteurs envisagent des pistes afin d'améliorer les logiques de pilotage stratégique.

Les entreprises génèrent ou renforcent leur avantage compétitif par leur potentiel de création de valeur lié à la maîtrise des pratiques de pilotage de leur capital humain (Hatch, Dyer, 2004 ; Peteraf, Barnay, 2003). Comme précisé dans la section dédiée à la définition, deux types de capital humain se différencient. Le capital humain spécifique englobe les connaissances, compétences et habiletés utilisées dans un contexte organisationnel particulier et très peu applicables ailleurs. Plus les individus développent ce type de capital humain et moins ils disposeront de possibilités de mobilité (Bartel, Borjas, 1977 ; Becker, 1964 ; Jovanovic, 1979). Le capital humain spécifique génère une valeur d'usage pour les entreprises, qui se traduit par le salaire versé au salarié. Ensuite, le capital humain général se mobilise dans n'importe quelle structure ; il s'évalue selon une valeur d'échange, à partir des rémunérations proposées aux individus (Campbell *et al.*, 2012). La valorisation de ce capital humain dépend des décisions prises par les individus de se consacrer à des activités bien différenciées afin d'agir de manière distincte selon qu'ils souhaitent développer la dimension spécifique ou générale (Becker, 1964). Par exemple, en investissant dans leur capital humain spécifique, les salariés augmentent leur valeur d'usage mais pas leur valeur d'échange. Pour autant, les approches préconisées par les économistes n'intègrent pas la diversité du capital humain détenue par un individu. Aussi, il semble intéressant de mobiliser la théorie des ressources qui recommande d'étudier le portefeuille de ressources, composé des deux formes de capital humain. L'évaluation du capital humain, intimement liée au marché du travail, c'est-à-dire à l'espace de rencontre entre l'offre (les offres d'emploi) et la demande (les individus qui recherchent un emploi), doit intégrer un certain nombre de biais. Ces derniers introduisent du bruit dans le modèle « classique, pur, virtuel ». Ces biais désignent la volonté des individus d'avoir recours à la mobilité alors que leur valeur sur le marché du travail est inférieure à celle dont ils bénéficient chez leur employeur mais ils considèrent que l'environnement social dégradé nécessite ce sacrifice. De plus, même si une entreprise investit pour développer le capital humain spécifique des individus, ces derniers disposent tout de même aussi d'un capital humain général qui offre des possibilités de mobilité. La valeur d'échange se fixe sur le marché en fonction de la qualité des informations disponibles. Pourtant les théories du signal (Spence, 1973), du filtre (Arrow, 1973) ou encore du tri de Riley (1976) soulignent les altérations provoquées par le phénomène de l'asymétrie de l'information, notamment concernant le niveau « réel » de productivité de l'individu. Les organisations s'appuient sur des éléments observables comme le niveau de formation, l'ancienne rémunération perçue, ou encore peuvent demander des références aux anciens employeurs. Mais c'est seulement une fois en poste que la valeur productive (la valeur d'usage) s'apprécie réellement (Spence, 1973). Il arrive donc que la valeur d'échange du capital humain soit surévaluée ou sous-évaluée sur le marché du travail.

De plus, les individus perçoivent des coûts liés à la mobilité comme le temps investi dans la recherche d'emploi, dans la négociation de la relation au futur employeur, les coûts de transfert, le changement de zone géographique ou de milieu social.

Le tableau suivant offre une synthèse des situations pour lesquelles les entreprises peuvent s'appuyer sur leur capital humain afin de générer un avantage compétitif. La dynamique multi-niveaux s'observe à la rencontre entre les décisions des individus et les stratégies retenues par les organisations.

Il développe huit situations, liées à la rencontre entre l'offre et la demande et aux contraintes de mobilité.

Tableau 2. Les conditions de création d'avantage compétitif par le capital humain dans un contexte de forte demande (Campbell et al., 2012 ; traduit par les auteurs)

Demande Contrainte de mobilité	**Contrainte de l'offre**	**Spécificité organisationnelle**	
		Forte (peu transférable)	***Faible*** (hautement transférable)
Forte demande (peu de valeur d'échange limitant les possibilités de mobilité)	**Forte contrainte**	Le capital humain génère un avantage compétitif. *Conditions* => Le portefeuille de compétences est spécifique à l'entreprise. => Les salariés souhaitent rester. => Le marché évalue bien les compétences. *Résultat* Le capital humain se trouve isolé de manière optimale dans l'organisation parce que (1) les salariés manquent d'options sur l'extérieur et (2) ils préfèrent rester.	Le capital humain génère potentiellement un avantage compétitif. *Conditions* => Le portefeuille de compétences est général. => Les salariés souhaitent rester. => Le marché sous-estime la valeur des compétences. *Résultat* Le capital humain peut être isolé par l'entreprise car (1) les salariés manquent d'option sur l'extérieur à cause d'une valeur mal-appréciée sur le marché du travail et (2) ils préfèrent rester.

Forte demande (peu de valeur d'échange limitant les possibilités de mobilité)	**Faible contrainte**	Le capital humain génère de manière incertaine un avantage compétitif. *Conditions* => Le portefeuille de compétences est spécifique à l'entreprise. => Les salariés ne souhaitent pas rester. => Le marché évalue bien les compétences. *Résultat* Le capital humain se trouve isolé de manière optimale sauf si le désir de partir de l'individu dépasse le manque de meilleures opportunités ailleurs. Il est susceptible de trouver les mêmes conditions d'emploi (en termes de valeur) sur le marché du travail.	Le capital humain génère de manière incertaine un avantage compétitif. *Conditions* => Le portefeuille de compétences est général. => Les salariés ne souhaitent pas rester. => Le marché sous-estime la valeur des compétences. *Résultat* Le capital humain se trouve isolé de manière optimale sauf si le désir de partir de l'individu dépasse le manque de meilleures opportunités ailleurs à cause d'une mauvaise évaluation du marché du travail.

Cette synthèse présente l'intérêt de concilier valeur du capital humain et degré de rareté. En effet, l'ajustement de la valeur d'échange s'effectue en fonction de la qualité de l'information, mais également de la difficulté à obtenir le capital humain recherché sur le marché du travail. Toutes les entreprises ne parviennent pas à acquérir, sur le marché, les ressources dont elles ont besoin car les types et les niveaux de capital humain ne sont pas distribués de manière égale (Lepak, Snell, 1999).

Le degré de rareté dépend du niveau de connaissances tacites, difficiles à imiter ou à substituer, combiné à la maîtrise de la technicité (Becker, 1964 ; Cappelli, Singh, 1992 ; Perrow, 1967) et à un ensemble de comportements, d'attitudes ou encore les traits de la personnalité (Cappelli, Singh, 1992 ; Ployhart *et al.*, 2011b). Les organisations s'appuient sur des connaissances tacites par la mise en place de processus d'apprentissage idiosyncratique (Snell *et al.*, 1996 ; Williamson, 1975). Le caractère unique du capital humain se retrouve dans les procédures organisationnelles, dans les dynamiques d'équipe et dans le caractère complexe des combinaisons sociales (Lepak, Snell, 1999).

D'après la théorie des ressources, le capital humain n'est pas d'égale importance d'un contexte organisationnel à un autre et entre les individus : il dépend de la combinaison entre son degré de rareté et sa valeur.

2. MÉTHODOLOGIE POUR PROPOSER UN MODÈLE INTÉGRATEUR

La matrice a été construite à partir de ce premier travail de clarification et d'identification des construits et des concepts relatifs au capital humain et à la gestion des talents, travail essentiel pour bien définir les différentes approches retenues par les chercheurs en s'intéressant plus particulièrement à ceux qui croisent les deux approches (Suddaby, 2010). Les construits étant des abstractions de phénomènes qui ne peuvent pas s'observer directement (MacCorquodale, Meehl, 1948), leur mise en relation sémantique avec des construits préexistants permet d'en générer de nouveaux.

Les approches théoriques sur les stratégies de gestion du capital humain ou de gestion des talents présentent un certain nombre de similitudes : l'approche multi-niveaux, la valeur mais également le degré de rareté. Un modèle intégrateur, qui rapproche ces deux notions, semble pertinent sur le plan théorique puisque cela permet de réconcilier ces théories qui se mobilisent mutuellement. La gestion des talents implique de gérer du capital humain et le management du capital humain suppose de détecter des talents. Ensuite, d'un point de vue opérationnel, les organisations pourront se saisir d'un outil stratégique facilitant l'optimisation de leurs ressources humaines.

La matrice intègre trois dimensions : les multi-niveaux, le degré de rareté et la valeur générée pour l'organisation. La première dimension souligne la complexité organisationnelle dans la gestion stratégique de ses parties prenantes. La deuxième dimension renvoie au degré de rareté, à savoir la difficulté d'appropriation d'une ressource pour l'organisation ainsi que les coûts de transaction associés (Anderson, Schmittlein, 1984). La dernière dimension renvoie à la valeur associée aux ressources, à savoir au montant que les acheteurs sont prêts à débourser pour leur acquisition (Porter, 1985).

Pour chaque cadran présenté dans le modèle, l'organisation doit identifier à la fois le capital humain, défini comme un ensemble de KSAOs, le type de talent, appréhendé comme des comportements clés, mais également la stratégie à mettre en œuvre.

Le modèle intégrateur est présenté dans la figure suivante.

Figure 1. Les différentes stratégies managériales

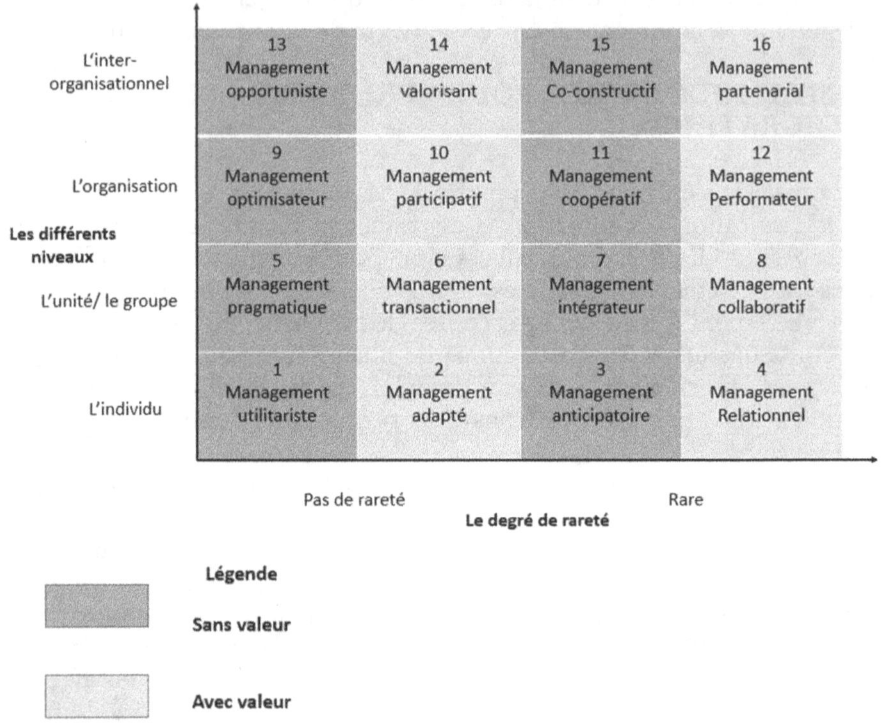

3. RÉSULTAT : LA MATRICE DES STRATÉGIES MANAGÉRIALES MULTI-NIVEAUX

Ce modèle intégrateur permet d'appréhender différentes pratiques managériales en fonction de l'unité retenue : individuelle, groupe, organisationnelle ou inter-organisationnelle. L'originalité de cette matrice réside dans le dernier niveau qui n'apparaît pas dans la littérature alors que ce niveau apparaît comme indispensable à la performance organisationnelle. Toute structure évolue dans un environnement spécifique et doit établir des partenariats pour générer ou renforcer leur avantage compétitif.

De plus, cette matrice distingue les pratiques à mettre en place en fonction du degré de rareté ou de la valeur des ressources considérées.

Le modèle distingue 16 pratiques managériales qui reflètent le caractère complexe et combinatoire nécessaire, non seulement à l'optimisation des ressources, mais surtout à la performance globale.

3.1. Les approches managériales pour gérer les individus

Tout d'abord, le management utilitariste qualifie la relation gérée par l'organisation avec son salarié qui ne contribue pas de manière significative à la création de valeur et qui s'acquiert assez facilement sur le marché du travail. Le capital humain de l'individu recherché par l'organisation se limite à des compétences basiques. Le talent s'associe à un comportement professionnel se limitant aux codes de base, comme la ponctualité et la persistance. La gestion stratégique implique une combinaison optimale entre le capital humain et le talent, de manière à assurer les prestations utiles à son bon fonctionnement. L'objectif est de limiter les coûts associés notamment au remplacement permanent de ces salariés pour cause d'absentéisme, de manque de professionnalisme ou encore de ponctualité.

Le management adapté est préconisé lorsque les individus ne sont pas difficiles à trouver mais détiennent une certaine valeur. Le capital humain détenu est en adéquation avec les besoins organisationnels puisque l'individu va pouvoir utiliser l'ensemble de ses connaissances et compétences. Le talent réside dans cette valeur distinctive puisque les comportements sont spécifiquement intéressants pour l'organisation. Le management stratégique consiste alors à adapter les pratiques RH, à savoir proposer une relation d'emploi privilégiée pour favoriser le maintien du collaborateur dans l'organisation, à la fois physique mais également psychologique.

Le management anticipatoire s'applique pour les individus qui ne contribuent pas spécifiquement à générer de la valeur pour l'organisation mais qui demeurent rares, difficiles à recruter. Le capital humain est constitué d'un ensemble de compétences et de connaissances apprises dans des contextes bien spécifiques. Le talent de l'individu est bien spécifique aux besoins organisationnels. Le management stratégique consiste à anticiper les besoins, soit par une recherche prévisionnelle du profil demandé, soit par une logique de développement en interne.

Le management relationnel est préconisé pour maintenir une relation d'emploi privilégiée avec des individus qui génèrent de la valeur et qui sont difficiles à trouver. Les investissements consentis par l'individu en termes de formation, ou de parcours professionnel, le positionnent comme ressource importante. Le talent se perçoit dans la capacité de l'individu à montrer la pertinence de son profil. Le management stratégique est de type relationnel afin de maintenir une relation qui s'inscrive dans la confiance et surtout dans la continuité.

La matrice suggère ensuite un autre niveau managérial, sortant de la dimension individuelle, pour s'intéresser davantage aux dynamiques de groupes.

3.2. Les approches managériales pour gérer les groupes

Le management pragmatique s'applique aux groupes ou aux unités qui ne contribuent pas nécessairement à la création de valeur et qui se remplacent ou se modifient assez facilement. Le capital humain est composé d'une agrégation simple d'individus qui doivent travailler ensemble pour atteindre les résultats attendus par l'organisation. Pour autant, leur talent se limite à leur disponibilité et à leur bonne volonté à échanger et à coopérer avec les autres membres. Le management stratégique est pragmatique dans la mesure où les actions se limitent à l'optimisation des coûts, afin d'assurer la continuité de l'activité sans occasionner d'effets indésirables.

Le management transactionnel désigne les groupes qui génèrent de la valeur mais qui ne sont pas difficiles à remplacer ou à modifier. Le capital humain repose sur une recherche de complémentarité causale dans la mesure où le groupe permet d'augmenter les ressources disponibles pour le collectif (Ployhart *et al.*, 2014) et donc sa valeur. Le talent du groupe réside dans la capacité de certains membres à inspirer les autres, à servir d'exemple pour contribuer à la performance. Le management transactionnel suggère une relation gagnant-gagnant entre les membres du groupe en garantissant un environnement de travail favorable à l'échange et au partage d'informations, dans la bienveillance.

Le management intégrateur s'observe quand le groupe de travail ne génère pas de valeur mais demeure difficile à constituer. Le capital humain doit être interactif, convergent ; à savoir les membres du groupe combinent, de manière pertinente, leurs ressources grâce à une capacité de coordination et de communication difficilement réplicable ou imitable. Le talent du groupe réside dans la capacité de certains individus à générer une dynamique favorable à la coopération de l'ensemble. Le management intégrateur s'appuie sur des outils d'évaluation de la performance collective et sur des initiatives de valorisation de l'ensemble, pour éviter les rivalités et, à terme, la disparition du groupe.

Le management collaboratif est préconisé lorsque le groupe génère de la valeur et se constitue difficilement. Le capital humain s'appuie sur une recherche de complémentarité interactionnelle, élément essentiel à l'émergence de la synergie. Le talent de l'équipe désigne la capacité de certains éléments clés à fédérer et à inciter à la performance. Le management collaboratif est primordial pour maintenir ce fragile équilibre, grâce à la mise en place d'outils de rétribution de la performance collective et à des logiques de valorisation de l'ensemble. La collaboration signifie également le partage de l'espace décisionnel.

La matrice aborde également le niveau managérial organisationnel.

3.3. Les approches managériales pour gérer l'organisation

Le management *optimisateur* s'applique lorsque les ressources immatérielles organisationnelles ne génèrent pas de valeur et s'acquièrent facilement. Le capital humain concerne les activités non critiques, peu sensibles, s'externalisant d'ailleurs quelquefois. Le talent désigne le pool de salariés dévoué à ces activités. Le management est nécessairement optimisateur car l'organisation n'investit pas sur ces activités ou sur ces salariés. L'objectif consiste à assurer le bon fonctionnement tout en limitant les risques ou les coûts.

Le management *participatif* est retenu lorsque les ressources immatérielles ne sont pas rares mais génèrent tout de même de la valeur. Le capital humain désigne alors les activités de production ou managériales sensibles mais externalisables sous certaines conditions. Le talent renvoie au pool de salariés mobilisé sur ces activités. Le management participatif induit une réelle prise en compte de ces ressources dans la conduite de la stratégie, en constituant par exemple des groupes de réflexion ou des espaces de design thinking.

Le management *coopératif* s'envisage lorsque les ressources n'ont pas de valeur particulière mais sont assez difficiles à obtenir. Le capital humain renvoie aux ressources immatérielles et aux processus techniques, spécifiques au métier de l'organisation. Le talent désigne le pool de salariés apte à ces opérations techniques. L'enjeu du management coopératif réside dans sa capacité à assurer une continuité dans les opérations productrices grâce à la mise en place de politiques de formation pour augmenter leur valeur, ou alors par l'association au moins symbolique des acteurs aux groupes de réflexion.

Le management *performateur* concerne les ressources rares et génératrices de valeur pour l'organisation. Le capital humain désigne l'ensemble des process et des ressources immatérielles comme la ligne managériale ou les logiques de conduite de projets, qui sont très techniques et très spécifiques à l'activité de l'organisation. Le talent désigne le pool d'individus apte à ces opérations techniques et capable de générer de la valeur. Le management performateur répond à l'objectif de rendre performant son fonctionnement pour générer un avantage compétitif.

Finalement, le niveau inter-organisationnel est primordial pour intégrer les dynamiques de coopétition ou de collaboration observées entre les structures afin d'assurer leur pérennité. Dans certains cas, ces opérations se transforment d'ailleurs en fusion, absorption ou encore acquisition.

3.4. Les approches managériales pour gérer les relations inter-organisationnelles

Le management *opportuniste* qualifie les organisations qui travaillent ensemble, mais sans véritablement générer de la valeur, tout en sachant qu'un autre partenaire conviendrait également. Ces relations sont donc substituables puisque le capital humain de ces organisations partenaires, et seulement dans le cadre de ce partenariat, ne permet pas de générer de valeur et peut se dupliquer. Le talent désigne la capacité des dirigeants de ces structures à travailler ensemble. Le management opportuniste renvoie aux décisions partenariales se construisant sur des effets d'aubaine.

Le management *valorisant* désigne les organisations qui collaborent pour générer de la valeur, mais l'exclusivité des engagements n'est pas nécessaire. Le capital humain inter-organisationnel s'identifie au niveau des résultats produits. Le talent repose sur la capacité des responsables dirigeants à travailler ensemble pour un temps modulable en fonction des besoins et des contraintes. Les résultats de ces collaborations sont en général immédiats et le management valorisant permet d'identifier les leviers de bénéfices.

Le management *co-constructif* renvoie aux relations inter-organisationnelles qui ne génèrent pas particulièrement de valeur mais qui sont difficiles à construire. Le capital humain concerne les spécificités organisationnelles facilitatrices de co-construction. Le talent renvoie aux opportunités construites par les dirigeants pour créer les conditions de partage et de conduite de projets en commun. Le management co-constructif est préconisé dans la mesure où les organisations partenaires recherchent un équilibre qui demeure fragile pour lancer des projets porteurs.

Le management *partenarial* est assimilé aux relations, comme son nom l'indique partenariales, difficiles à construire et qui génèrent de la valeur. Le capital humain désigne l'ensemble des compétences, des connaissances et l'histoire des organisations qui favorisent un rapprochement pertinent dans le cadre des projets respectifs des partenaires pour, à terme, s'assimiler. Le talent renvoie à la capacité des dirigeants à collaborer et à renforcer la dynamique de création de valeur, en s'appuyant sur le caractère unique et spécifique de leurs relations. Le management partenarial s'instaure de lui-même puisque les acteurs des deux groupes se transforment en partenaire au service d'un projet commun.

4. DISCUSSION

4.1. Les apports managériaux

Le modèle intégrateur permet, d'un point de vue managérial, d'apporter des réponses sur les différentes stratégies managériales adoptées par une structure organisationnelle.

Les avantages et la pertinence de cette matrice résident dans son découpage par niveau (individuel, groupe, organisationnel et inter-organisationnel). Les professionnels combinent les deux éléments clés que sont le degré de rareté et la valeur générée.

Au niveau des individus, les stratégies de gestion se doivent d'intégrer les spécificités propres à chaque personne, c'est-à-dire sa capacité à apporter de la valeur à l'organisation ainsi que la difficulté à recruter ce type de profil sur le marché du travail. Il semble illusoire de partir du principe que chaque individu exprime la même envie de s'investir dans sa relation à l'emploi, ou de considérer que chaque personne détient la même capacité à traduire sa valeur intrinsèque en valeur productive pour l'organisation.

Au niveau des groupes, la matrice de gestion stratégique présuppose d'intégrer les différences productives perceptibles entre les différentes unités. Depuis les travaux de Blake et Mouton (1964) qui décrivent les pratiques managériales en fonction de la personnalité du leader ou les travaux d'Hersey et Blanchard (1969) qui suggèrent d'adapter le management au degré de maturité des collaborateurs, cette matrice propose d'intégrer la capacité productive du groupe ainsi que son degré de rareté. La matrice montre que le groupe se gère comme une simple addition d'individus, par recherche de complémentarité, par interaction ou en totale synergie.

Au niveau de l'organisation, la matrice montre qu'en fonction des enjeux et des logiques suivies par la gouvernance, les stratégies de management diffèrent. Il n'existe pas de pratiques génériques performatrices, mais des déclinaisons en fonction de la structure organisationnelle et de la personnalité comme des souhaits de la gouvernance. Les organisations oscillent entre management optimisateur qui consiste à optimiser la gestion par la maîtrise des coûts de fonctionnement et du management performateur dont l'objectif premier consiste à maintenir ou renforcer un avantage compétitif.

Au niveau inter-organisationnel, la matrice apporte un guide précieux aux professionnels qui pensent leur stratégie dans une logique de recherche d'ancrage territorial. La littérature n'apporte pas d'information pratique sur la manière de manager les relations inter-organisationnelles, nécessaires pour assurer la pérennité organisationnelle. Les structures sont incrémentées dans un environnement spécifique qu'il convient d'intégrer dans les réflexions stratégiques. Les professionnels optent pour des coopérations opportunistes, en fonction des rencontres ou des besoins, ou alors recherchent des pratiques managériales partenariales pour mener conjointement des projets. La matrice apporte un éclairage sur les différentes manières d'appréhender les relations inter-organisationnelles car les objectifs diffèrent selon les objectifs, les personnes ou la temporalité.

4.2. Les apports théoriques

Sur un plan théorique, cette recherche rapproche les théories du capital humain avec celles du management des talents. Le modèle intégrateur reprend les différentes dimensions principales que l'on retrouve dans les deux approches : la valeur et la rareté. De plus, les dynamiques multi-niveaux autorisent un niveau plus fin d'analyse, considérant les parties prenantes externes et internes. Cette matrice enrichit la littérature puisqu'elle complète la matrice de Lepak et Snell (1999) et celle de Lewis et Heckman (2006). La mise en relation sémantique a permis de générer de nouvelles approches managériales. Cette structuration théorique semble nécessaire pour apporter des cadres de réflexion utiles aux professionnels.

Une nouvelle définition est proposée concernant les stratégies managériales. Elles se définissent comme des méthodes de management qui intègrent la valeur productive et le degré de rareté de l'unité considérée : l'individu, le groupe, l'organisation ou encore l'inter-organisationnel.

La valeur productive correspond au montant que les organisations sont prêtes à débourser pour acquérir ou investir dans leurs collaborations. Le degré de rareté désigne la difficulté d'appropriation des ressources. Elles se déclinent au niveau de l'individu, des groupes, de l'organisation sans oublier le niveau inter-organisationnel, pour inclure l'ensemble des parties prenantes. Elles nécessitent de maîtriser non seulement leur capital humain, appréhendé comme un ensemble de connaissances, compétences, habilitées et autres caractéristiques, mais également leurs talents, à savoir les comportements clés ou principaux.

CONCLUSION

Cet article s'intéresse aux possibles rapprochements entre le concept de capital humain et celui de management des talents, étant donné que l'analyse de la littérature suggère de claires similitudes sans pour autant exprimer clairement ces ressemblances. Ce constat pose les bases du modèle intégrateur, présenté ici, articulant les deux concepts tout en reprenant les principaux critères d'analyse retenus par les chercheurs, à savoir le degré de rareté, la valeur et le caractère multi-niveaux. Cette matrice détecte 16 manières de gérer le capital humain et les talents des organisations. Elle apporte un éclairage sur les pratiques actuelles, renforçant ainsi les possibilités de détecter leur avantage compétitif, de maintenir leur performance pour toujours mieux répondre aux besoins des consommateurs, usagers ou bénéficiaires.

La matrice des stratégies managériales apporte une approche plus fine des méthodes de management à mettre en place selon que l'on souhaite gérer des individus, des groupes, l'organisation, ou encore affiner les relations inter-organisationnelles. En effet, bien souvent dans les manuels de management, les auteurs préconisent des approches générales, englobantes, qui ne prennent pas suffisamment en considération la complexité organisationnelle. Adopter une méthode globale génère des dysfonctionnements, des erreurs qui accentuent les coûts et les risques de pilotage organisationnel. Bien entendu, adopter une approche globale de la matrice renvoie directement aux dysfonctionnements des méthodes générales préconisées. Aussi, il est important d'utiliser cette matrice de manière adaptée, presque opportuniste. Il s'agit de considérer les dimensions utiles dans le cadre du pilotage d'une organisation en fonction des finalités recherchées, du niveau envisagé et des spécificités structurelles et temporelles.

Ces résultats ouvrent des pistes de réflexion, non seulement opérationnelles mais également théoriques, puisqu'ils génèrent des niveaux d'analyses incluant l'ensemble des parties prenantes et qu'ils aboutissent à une définition du management stratégique organisationnel.

Pour autant, certaines limites subsistent comme le caractère généralisable de nos résultats à d'autres contextes organisationnels. Pour autant, l'étude empirique offre un exemple d'utilisation du modèle intégrateur intéressant. D'autres terrains d'étude sont nécessaires pour tester la validité de la matrice, présentant des tailles, des modes de fonctionnement et des expertises différents.

BIBLIOGRAPHIE

ACKERMAN, P. L., HEGGESTAD, E. D. (1997), Intelligence, personality, and interests: Evidence for overlapping traits, *Psychological Bulletin,* 121, 219-245.

ANDERSON, E., SCHMITTLEIN, D. C. (1984), Integration of the sales force: An empirical examination, *Rand Journal of Economics,* 15 (3), 385-395.

ARMSTRONG, M. (2011), *Armstrong's Handbook of Strategic Human Resource Management,* Kogan Page, London.

ARROW, K. (1973), Higher education as a filter, *Journal of Public Economics,* 2(3), 193-216.

BARTELA, P., BORJAS, G. J. (1977), *Middle-age job mobility: Its determinants and consequences,* NBER Working Paper n°161, National Bureau of Economic Research, Cambridge, MA.

BECKER, G. S. (1964), *Human capital,* New York, Columbia University Press.

BECKER, G. S. (1976), *The* economic *approach to human behavior,* Chicago, University of Chicago Press.

BENRAISS-NOAILLES, L., VIOT, C. (2014), Employeurs démarquez-vous ! La marque employeur, un gisement de valeur inexploité ?, *Management international,* HEC Montréal, 18(3), 60-81.

BERGER, L. A. (2004), *Creating a Talent Management System for Organization Excellence: Connecting the Dots,* in Berger, L.A., Berger, R.B. (eds), *The talent management handbook. Creating organizational excellence by identifying, developing, and promoting your best people,* New York, McGraw-Hill, 3-21.
BETTIS, R. A., BRADLEY, S. P., HAMEL, G. (1992), Outsourcing and industrial decline, *Academy of Management Executive,* 6(1), 7-22.
BLAKE, R., MOUTON, J. (1964), *The managerial grid: The key to leadership excellence*, Houston, Gulf Publishing Co, 350.
BORKOWSKA, S. (2005), Kilka refl eksji tytułem wstępu, in Borkowska, S. (eds.), *Zarządzanie talentami*, Wydawnictwo IPiSS, Warszawa, 11-13.
CAMPBELL, B. A., COFF, R., KRYSCYNSKI, D. (2012), Rethinking Sustained Competitive Advantage from Human Capital, *Academy of Management Review,* 37(3), 376-395.
CAPPELLI, P., SINGH, H. (1992). Integrating strategic human resources and strategic management, in Lewin, D., Mitchell, O. S., Sherer, P. D. (eds), *Research frontiers in industrial relations and human resources*, Madison, WI: IRRA, 165-192.
CHEESE, P., THOMAS, R. J., CRAIG, E. (2008), *The talent powered organization: Strategies for globalization, talent management and high performance*, London, Kogan Page.
COFF, R., KRYSCYNSKI, D. (2011), Drilling for micro-foundations of human capital–based competitive advantages, *Journal of Management*, 37(5), 1429-1443.
COLLINGS, D. G., MELLAHI, K. (2009), Strategic talent management: A review and research agenda, *Human Resource Management Review,* 19(4), 304-313.
COLLINGS, D.G., MELLAHI, K., CASCIO, W. F. (2019), Global talent management and performance in multinational enterprises: a multilevel perspective, *Journal of Management*, 45(2), 540-566.
DENRELL J., FANG C., WINTER, S. G. (2003), The economics of strategic opportunity, *Strategic Management Journal*, 24(10), 977-990.
DE VOS, A., DRIES, N. (2013), Applying a talent management lens to career management: the role of human capital composition and continuity, *International journal of human resource management,* 24(9), 1816-1831.
DOWNS, Y., SWAILES, S. (2013), A capability approach to organizational talent management, *Human Resource Development International,* 16(3), 267-281.
ENNEN, E., RICHTER, A. (2010), The whole is more than the sum of its parts - Or is it? A review of the empirical literature on complementarities in organizations, *Journal of Management*, 36(1), 207-233.

FELIN, T. (2012), Cosmologies of capability, markets and wisdom of crowds: Introduction and comparative agenda, *Management and Decision Economics*, 33, 5/6, 283-294.
FELIN, T., FOSS, N. J., HEIMERIKS, K. H., MADSEN, T. L. (2012), Microfoundations of routines and capabilities: Individuals, processes, and structure, *Journal of Management Studies*, 49, 1351-1374.
GILSON, A. (2019), *Capital humain : entre performance et bien-être au travail*, Paris, Eska.
GOUJON BELGHIT, A., TRÉBUCQ, S. (2016), Proposition d'une mesure du capital humain : entre comportement organisationnel, competence et creativite. Le modele des 3C de la chaire du capital humain et de la performance globale de Bordeaux, *Vie & sciences de l'entreprise*, 202(2), 145-165.
GOUJON BELGHIT, A., TRÉBUCQ, S., BOURGAIN, M.,
GROYSBERG, B., LEE, L.-E. (2009), Hiring stars and their colleagues: Exploration and exploitation in professional service firms, *Organization Science*, 20(4), 740-758.
HATCH, N. W., DYER, J. H. (2004), Human capital and learning as a source of sustainable competitive advantage, *Strategic Management Journal*, 25, 1155-1178.
HEJASE, H. J., HEJASE, A. J., MIKDASHI, G., BAZEIH, Z. F. (2016), Talent management challenges: an exploratory assessment from Lebanon, *International journal of business management and economic research*, 7(1), 504-520.
HERSEY, P., BLANCHARD, K. H. (1969), Life cycle theory of leadership, *Training & Development Journal*, 23, 26-34.
HESS, A. M., ROTHAERMEL, F. T. (2011), When are assets complementary? Star scientists, strategic alliances, and innovation in the pharmaceutical industry, *Strategic Management Journal*, 32(8), 895-909.
HOLLENBECK, J. R., JAMIESON, B. B. (2015), Human capital, social capital, and social network analysis: implications for strategic human resource management, *Academy of Management Perspectives*, 29(3), 370-385.
HUANG, J., TANSLEY, C. (2012), Sneaking through the minefield of talent management: the notion of rhetorical obfuscation, *International Journal of Human Resource Management*, 23(17), 3673-3691.
HUSSER, J. (2014), Oblivion and the role of middle managers in an organizational change, *Management international / International Management / Gestiòn Internacional*, 19(1), 31-42.
JONES, G., HILL, C. (1988), Transaction cost analysis of strategy-structure choice, *Strategic Management Journal*, 9, 159-172.

JOVANOVIC, B. (1979), Firm-specific capital and turnover, *Journal of Political Economy*, 87, 1246-1260.
KRYSCYNSKI, D., ULRICH, D. (2015), Making strategic human capital relevant: a time-sensitive opportunity, *Academy of Management Perspectives*, 29(3), 357-369.
LEPAK, D. P., SNELL S. A. (1999), The human resource architecture: toward a theory of human capital allocation and development, *Academy of Management Review*, 24(1), 31-48.
LEWIS, R. E., HECKMAN, R. J. (2006), Talent management: A critical review, *Human Resource Management Review*, 16(2), 139-154.
LISTWAN, T. (2010), *Zarządzanie talentami – nowy nurt zarządzania kadrami w organizacjach*, in Jagoda, H., Lichtarski, J. (eds), *Kierunki i dylematy rozwoju naukii praktyki zarządzania przedsiębiorstwem*, Wydawnictwo Uniwersytetu Ekonomicznego we Wrocławiu, Wrocław, 20-27.
LOCKWOOD, N. R. (2006), *Talent Management: Driver for Organizational Success*, SHRM Research Report.
LOUFRANI-FEDIDA, S., OIRY, E., SAINT-GERME, E. (2015), Vers un rapprochement de l'employabilité et de la gestion des compétences : grille de lecture théorique et illustrations empiriques, *Revue de gestion des ressources humaines*, 97, 17-38.
MACCORQUODALE, K., MEEHL, P. E. (1948), On a distinction between hypothetical constructs and intervening variables, *Psychological Review*, 55(2), 95-107
MELLAHI, K., COLLINGS, D. G. (2010), The barriers to effective global talent management: The example of corporate élites in MNEs, *Journal of World Business*, 145(2), 143-149.
MICHAELS, E., HANDFIELD-JONES, H., AXELROD, B. (2001), *The War for Talent*, Boston, Harvard Business School Press.
MIRALLES, P. (2007), La gestion des talents : émergence d'un nouveau modèle de management ?, *Management & Avenir*, 1, 11, 29-42.
PASCAL, C. (2004), Foreword, in Schweyer, A. (eds), *Talent management systems: Best practices in technology solutions for recruitment, retention, and workforce planning*, Canada, Wiley.
PERROW, C. B (1967), A framework for the comparative analysis of organizations, *American Sociological Review*, 32 (2), 194-208.
PETERAF, M. A., BARNEY, J. B. (2003), Unraveling the resource-based tangle, *Managerial and Decision Economics*, 24, 309-323.
PFEFFER, J., BARON, J. (1988), Taking the workers back out: Recent trends in the structuring of employment, in Cummings, L., Staw, B. M. (eds), *Research in organizational behavior*, 10, Greenwich, CT, JAI Press,

257- 303.
PLOYHART, R. E., MOLITERNO, T. P. (2011), Emergence of the human capital resource: A multilevel model, *Academy of Management Review*, 36(1), 127-150.
PLOYHART, R. E., VAN IDDEKINGE, C. H., MACKENZIE, W. I. Jr (2011b), Acquiring and developing human capital in service contexts: the interconnectedness of human capital resources, *Academy of Management*, 54(2), 353-368.
PLOYHART, R. E., NYBERG, A. J., REILLY, G., MALTARICH, M. A. (2014), Human Capital Is Dead; Long Live Human Capital Resources!, *Journal of Management*, 40 (2), 371-398.
PORTER, M. (1985), *Competitive advantage: Creating and sustaining superior performance*, New York, Free Press.
QUINN, J. B. (1992), *Intelligent enterprise*, New York, Free Press.
RILEY, J.G. (1976), Information, screening and human capital, *American Economic Review*, 66(2), 254-260.
SCHEIN, E. H., VAN MAANEN J. (2016), Career anchors and job/role planning: tools for career and talent management, *Organizational dynamics*, 45(3), 165-173.
SCHULTZ, T. W. (1961), Investment in human capital, *American Economic Review*, 51, 1-17.
SNELL, S. A., YOUNDT, M. A., WRIGHT, P. M. (1996), Establishing a framework for research in strategic human resource management: Merging resource theory and organizational learning, in Ferris, G. R. (eds), *Research in personnel and human resources management*, Greenwich, CT, JAI Press, 61-90.
SNOW, C. C., MILES, R., COLEMAN H. (1992), Managing 21st century network organizations, *Organizational Dynamics*, 20(3), 5-20.
SPENCE, M. A. (1973), Job market signaling, *Quarterly Journal of Economics*, 87(3), 355-379.
SUDDABY, R. (2010), Construct clarity in theories of management and organization, *Academy of Management Review*, 35(3), 346-357.
TRÉBUCQ, S. (2013), Pilotage du capital humain, des immatériels et de la RSE, Dossier 18, in Cappelletti, L., Hoarau, C. (dir.), *Finance, Contrôle au quotidien, 100 fiches*, Paris, Dunod, 587-627.
VAIMAN, V., SCULLION, H., COLLINGS D. (2012), Talent management decision making, *Management Decision*, 50(5), 925-941.
WILLIAMSON, O. E. (1975), *Markets and hierarchies: Analysis and antitrust implications*, New York, Free Press.

WILLIAMSON, O. E. (1981), The economics of organization: The transaction cost approach, *American Journal of Sociology,* 87(3), 548-577.
WILSKA, E. (2014), Determinants of effective talent management, *Journal of positive management*, 5(4), 77-88.
ZUBOFF, S. (1988), *In the age of the smart machine: The future of work and power,* New York, Basic Books.

MANAGEMENT STRATÉGIQUE DES RISQUES DES ENTREPRISES CHINOISES : UNE ANALYSE IBV-VUCA SUR LA « NOUVELLE ROUTE DE LA SOIE »

Huiyi GAO
hgao@univ-catholyon.fr

Patricia DAVID
pdavid@univ-catholyon.fr

Institute of Sustainable Business and Organizations,
UR Confluence : Sciences et Humanités
UCLy, ESDES

RÉSUMÉ

L'Initiative de « la Ceinture et la Route » (ICR) du gouvernement chinois accélère les investissements de ses entreprises à l'étranger. Si l'ICR correspond à la première phase de la matérialisation économico-idéologique de la stratégie globale de l'État chinois, avec l'émergence de la Route de la Soie numérique (« *Digital Silk Road* ») débute une seconde phase de la dématérialisation de l'ICR avec des répercussions économico-politiques et socioculturelles sur l'économie mondiale. Dans ce contexte, les parties prenantes du projet ICR sont confrontées aux nouveaux défis caractérisant la société du risque global, selon les quatre axes VUCA (*Volatility, Uncertainty, Complexity, Ambiguity*). Cet article cherche à identifier la capacité de transformation de ces nouveaux risques en opportunités de développement des entreprises. Les résultats de l'étude de cas de China Telecom montre le nouveau contexte dans lequel l'entreprise élabore ses stratégies et réagit de façon proactive à ses environnements concurrentiels.

Mots-clés : Chine, IBV, VUCA, stratégies, risques, « la Ceinture et la Route ».

ABSTRACT
Strategic risk management in chinese companies: an IBV-VUCA analysis on the "belt and road" initiative

The Chinese government accelerated the investment of its companies abroad *via* the "Belt and Road" Initiative (BRI). Assuming the BRI corresponds to first stage of the manifestation of the economic and ideological global strategy of the Chinese state, and then the emergence of the "Digital Silk Road" marks the beginning of a second, dematerialized phase, with the ultimate goal of transforming the world economy. In this context, every BRI stakeholder is confronted with new VUCA (Volatility, Uncertainty, Complexity, and Ambiguity) challenges. This article explores the possibility of transforming these new risks into opportunities for corporate development. Results drawn from the case study of China Telecom confirm the viability of managing the corporate risks associated with this new context, whereby a company plans and implements its strategy based on ex-ante risk analysis and reacts proactively to the economic, social and competitive environment.

Keywords:. China, IBV, VUCA, strategy, risks, Belt and Road Initiative.
JEL Codes: M16, M14, M12

INTRODUCTION

La Chine, le plus grand pays « émergent », se déplace depuis les années 1980 vers l'axe central de l'économie mondiale, notamment *via* les investissements directs à l'étranger et l'expansion globale de ses entreprises. Ce processus correspond à une stratégie de l'État chinois à moyen et long termes (Gao *et al.*, 2018). Les Investissements Chinois Directs à l'Étranger (ICDE) représentent au cours des dix dernières années plus de 10 % des investissements au niveau mondial (UNCTAD, 2020).

Cette première phase massive d'investissements a été complétée par une deuxième initiative de l'État chinois, l'Initiative de « La Ceinture et la Route » (ICR) (Courmont *et al.*, 2020). L'ICR est présentée par le gouvernement chinois comme une référence explicite à « la Route de la soie » historique. Il s'agit d'un projet complexe et multidimensionnel avec de fortes répercutions géostratégiques. En effet, les projets lancés dans le cadre de cette initiative étatique concernent 4,4 milliards d'habitants et

62 % du PIB mondial, soit environ un quart de tous les biens et services de l'économie planétaire (OCDE, 2018).

Nous pouvons avancer l'hypothèse que l'ICR correspond à la matérialisation économico-idéologique de la stratégie globale de l'État chinois, avec des répercussions économiques, sociales, mais également politiques et culturelles aboutissant aux transformations de l'économie mondiale. Dans ce contexte, toutes les parties prenantes du projet ICR, aussi bien les entreprises que les divers acteurs socioéconomiques sont confrontés aux nouveaux défis caractérisant la société du risque global, selon les quatre axes VUCA (*Volatility, Uncertainty, Complexity, Ambiguity* ; Beck, 2001).

Notre deuxième hypothèse concerne la capacité de transformation de ces nouveaux risques en opportunités de développement des entreprises. En effet, à partir du moment où une entreprise élabore ses plans stratégiques en intégrant l'analyse des risques potentiels en amont, elle se positionne dans un processus proactif face à ses environnements économiques, sociaux et concurrentiels (Gao, David, 2019). Toutefois, de nouveaux risques apparaissent constamment et leur gestion prévisionnelle nécessite une veille stratégique des environnements pour les entreprises. La pandémie de COVID en constitue l'exemple le plus récent.

Le gouvernement chinois, conscient des risques inhérents à la réalisation de son projet de construction d'infrastructures transcontinentales (risques matériels, mais également sociopolitiques compte tenu de la structure et de l'histoire des territoires traversés), a décidé de mettre en place un deuxième projet complémentaire : la « Nouvelle infrastructure », concept apparu dans les discours politiques de la Conférence centrale de travail économique en décembre 2018[1].

Ce nouveau concept complète la stratégie traditionnelle de relance des investissements dans la construction d'infrastructures, le principal moteur de croissance de l'économie chinoise entre 2000 et 2015 (Chen *et al.*, 2013). « La Nouvelle infrastructure » constitue une deuxième phase de construction d'infrastructures spécifiques ayant comme objectif de servir de support à l'économie numérique et à l'innovation[2]. Cette initiative complète les deux approches précédemment évoquées : les Investissements Chinois Directs à l'Étranger (ICDE) et la Nouvelle Route de la Soie, deux supports de la progression de la Chine dans son positionnement stratégique au sein de l'économie mondiale.

Les entreprises chinoises, confrontées aux risques VUCA du contexte actuel et futur du développement international, peuvent-elles mettre en place une stratégie de gestion des risques qui leur permettra de transformer ces risques en opportunités ?

---

[1] http://www.xinhuanet.com/politics/2020-04/26/c_1125908061.htm

[2] The State Information Center, http://www.sic.gov.cn/Column/614/0.htm

Pour répondre à cette question, nous présentons dans un premier temps la place de l'État chinois dans l'internationalisation des entreprises chinoises, en mobilisant l'approche *« Institution-Based View »* comme cadre théorique. Dans un deuxième temps, nous développons une approche du management des risques dans les entreprises de la « Nouvelle infrastructure », en s'appuyant sur un nouvel outil d'analyse VUCA. Nous exposons dans notre troisième partie une étude de cas « China Telecom » afin d'illustrer les grilles d'analyse des décisions stratégiques des entreprises liées à la progression de l'ICR. Nous terminons par une discussion présentant la stratégie chinoise de gestion des risques qui participe à leur transformation en une source d'opportunités dans le cadre de l'économie numérique. Cette approche nous permet de mettre en évidence la pertinence du couplage entre l'approche IBV en management stratégique et l'analyse VUCA en management des risques.

1. LA PLACE DE L'ÉTAT CHINOIS DANS L'INTERNATIONALISATION DES ENTREPRISES

Depuis les années 1990, on assiste à une diversification de la structure des capitaux des entreprises chinoises. Toutefois, malgré les réformes socio-économiques successives, l'économie chinoise reste toujours centralisée avec l'État chinois qui joue un rôle déterminant, interventionniste et planificateur (Liao, Zhang, 2014) dans sa gestion. Les interventions politiques du gouvernement et de l'administration chinois continuent d'orienter la vie des entreprises en impactant fortement leur fonctionnement et leurs stratégies de développement, y compris sur les marchés internationaux depuis les années 2000 (Peng *et al.*, 2008).

Pour éclairer les relations entre les politiques initiées par le gouvernement chinois et les stratégies d'internationalisation des entreprises chinoises, nous mobilisons l'approche « *Institution-Based View* » (IBV) qui met l'accent sur l'interaction dynamique entre les acteurs économiques et les environnements institutionnels, en définissant les choix stratégiques des entreprises comme résultat de ces interactions (Peng, 2002). L'approche IBV constitue un des cadres théoriques les plus pertinents pour étudier les entreprises multinationales dans les économies émergentes (Meyer, Peng, 2016 ; Luo, Zhang, 2016). Les gouvernements des pays émergents jouent ainsi le rôle de « créateurs » des règles définies au niveau supérieur et conditionnent le développement économique et social des entreprises.

Selon Zhang *et al.* (2016), certains facteurs institutionnels peuvent influencer la dynamique du processus d'internationalisation des entreprises, plus particulièrement celles originaires de pays émergents, car ces entreprises ne possèdent pas d'avantages compétitifs « traditionnels » sur le marché mondial mais s'internationalisent sous l'influence des politiques et des réglementations d'investissements chinois directs à l'étranger (ICDE) de leurs gouvernements (McGaughey *et al.*, 2016).

1.1. Première étape d'internationalisation des entreprises chinoises : ICDE

Malgré des changements politiques successifs, l'État chinois continue d'initier et d'orienter les volumes et les destinations des investissements d'entreprises depuis plus de trois décennies. Il existe des liens directs entre les politiques d'investissement de l'État et les stratégies d'internationalisation des entreprises en Chine.

Selon Buckley *et al.* (2008), nous pouvons identifier cinq phases dans le processus d'internationalisation des entreprises chinoises entre 1979 et 2005 : internationalisation prudente (1979-1985), encouragement du gouvernement (1986-1991), expansion et règlementation (1992-1998), période de la politique « *go global* » (1999-2001), période post WTO[3] (2001-2005). Ce processus s'accélère, depuis 2008, les liens entre le pouvoir politique et les entreprises ont été renforcés : cette année les Investissement Chinois Directs Etrangers ont doublé par rapport à l'année précédente, passant de 27 milliards USD à 56 milliards USD.

Cette relation dynamique « pouvoir politique/entreprises » pourrait être définie comme un type de ressources spécifiques participant à la création et au développement des avantages concurrentiels des entreprises chinoises sur le marché international (Deng, 2013). C'est également pour cette raison que les entreprises chinoises collaborent activement avec des autorités officielles et interagissent avec elles dans le domaine des dispositions réglementaires afin d'ajuster les stratégies d'investissement et les opérations commerciales (Hobdari *et al.*, 2017 ; Luo, Zhang, 2016).

En résumé, les entreprises et le pouvoir politique interagissent de façon rationnelle en effectuant des choix stratégiques dans les limites des contraintes formelles et informelles d'un contexte institutionnel donné (Peng *et al.*, 2009).

1.2. Deuxième étape d'internationalisation des entreprises chinoises : « Initiative la Ceinture et la Route » (ICR)

Les interactions entre le pouvoir politique et les acteurs de l'économie se manifestent particulièrement dans le cadre du lancement de l'Initiative « La Ceinture et la Route » (ICR) (2016), avec les entreprises participant activement à l'élaboration des nouvelles politiques d'investissement à l'étranger (Gao, David, 2019). Dans ce contexte, les entreprises ne sont plus uniquement les destinataires des actions liées aux changements institutionnels, mais jouent un rôle actif et peuvent influencer ces

[3] *World Trade Organization.*

changements dans un processus appelé coévolution (Lewin, Koza, 2001 ; Lewin, Volberda, 1999).

En effet, on assiste à une transformation du rôle des entreprises parties prenantes : tout en continuant d'assumer un rôle « passif » dans leurs relations avec l'État chinois, en adaptant leurs stratégies aux politiques du pouvoir central et en participant à la création des ressources spécifiques de l'État, elles deviennent proactives, notamment dans le processus de transformation des risques en opportunités de la progression de leur développement.

Les entreprises partenaires accompagnent l'État chinois qui définit les objectifs et les stratégies de leurs actions dans l'ICR. C'est grâce à cette configuration que ces entreprises pénètrent progressivement dans des marchés à forte valeur ajoutée, avec l'objectif de devenir à long terme des « géants mondiaux ». Il faut souligner que l'ICR constitue, pour le gouvernement chinois, un projet politique stratégique prioritaire qui dépasse largement l'objectif économique affiché dans sa communication. Ce projet intègre des orientations évolutives qui peuvent être « calibrées » au fil du temps en fonction des conditions financières immédiates. L'importance et la complexité géographique, économique et socioculturelle des territoires traversés par l'ICR induisent de multiples risques complexes que les promoteurs du projet doivent intégrer dans leurs stratégies de développement. Nous présentons ci-après les principaux risques auxquels les entreprises participant à l'ICR sont confrontées.

Le nom complet de l'ICR est « *The Silk Road Economic Belt and the 21st-century Maritime Silk Road* », présentée en 2013 par le président Jinping Xi lors de diverses occasions. Ce projet gouvernemental, basé sur la construction d'infrastructures et de multiples coopérations régionales et nationales, avait comme objectif de renforcer les échanges commerciaux entre la Chine et l'Afrique, l'Eurasie, l'Europe, le Moyen-Orient ainsi que l'Asie du Sud et du Sud-Est. Il s'organise autour de deux axes « La Ceinture et La Route » :

- « La Ceinture » (Ceinture économique de la route de la soie) englobe les investissements chinois dans les infrastructures pour créer une liaison de transport ferroviaire et routière entre la Chine et l'Europe, *via* l'Asie centrale et le Moyen-Orient, passant par le Kazakhstan, la Russie, la Biélorussie, la Pologne, l'Allemagne, la France et le Royaume-Uni.
- « La Route » (Route de la soie maritime du XXIe siècle) correspond à « une route maritime » reliant la Chine à l'Afrique de l'Est et à la Méditerranée. Ces deux axes/passages concernent 71 pays sur 3 continents avec 47,6 % de la population mondiale et 18,4 % du PIB mondial[4].

[4] Stat information center china, mai 2018.

« La Ceinture et la Route » fait émerger une nouvelle étape d'internationalisation des entreprises chinoises, principalement dans les secteurs de la construction, d'ingénierie et d'équipements logistiques. Selon certaines prévisions, leurs investissements atteindraient 8 milliards USD d'ici 2027 (Fiano, 2018). Lors du IIe forum en 2019, plus de 130 pays ont signé des accords de l'ICR (cf. figure 1). Il s'agit non seulement des pays de passage de l'ICR, mais aussi des pays d'Amérique centrale et du Pacifique.

Figure 1. Les 130 pays qui ont signé les accords de l'ICR lors du IIe forum en avril 2019

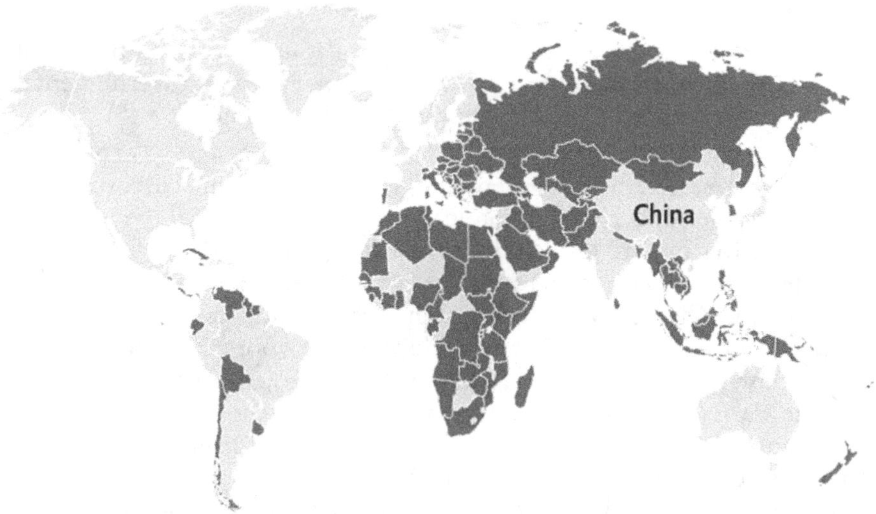

Source : *www.yidaiyilu.gov.cn*

1.3. Troisième étape « Nouvelle infrastructure » dans l'Initiative CR : *Digital Silk Road*

Malgré les risques VUCA évoqués précédemment et qui apparaissent élevés, l'avancement du projet de l'ICR est présenté comme une réussite, selon les informations officielles du gouvernement chinois[5], depuis sa mise en place en 2016. Ce projet s'inscrit dans un objectif à long terme défini par Xi Jinping à l'horizon de 2049[6]. La réussite de l'ICR devrait permettre au gouvernement chinois d'ancrer définitivement son nouveau statut de puissance mondiale dans les territoires concernés par son tracé (Courmont *et al.*, 2020).

---

[5] Lien du portail OBOR.

[6] Date symbolique qui correspond au centième anniversaire de la République Populaire Chinoise.

Or, la réalisation de ce projet dépasse la volonté politique affichée par Xi Jinping et le gouvernement chinois. En effet, la construction des nombreuses infrastructures et les aménagements économiques et industriels dans les territoires traversés par l'ICR ne permettront pas à eux seuls de produire les effets politiques souhaités à long terme. En effet, un certain nombre de défis majeurs identifiés en Chine et à l'étranger font ralentir, sinon bloquer, la progression de la construction d'infrastructures (*ibid.*). Nous pouvons ainsi citer :

- les financements insuffisants et le manque d'investisseurs non- chinois ;
- les conflits sociaux internes bloquant les corridors chinois terrestres[7] ;
- les menaces sécuritaires s'intensifiant tout au long du tracé, telles que le terrorisme, la piraterie, les forces anti-gouvernementales locales refusant la coopération avec l'État chinois ;
- le protectionnisme commercial et l'isolationnisme à l'extérieur du territoire chinois augmentant les incertitudes sur l'investissement étranger et la coopération internationale.

Afin de convaincre les différentes parties prenantes de s'engager dans le projet de « La nouvelle route de la soie » et d'améliorer les projets constituant l'ICR, le gouvernement chinois affiche lors du IIe Forum de l'ICR en avril 2019, sa volonté d'adopter une approche plus inclusive, transparente et durable. Si la majorité des projets originels de l'ICR consiste dans la construction d'infrastructures avec des investissements importants, une nouvelle tendance commence à émerger, avec le lancement de la « Route de la soie numérique ».

Le concept *Digital Silk Road* participe donc à l'intégration des concepts de « La nouvelle infrastructure » dans le projet global de l'ICR. En effet, cette nouvelle approche a pour objectif d'apporter le soutien technologique et numérique pour l'ICR. En s'appuyant principalement sur la technologie Internet, elle renforce l'infrastructure numérique, le paiement « intelligent » fondé sur le commerce électronique transfrontalier et la construction d'un système logistique. La route de la soie numérique doit favoriser la mise en place d'un mécanisme de coopération entre les différentes entreprises partenaires. Cette approche lui permet de devenir un nouveau moteur de coopération internationale pour les projets de l'ICR (Gu, 2019).

À la fin d'avril 2019, 16 pays avaient signé des protocoles d'accord sur la coopération avec la Chine pour la construction de la Route de la soie numérique. Plusieurs projets stratégiques transfrontaliers et multilatéraux notables ont été lancés, tels que le port d'information Chine-ASEAN et la

[7] Par exemple, de nombreux problèmes sociaux dans la province du Xinjiang, une des provinces clefs de l'ICR avec 3 sur 6 corridors économiques terrestres passés.

construction de la Route de la soie numérique Chine-Afrique. Les projets comprennent la construction de plus de 30 câbles terrestres transfrontaliers et plus de dix câbles sous-marins internationaux, la télésanté et les paiements mobiles, un système mondial de navigation par satellite construit par la Chine.

Nous nous trouvons ainsi devant un changement radical de paradigme, une approche stratégique holistique basée sur deux axes qui élargissent le projet initial de l'ICR.

Dans un premier temps, un axe matériel a été mis en avant. En suivant le tracé historique de la Route de la soie tout en le modernisant, les entreprises partenaires participant aux projets de l'ICR interviennent dans la construction d'infrastructures, routes, chemins de fer, aéroports, ponts, *etc.* qui permettent de relier la Chine et le reste du monde (Gao, David, 2019). Lors de ces premiers projets, l'accent de cette stratégie a été mis sur les concepts de coopération, co-développement et compétition (Gao *et al.*, 2018). Les différentes parties prenantes dans les territoires traversés (cf. figure 1) devaient s'inscrire dans une logique « gagnant-gagnant » participant à leur développement économique et sociétal.

Un deuxième axe en émergence, immatériel, doit également être pris en compte. L'ICR encourage les projets de nouvelles infrastructures structurées en trois catégories :

- les infrastructures basées sur l'information, notamment la 5G ;
- les infrastructures convergentes soutenues par des applications de nouvelles technologies telles qu'Internet, les méga-données et l'intelligence artificielle ;
- les infrastructures innovantes qui soutiennent la recherche scientifique, la technologie et le développement de produits.

La « Nouvelle route de la soie » est maintenant complétée par une route dématérialisée. « La route de la soie numérique » qui permet à la Chine de parachever son projet global, notamment par la collecte et le transfert de l'ensemble des données numériques appartenant aux entreprises partenaires.

2. L'APPROCHE DES RISQUES VUCA ET SON UTILISATION DANS LE CADRE DE L'ICR

Nous présentons ci-après la grille regroupant les risques induits par le projet de l'ICR autour de ses axes : Volatilité, Incertitude, Complexité et Ambiguïté (VUCA). Dérivé du vocabulaire militaire (Stiehm, 2002), l'acronyme VUCA (*Volatility, Uncertainty, Complexity, Ambiguity*) a émergé en sciences de gestion dans les années 1990 par une description du contexte dans lequel les organisations se positionnent (tableau 1). Initialement, cette approche a été utilisée dans les travaux sur le leadership stratégique (Wolf, 2007 ; Loon, 2014), puis appliquée, plus largement, dans l'analyse des organisations et de leurs environnements (Abidi, Joshi, 2015 ; Mack *et al.*, 2016).

Tableau 1. Framework VUCA

Volatilité (Volatility)	**Incertitude** (Uncertainty)	**Complexité** (Complexity)	**Ambiguïté** (Ambiguity)
Résulte de la dynamique de changements, ainsi que de la méconnaissance de forces en présence et de facteurs/catalyseurs qui déclenchent des changements. Si le changement est considéré comme un mode de vie, la nécessité de s'adapter et d'innover en permanence est considérée comme un impératif pour la survie des entreprises.	Résulte du manque de prévisibilité, manque d'informations sur les conditions et les règles du jeu existant dans l'environnement économique, social et géopolitique. L'incertitude est un défi fondamental pour les managers et une source d'anxiété pour le personnel.	Inhérente à l'existence de multiples forces internes et externes au sein de l'organisation aboutissant à la confusion et le chaos. L'absence de gestion de la complexité pourrait aboutir à l'incapacité dans la prise de décision.	Liée à la multiplicité des cultures managériales au sein des entreprises, l'émergence de la réalité floue, des erreurs potentielles et/ou conflits éventuels au sein de l'organisation. Les erreurs de communication peuvent mettre en danger la réussite du projet résultant de la confusion dans l'identification des relations cause-effet.

Source : Traduit et adapté de Loon (2014).

Bien que sa première utilisation en management apparaisse dans une approche « pessimiste » liée à la recherche de survie des entreprises, la grille VUCA se voit désormais utilisée dans des approches « optimistes » de prévision, de préparation et de réalisation dans le domaine du développement des firmes (Bennett, Lemoine, 2014 ; Gao, David, 2018). Nous utilisons le concept VUCA comme une grille d'analyse permettant de clarifier les stratégies d'internationalisation des entreprises chinoises, impactées par leur contexte institutionnel.

L'ICR est caractérisée par un certain nombre d'ambiguïtés. Cette initiative participe à l'internationalisation des entreprises chinoises qui aboutit au renforcement de la position de la Chine dans l'économie mondiale. Toutefois, l'ampleur de ces projets crée de nouveaux défis et donc des risques présents dans les quatre axes VUCA pour les partenaires du gouvernement chinois, y compris les entreprises chinoises, les principaux porteurs des projets d'investissements (tableau 2).

Tableau 2. Risques VUCA de l'Initiative « La Ceinture et la Route »

Risque lié à la **volatilité** accrue des investissements	- le projet composé d'une série de propositions partenariales, sans réelle analyse ou/et projections chiffrées précises - le volume, les destinations nationales, sectorielles et le calendrier de réalisation de ces investissements jamais mentionnés - les capacités de financement inconnues en raison de la volatilité des partenaires économiques internes et/ou externes.
Risque lié à l'**incertitude** résultant de l'absence de plan d'action	- les parties prenantes non clairement identifiées, ni leurs apports respectifs détaillés, notamment les investisseurs, tels que les entreprises chinoises et non-chinoises - le manque de matérialisation en raison de sa nature économico-idéologique - des analyses difficiles ou impossibles pour la prise de décision d'investissement des nouvelles parties prenantes.
Risque lié à la **complexité** des stratégies chinoises d'investissements	- la difficulté de comprendre les deux principaux promoteurs de l'ICR issus de la pensée stratégique chinoise « holistique », à savoir : - la coopération « gagnant-gagnant » pour partager les opportunités et pour tirer profit de la croissance économique de la Chine ; - la création d'une connectivité géographique complexe entre les intérêts de la Chine et le reste de monde : 5 tracés (3 terrestres et 2 maritimes), 6 couloirs économiques, etc.
Risque lié à l'**ambiguïté** du concept	- une des spécificités déterminantes du management chinois, lié au mode de gestion par le contrôle étroit des informations - l'ICR, concept né dans la « vacuité » du discours politique et appelé « un ensemble flou », permettant au gouvernement chinois de modifier graduellement tous les aspects constitutifs des projets - le premier frein à la coopération internationale recherchée, interprété par les partenaires externes comme un manque « volontaire » de transparence.

Source : *Gao, David, 2020.*

3. LA NOUVELLE INFRASTRUCTURE ET LES NOUVEAUX PARTENAIRES : CAS DE CHINA TELECOM

La *Digital Silk Road* peut être appréhendée comme un outil de collecte de données et de contrôle global des infrastructures constituant la Nouvelle Route de la soie. Avec sa mise en place, la Chine se positionne dans une stratégie holistique et s'oriente vers la maîtrise globale des flux financiers et économiques de l'économie mondiale.

Pour illustrer notre analyse, nous avons choisi de présenter une entreprise de référence intervenant dans le domaine des télécommunications. Cet exemple nous permet de mettre en évidence dans quelle mesure la capacité des entreprises chinoises dans leur prise de décisions stratégiques est étroitement liée à leurs capacités d'appréhender leur nouveau contexte institutionnel, et de se préparer à la confrontation des nouveaux risques dans le contexte économico-politique de la « Nouvelle infrastructure ».

3.1. La présentation de l'entreprise China Telecom

« China Telecommunications Corporation » connue sous son nom commercial « China Telecom » est une entreprise d'État de télécommunications. Issue d'un organisme gouvernemental du ministère des Postes et Télécommunications, elle a été officiellement créée le 27 avril 1995 suite à la réforme de l'économie planifiée vers l'économie du marché. Même si elle est cotée à la bourse de Hong Kong et à celle de New York depuis 2002, elle est encore détenue à 70,89 % par l'État[8].

Elle est le plus grand opérateur de téléphonie fixe du monde et, en 2019, elle est devenue le deuxième fournisseur de télécommunications mobiles en Chine. Classée au 141e rang de Fortune Global 500 paru en 2020[9], ses actifs dépassent les 123 milliards de dollars américains (USD), avec un chiffre d'affaires d'environ 69 milliards USD. Plus de 403 000 employés travaillent pour China Telecom.

À fin 2019, l'entreprise totalisait plus de 700 millions d'utilisateurs de ses services diversifiés, et plus particulièrement les services d'abonnés mobiles, services d'abonnés d'internet au haut débit filaire et enfin le service de lignes d'accès en service. Les indicateurs clés de ses activités principales sont présentés dans le tableau 3 ci-dessous.

---

[8] Le groupe China Telecom possède trois sociétés cotées, qui sont respectivement China Telecom Corporation Limited, China Communications Services Corporation Limited et Besttone Holding Corporation Limited.

[9] https://fortune.com/global500/2019/china-telecommunications/

Tableau 3. Les indicateurs des activités de China Telecom en 2019

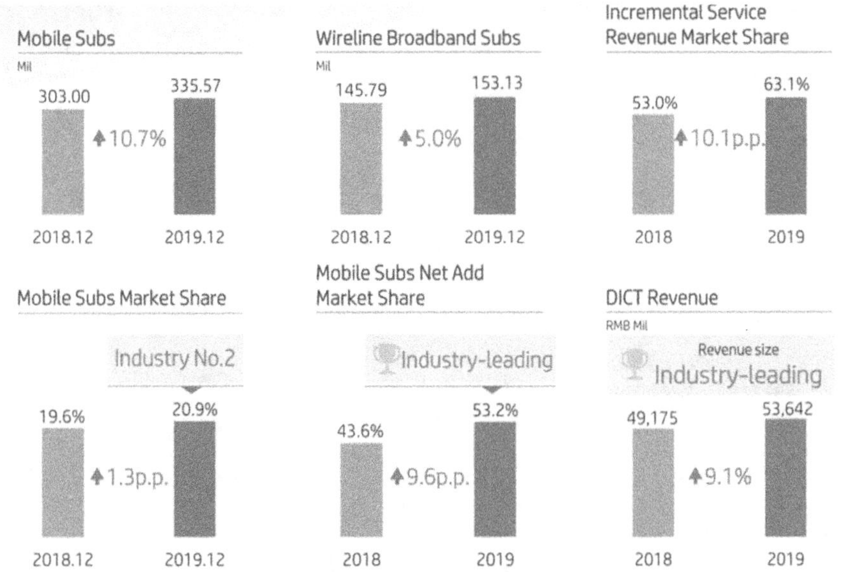

Source : Rapport annuel de China Telecom en 2019[10].

En 2000, China Telecom a ouvert son premier bureau en Californie dans le but de développer ses activités internationales. Depuis lors, China Telecom a rapidement étendu son empreinte internationale avec la création de filiales et de bureaux de représentation en Asie-Pacifique, en Europe, en Afrique et au Moyen-Orient. Jusqu'à la fin de l'année 2019, China Telecom possédait des filiales dans 42 pays et régions, opérait des activités dans plus de 110 pays (figure 2). Elle possède plus de 200 PoP[11] à l'étranger et plus de 55,4 T de bande passante de connectivité internationale et de capacité intercontinentale[12]. Sa connectivité internationale bilatérale s'étend à plus de 100 pays. Cette stratégie d'expansion mondiale agressive lui permet de renforcer sa position en tant que leader des services de télécommunications mondiaux.

[10] www.chinatelecom-h.com

[11] Point of Presence

[12] https://www.chinatelecomglobal.com/about/company?target=company

Figure 2. Les filiales de China Telecom dans les 42 pays du monde

Source : https://www.chinatelecom-h.com/en/global

Au niveau des infrastructures, elle possède et exploite le plus grand réseau de fibre optique en Chine, avec plus de 83.000 km et couvrant 70 % du territoire chinois et reliant toutes les villes chinoises. Sur le plan global, elle possède et exploite trois réseaux mondiaux de niveau un : ChinaNet (AS 4134), CN2 (AS 4809) et CTG Net (AS 36778)[1]. Cette vaste capacité en termes de réseaux (figure 3) comprend 41 câbles sous-marins. China Telecom a participé à la construction de plus de dix de ces câbles, qui relient la région Asie-Pacifique et le reste du monde. Une connexion directe à plus de 10 pays et régions voisins *via* des câbles terrestres a été installée.

[1] https://www.ctamericas.com/company/global-network/

Figure 3. Le plan d'infrastructure global de China Telecom en 2020

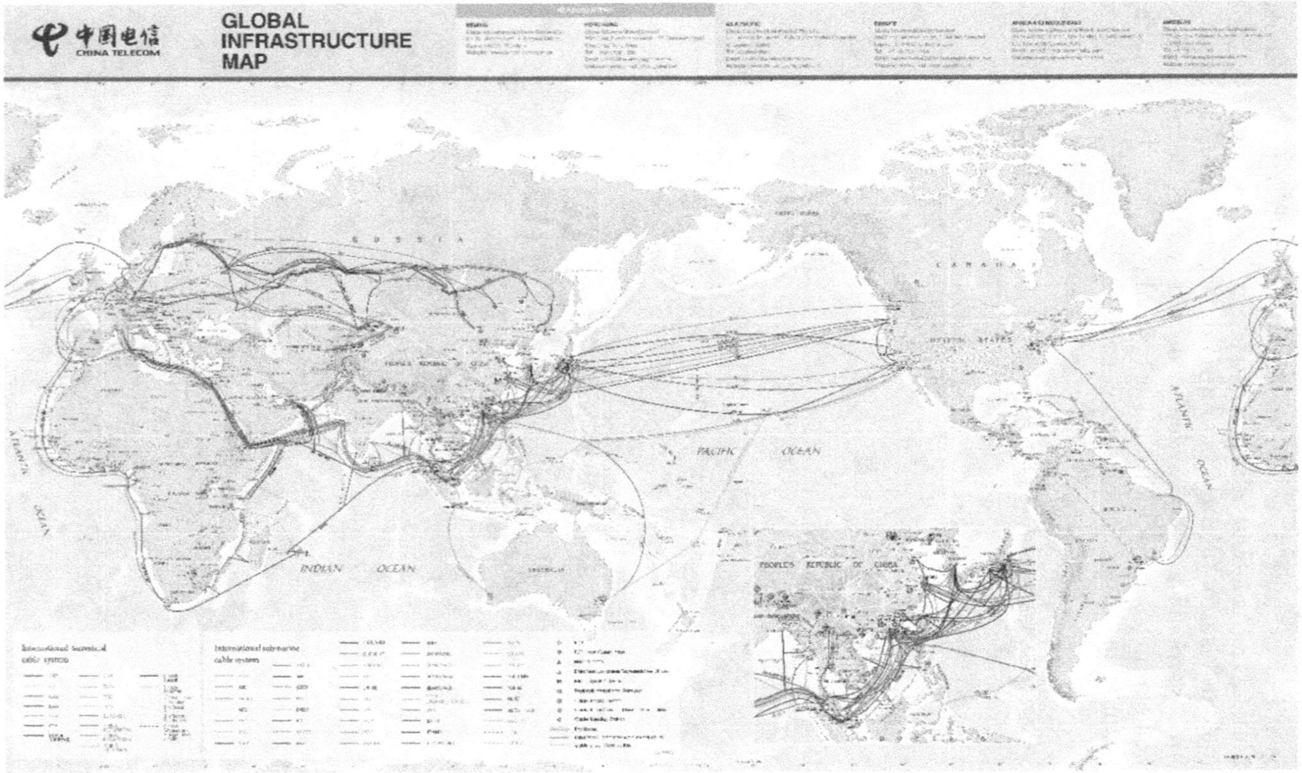

Source : https://www.ctamericas.com/wp-content/uploads/2020/04/2020-CTG-Infrastructure-Map-1-1.jpg

Au niveau organisationnel en 2012, China Telecom a intégré toutes ses activités internationales et ses ressources humaines au sein d'une nouvelle compagnie *China Telecom Global Limited* (CTG), dont le siège est à Hong Kong[1]. La création de CTG répond à un triple objectif stratégique :

1. répondre aux demandes de services de télécommunications internationaux intégrés ;
2. améliorer la qualité de ses services mondiaux ;
3. accélérer l'expansion de ses activités à l'étranger.

Sous la marque de CTG, l'ensemble des activités de China Telecom est en fait découpé selon quatre grandes régions mondiales. Nous les présentons en deux grandes périodes, avant et après le lancement officiel de l'ICR en 2016 : les développements en Amérique, en Europe en Asie-Pacifique jusqu'à 2015 ; puis les développements en Afrique et au Moyen-Orient à partir de 2016.

3.2. Développement global de China Telecom jusqu'à 2015

3.2.1. China Telecom Americas (CTA)

La première, et la plus grande filiale de China Telecom, gère toutes les activités sur le continent américain[2]. Étant le premier opérateur de télécommunications chinois basé aux États-Unis, elle a commencé en Californie en 2000. À la fin de 2002, les réseaux étaient achevés et IPLC (*International Private Leased Circuit*) a été créé. Cela a permis à China Telecom d'établir des relations « d'égal à égal » (peering) avec des transporteurs américains et européens.

Actuellement, l'entreprise possède son siège social à Herndon en Virginie et des bureaux à Chicago, Dallas, Los Angeles, New York, Palo Alto, San Jose, Toronto et São Paulo. Des points de présence (PoP) sont établis à New York et à Washington, D.C. Elle emploie plus de 300 personnes réparties aux États-Unis, au Canada et en Amérique Latine. Elle est le seul revendeur américain officiellement autorisé par *China Domestic Services*, un portefeuille de produits de données auparavant disponibles uniquement à la vente en Chine. Cet accord de revendeur crée un cadre juridique qui facilite considérablement la sécurité des entreprises américaines pour s'engager avec la Chine dans le but d'acheter et de vendre des produits de télécommunications.

En 2004, CTA a acheté la capacité du réseau permettant aux entreprises basées en Chine d'offrir des services voix et données à l'étranger. Par exemple, la connexion dorsale du CTA entre les États-Unis et la Chine était amenée à une capacité de 30 gigabits par seconde, ce qui en fait alors l'un des plus grands fournisseurs de services de dorsale réseau reliant les

[1] https://www.chinatelecomglobal.com/about/company/

[2] https://www.ctamericas.com/company/history/

deux pays. C'est aussi en 2004 que les opérations du CTA sont étendues au Canada, la Chine devenant le deuxième partenaire commercial du Canada. CTA a achevé son réseau national aux États-Unis en 2005 et, au cours des années qui ont suivi, a profité d'un taux de croissance annuel supérieur à 68%.

3.2.2. China Telecom Europe (CTE)

Elle a été fondée en septembre 2006 à Londres où se situe toujours actuellement son siège social. Elle regroupe toutes les filiales et les activités de China Telecom à travers l'Europe et notamment en Biélorussie, France, Allemagne, Pays-Bas (Benelux), Russie, Espagne, Suisse, Autriche, République tchèque, Danemark, Hongrie, Italie, Monténégro, Pologne, Suède et Turquie. Deux points de présence (PoP) sont établis et reliés dès la création de CTE, à Londres et à Francfort.

Au niveau des activités, elle est le principal fournisseur chinois de services internationaux de télécommunications et de TIC en Europe. Ses clients ciblés sont des entreprises multinationales européennes ayant des activités en Chine, des entreprises chinoises en Europe, et des opérateurs, des fournisseurs de services de télécommunications et des consommateurs chinois basés en Europe. Les services de CTE sont plutôt « personnalisés » : par rapport à ses concurrents, elle propose davantage d'options à ses clients d'entreprises qui *« font des affaires avec la Chine… tout dans un seul contrat global »* (cf. figure 4).

Figure 4. Les produits et les services de CTE proposés en Europe

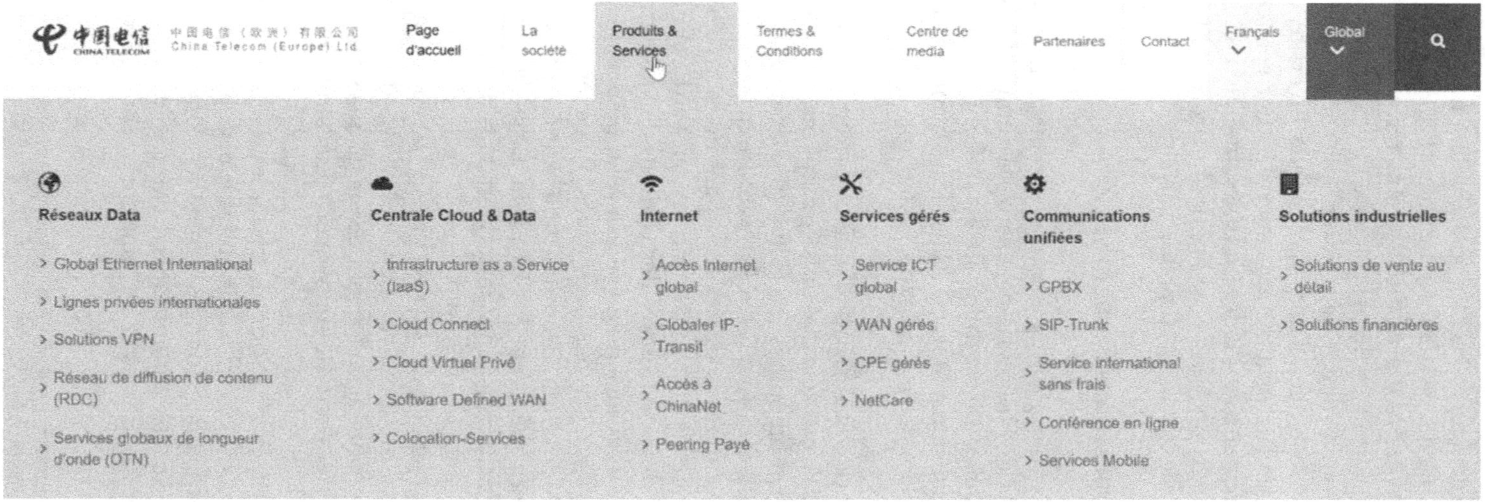

Source : https://www.chinatelecomeurope.com/

Au niveau des infrastructures, CTE possède le plus vaste réseau Europe-Asie, transitant par les systèmes de câbles TMP, TEA, TEA2, TEA 4, CR2, TSR, SMW3, SMW4 et SMW5, tant terrestres que sous-marins. Puisque China Telecom est le propriétaire et l'exploiteur du plus grand réseau numérique en Chine, cela permet aux clients de CTE de bénéficier d'une meilleure latence, d'une plus grande diversité et d'une résilience améliorée lors de l'accès aux applications métier vers et depuis la Chine. Depuis le lancement de l'ICR, CTE assume aussi sa nouvelle mission de construire une Route de la Soie Numérique reliant l'Europe et l'Asie[1]. Nous allons la présenter dans la section suivante.

3.2.3. Asie-Pacifique Operations Center

Toutes les activités en Asie-Pacifique sont gérées par China Telecom Global Limited (CTG) à Hong Kong, sous le nom de « Centre d'opérations Asie-Pacifique » qui regroupe ses 16 filiales : Australie, Inde, Indonésie, Japon, Kazakhstan, Macao, Malaisie, Myanmar, Pakistan, Singapore, Corée, Sri Lanka, Thaïlande, Vietnam, Philippines et Cambodge.

Tout d'abord, pour la région ASEAN, China Telecom (Singapour) Pte Ltd (CTSG), créée en 2006, est devenue un siège régional pour les quatre pays suivants : Singapour, Philippines (créée en 2017), Malaisie (créée en 2011) et Brunei. Depuis sa création, CTSG se focalise non seulement sur les multinationales et les entreprises chinoises ayant des activités dans la région, mais également sur les entreprises locales qui se développent en Chine. Elle fournit aussi des solutions et des conseils d'exploitation dans les pays de la région. Au fur et mesure de leur développement stratégique dans la région, des nouveaux services sont créés. Par exemple, la filiale malaisienne, créée en 2011, est utilisée comme un *« regional telecommunication hub »* ; la filiale Philippines créée en 2017 fournit aussi des conseils en opérations télécoms et l'externalisation de services afin de répondre aux demandes croissantes du marché philippin.

Un deuxième siège régional de quatre pays a ensuite été établi à Bangkok en Thaïlande en 2010, qui regroupe ses filiales du Vietnam, de Myanmar et du Laos. Il profite actuellement des ressources favorables de la région pour développer des activités impliquant des circuits privés loués internationaux (LPLC), des réseaux privés virtuels (VPN), un accès Internet et des transits IP, l'intégration de systèmes TIC, des services à valeur ajoutée et des services d'externalisation informatique. Il fournit des solutions d'interconnexion de données pour les opérateurs et les entreprises dans ces pays, notamment des solutions globales d'interconnexion entre ces trois pays et la Chine continentale, Hong Kong

---

[1] https://www.chinatelecomeurope.com/

et Singapour. La filiale vietnamienne est l'un des spécialistes dans la région des services d'intégration de systèmes[2] et d'ingénierie TIC[3].

Ensuite encore, dans la région Pacifique, la création de China Telecom (Australia) Corporation Limited (CTAU) en 2011 est une étape importante pour sa décennie d'expansion dans la région Asie-Pacifique. Après le déploiement des nœuds à Hong Kong, à Singapour et au Japon, l'achèvement du nœud du réseau australien marque la réalisation préliminaire de China Telecom de son réseau d'implantation de quatre nœuds principaux dans la région Asie-Pacifique. Ces nœuds aident China Telecom à étendre davantage la portée de ses services et de son réseau mondial. Avec son siège à Sydney, CTAU a établi rapidement des nœuds de services à Melbourne et à Perth, afin de renforcer la coopération entre les opérateurs en Australie et dans les autres pays de la zone Asie-Pacifique et de mieux répondre aux demandes découlant des activités commerciales sino-australiennes toujours croissantes.

Enfin, et toujours dans la même logique de globalisation, sa 12e filiale dans la région Asie-Pacifique – *China Telecom India* – a été officiellement établie à New Delhi, en Inde, en octobre 2012. L'objectif stratégique de cette implantation est de faire de China Telecom un fournisseur de services d'information complet, en offrant notamment de la haute technologie dans la région Asie-Pacifique. Depuis sa création, deux nœuds de services de données ont été construits à Mumbai et à Delhi. Un troisième est en cours de création à Bangalore, y compris les bâtiments de parcs intelligents, les immeubles de bureaux intelligents et les services IPLC, VPN, de location IDC, de *cloud computing* et d'externalisation informatique. Et en même temps, forte de sa position stratégique, elle répond toujours aux demandes des entreprises pour l'interconnexion des données entre l'Inde, la Chine continentale et Hong Kong.

3.3. China Telecom sur la Nouvelle route de la soie à partir de 2015

La politique de l'ICR constitue une opportunité pour China Telecom de passer de sa phase de développement régional à un nouvel horizon global. Elle a participé à la conceptualisation de l'ICR en prenant l'initiative de mener les études de planification des projets de télécommunication. Elle fait partie de la liste officielle des partenaires du projet ayant pour mission d'établir une nouvelle route de soie digitale (figure 5). Elle projette d'achever avant 2025 un réseau global qui couvrira tous les passages et la zone de l'ICR, en créant entre 10 et 20 milliards USD d'opportunités commerciales pour le secteur des télécommunications.

---

[2] Conseil informatique, analyse de systèmes, constitution de réseaux, installation de salles de serveurs, achat d'équipements, sous-traitance de maintenance informatique, etc.

[3] Systèmes de caméras, systèmes de surveillance, systèmes de télécommunications internes, systèmes de bâtiments intelligents, systèmes de parcs industriels intelligents, etc.

En cohérence avec l'ICR, la stratégie de China Telecom est divisée en deux grandes lignes lui permettant de devenir le leader mondial :

- Création des liaisons terrestres permettant de relier l'Asie et l'Europe, appelées « la stratégie de l'Eurasie élargie » ;
- Création d'une nouvelle filière Afrique et sa connexion maritime avec l'Europe et l'Amérique d'un côté et avec l'Asie-Pacifique d'un autre côté, appelée « la stratégie de la nouvelle Afrique ».

3.3.1. Compléter les liaisons Euro-Asie : une stratégie de l'Eurasie élargie

Depuis le lancement de l'ICR, China Telecom a investi plus d'un milliard USD pour établir les quatre nouvelles liaisons terrestres suivantes : Chine-Thaïlande-Laos, Chine-Pakistan, Asie Centrale et de l'Ouest, Moyen Orient, et enfin, Chine-Myanmar-Bangladesh-Inde.

Dans un premier temps, la création de la filiale China Telecom Myanmar (CTMM) à Yangon en 2016 lui permet de mettre en place un nouveau POP dans la région et d'établir le système transfrontalier entre le Myanmar et la Chine afin de répondre aux exigences croissantes dans la région concernant les connexions IP mondiales et internationales. En outre, la CTMM est utilisée comme l'un des centres régionaux pour l'interconnexion Chine-Thaïlande-Bangladesh-Myanmar et avec le reste du monde *via* un câble marin SMW5.

Ensuite, China Telecom réorganise ses activités existantes en Asie centrale afin de préparer l'architecture de *« Eurasia Information Passage way »*. La présence de China Telecom en Asie centrale a démarré en 2006 et répondait à la politique *« go global »* du gouvernement chinois. Sa filiale à Almaty, au Kazakhstan, engage alors le développement stratégique et commercial de China Telecom dans les cinq pays d'Asie centrale[4]. Après 15 ans d'investissements massifs, l'entreprise a mis en place plusieurs réseaux câblés express qui permettent à chacun des pays d'Asie centrale d'être reliés à la Chine, puis de relier complètement le *« Eurasia Information Passage way »*. Cette approche aide les entreprises chinoises à développer des avantages compétitifs uniques afin de réaliser leur expansion globale à travers l'Asie centrale et l'Europe, comme indiqué dans les grands objectifs géographiques de l'ICR.

3.3.2. Création d'une nouvelle filière régionale Afrique et Moyen-Orient : la stratégie de la nouvelle Afrique

China Telecom est l'une des premières entreprises chinoises opérant sur les 25 marchés africains. Ses activités étaient traditionnellement gérées par la filiale européenne jusqu'à 2015, année où la filiale Afrique et Moyen-

---

[4]http://www.chinatelecom.com.cn/gjywpd/gjywtd/gjhwgsdbc/t20090327_49261.html

Orient a été officiellement créée afin de préparer l'expansion massive dans la région. Basée à Maurice, la création de China Telecom Afrique et Moyen-Orient Ltd (CTMEA) fait partie de la stratégie de la « nouvelle Afrique ». Concentrée sur l'Afrique de l'Est et l'Afrique du Nord-Est, elle a pour triple objectif de :

- développer de grands projets nationaux d'informatisation, de villes intelligentes et de constructions et d'introduire progressivement la chaîne complète de l'industrie des télécommunications chinoise en Afrique ;
- développer les opportunités d'investissement comme de fusion-acquisition et devenir un acteur majeur du secteur en Afrique ;
- établir sa propre connexion stratégique entre l'Afrique, l'Europe et les États-Unis, grâce au réseau de base construit en Afrique de l'Est et en Afrique du Nord-Est[5].

Pour construire la base de son réseau en Afrique, China Telecom utilise un design nommé 8V8H « huit verticales et huit horizontales » : avec les partenaires locaux, elle projette de construire environ 150.000 kilomètres de câbles optiques terrestres qui s'étendent sur l'Afrique longitudinalement et horizontalement, couvrant 48 pays et reliant 82 grandes villes. Les projets de construction sont d'abord pilotés en Afrique de l'Est pour réaliser l'interconnexion de la Communauté d'Afrique de l'Est (1V), puis avancer ensuite en Afrique de l'Ouest (1V1H), et enfin atteindre la couverture de l'ensemble des infrastructures de communication africaines et construire une Afrique intelligente (8V8H).

Avant 2015, China Telecom avait déjà investi plus de 50 millions USD dans les câbles sous-marins et terrestres dans les principaux pays africains, tels que le Kenya, l'Afrique du Sud, l'Égypte, le Nigéria, *etc.* et disposait d'une capacité de câbles sous-marins de 1,3 T qui reliaient l'Afrique à l'Asie-Pacifique et à l'Europe.

China Telecom est le seul opérateur sur le marché africain dont les activités englobent toute la chaîne industrielle, intégrant l'exploitation, la maintenance, la conception et la construction. Donc, à long terme, elle peut non seulement exporter les équipements chinois mais également promouvoir le service, la gestion et le savoir-faire chinois. Cela favorise simultanément le développement de l'économie chinoise et des entreprises chinoises dans l'innovation et le développement durable en Afrique.

3.3.3. Accélération des projets prioritaires de « la nouvelle infrastructure »

Depuis 2019, pour saisir les opportunités de la politique récente du gouvernement, « la nouvelle infrastructure », China Telecom accélère certains projets prioritaires sur son chemin vers la Route de la soie

---

[5]http://www.chinatelecom.com.cn/news/06/ydyl/xw/201706/t20170621_33927.html

numérique. Dans l'orientation politique du gouvernement chinois, la cinquième génération des standards pour la téléphonie mobile (5G) est la base de tous les projets de la nouvelle infrastructure, considérée comme la technologie représentative et le départ d'un nouveau cycle de révolution scientifique et technologique comme de révolution industrielle, ainsi que des ressources stratégiques et des infrastructures publiques pour soutenir le développement économique et social dans le futur.

Sur le marché national en Chine, en janvier 2019, China Telecom a réalisé l'interopérabilité des équipements des différents fournisseurs basés sur l'architecture autonome 5G. En juillet 2019, l'entreprise a obtenu l'autorisation d'exploiter le service mobile cellulaire numérique 5G. Dès octobre 2019, elle a lancé des services commerciaux 5G dans 50 villes du pays, offrant des services 5G aux particuliers, aux ménages, aux gouvernements et aux entreprises. L'épidémie de COVID en 2020 a permis à China Telecom d'accélérer la construction de 250 000 stations de base 5G à travers le pays, avec un investissement prévu de 44 milliards RMB, qui représente 55,3 % de son investissement annuel.[6]

China Telecom met l'accent sur l'exploration de la 5G dans les domaines du service public numérique du gouvernement, des villes intelligentes, de l'Internet industriel, etc. mais aussi pour les nouvelles industries, telles que l'Internet industriel, l'énergie intelligente, les ports intelligents, la télémédecine et l'enseignement à distance. Nous résumons, dans le tableau 4 ci-dessous, les conséquences positives de la prise de risques et la solution dans le cas où cette prise de risque entraînerait des conséquences négatives au sein de China Telecom.

[6] http://www.xinhuanet.com/english/2020-03/05/c_138846271.htm

Tableau 4. Management des risques VUCA chez China Telecom

Risques	V volatilité	U incertitude	C complexité	A ambiguïté
Conséquence positive	Leader du secteur : transformation des risques en opportunités par la maîtrise des décisions.	Partenaire initial du projet de l'ICR : fixe les règles du jeu avec l'État ; neutralisation des incertitudes qui subsistent pour la concurrence.	Organisation de l'entreprise et l'importance de sa structure : fait partie de la gestion de la complexité.	Double identité (entreprise d'État cotée en Bourse) : contrôle du pouvoir décisionnel et minimisation des risques par la détention des capitaux à la bourse.
Conséquence négative	Contrôle des risques au niveau de la décision stratégique en amont, grâce à sa taille, son organisation, son positionnement de marché, ses ressources et ses expériences précédentes au niveau stratégique.			
Solution	Solution de développement, transformer les risques en opportunités *via* la maîtrise des relations réciproques avec l'État.			

Source : les auteurs

Cette approche de gestion des risques VUCA au niveau stratégique permet à l'entreprise de saisir les opportunités « risquées » lors de ses investissements et de son développement dans les pays et les régions traversés par la Ceinture et la Route. Le fait d'être parmi les premiers à avoir investi dans les projets de l'ICR constitue un avantage concurrentiel pour China Telecom, ainsi que sa taille, son expertise et son positionnement dans son secteur d'activités.

4. DISCUSSION : UNE STRATÉGIE DE PRISE EN COMPTE DES RISQUES VUCA *VIA* LA TRANSFORMATION

L'entreprise China Telecom nous permet d'illustrer le cas de coévolution entre la politique d'État et la stratégie d'investissement des entreprises. La nouvelle infrastructure est étroitement liée à l'objectif de l'État chinois de stimuler le potentiel de l'économie chinoise à court terme, avec des investissements dans les nouvelles infrastructures.

Ces investissements ont une importance stratégique à long terme. En effet, la politique de « la nouvelle infrastructure » ne montre pas simplement les ambitions du gouvernement chinois de passer d'une économie manufacturière axée sur les exportations à une économie de haute technologie axée sur l'innovation. D'autres objectifs du pouvoir central sont, en effet, présents : la volonté d'accroître la demande intérieure, de maintenir la stabilité économique, de faire progresser davantage la compétitivité des entreprises chinoises au niveau mondial et enfin de restructurer l'économie mondiale[7].

C'est ainsi que l'investissement dans la 5G participe à la création des emplois, par la construction de stations de base et de production et par la production d'équipements. La portée des nouvelles infrastructures sera progressivement élargie à l'avenir au-delà de la 5G et à d'autres secteurs de haute technologie, pour inclure les transports, la santé publique, l'éducation, etc.

Notre étude de cas de China Telecom nous a permis de mettre en évidence le développement des stratégies des entreprises dans leur développement à l'international. Nous constatons que les décisions stratégiques de China Telecom intègrent les risques d'opportunité permettant de relier son développement global à la progression de l'ICR. Cette approche proactive se base sur une coévolution entre la politique d'État et le positionnement de l'entreprise en tant que leader du secteur. Dans la mesure où les conséquences précises des événements sont difficiles ou impossibles à prédire et à contrôler, l'entreprise met en place une approche stratégique basée sur la minimisation des conséquences potentiellement négatives des événements.

La stratégie holistique du gouvernement chinois réduit les risques d'investissement par la recherche d'équilibre entre des projets matérialisés et dématérialisés sur la « Nouvelle route de la soie ».

Premièrement, dès 2017, l'ICR projette une ouverture de la Chine qui *« devrait participer à l'approfondissement de la coopération régionale, au renforcement des échanges* […] *ainsi qu'à la création d'un nouveau système de gouvernance économique mondiale »* (B&R, 2017, p. 1-4). Les investissements dans les infrastructures participent activement au développement des économies des États traversés. Ces connexions matérialisées par les infrastructures sur les territoires traversés devront relier le pôle économique dynamique de l'Asie de l'Est au pôle économique développé de l'Europe. Il s'agit d'une voie commerciale potentielle vers de nouveaux marchés pour les entreprises chinoises (Gao, David, 2019).

Deuxièmement, à partir de 2019, les nouvelles infrastructures de haute technologie suscitent l'intérêt des investisseurs privés. Cela favorise la transition post-industrielle de l'économie chinoise qui elle passe d'un rôle de consommateur de R&D (la recherche et le développement) à un rôle de partenaire à long terme. En 2020, un montant d'investissements de plus de 41 milliards USD est déjà budgété dans de nouveaux projets d'infrastructures. De plus, la Route de la soie numérique participe à la diffusion rapide de la culture chinoise et de l'idéologie du parti

[7] http://french.peopledaily.com.cn/Economie/n3/2020/0422/c31355-9682770.html

communiste chinois, dans les territoires traversés avec l'émergence de nouveaux risques, inconnus dans le passé.

Nous constatons alors un changement de paradigme fondamental entre les deux « nouvelles routes de la soie » : la transformation d'un projet économique et industriel « traditionnel » basé sur la volonté affichée de l'ouverture de l'économie chinoise sur le monde en un projet holistique participant à la maîtrise globale des investissements et de l'information.

La proximité idéologique entre ces deux types de projets illustre la prise « volontaire » de risques VUCA par l'État chinois, consécutive à l'ouverture mondiale de son économie induite par la mise en place stratégique de la Route de la soie. Notre étude de cas démontre sa capacité à maîtriser les transformations des risques induits par les activités stratégiques des entreprises en opportunités de leur développement. La gestion de la pandémie du COVID par le gouvernement chinois pourrait constituer un exemple de cette stratégie de prise en compte des risques potentiels VUCA *via* la transformation des stratégies et des activités des entreprises, tant sur le marché interne que sur le marché mondial.

CONCLUSION

L'arrivée massive des entreprises chinoises sur les divers marchés nationaux induit des risques historiquement inconnus. Ces dernières années, la nouvelle politique d'investissement du gouvernement chinois « La Ceinture et la Route » (ICR) accélère l'internationalisation de ses entreprises. Les entreprises chinoises se préparent à renforcer leur compétitivité au sein de l'économie globale en s'appuyant sur ce nouveau contexte institutionnel qui favorise leur globalisation.

Dans cet article, nous cherchons à comprendre comment identifier et gérer des risques VUCA liés à la mise en place de l'ICR, et dans quelle mesure les entreprises chinoises peuvent avoir une démarche proactive de défense de leurs objectifs économiques dans ce nouveau contexte. Les résultats de notre étude de cas « China Telecom » nous permettent d'affirmer qu'il est possible de gérer les risques liés à l'activité d'une entreprise dans un nouveau contexte potentiellement déterminé par les risques VUCA, lorsque l'entreprise élabore ses stratégies à partir de l'analyse des risques en amont et réagit de façon proactive dans ses réponses à ses environnements économiques, sociaux et concurrentiels.

Notre recherche s'est limitée volontairement à montrer des résultats de la gestion des risques VUCA par une observation extérieure des données secondaires.

En effet, les organisations chinoises apparaissent « enfermées » dans leurs procédures de la prise de décision. Il serait souhaitable que l'on puisse dans les futures études réussir à éclairer les procédures des entreprises intégrant la participation réelle des managers.

Il faut signaler que les résultats présentés dans notre article ne concernent qu'un cas unique d'entreprise (China Telecom), qui, par sa spécificité, ne peut pas être représentative de l'ensemble des entreprises chinoises.

Toutefois, nous souhaitons que cette recherche puisse jouer le rôle de « pionnière » pour les prochaines recherches en science de gestion, notamment en termes d'application du VUCA dans la gestion des risques, ou bien des impacts de l'ICR au niveau du management stratégique des entreprises. Par ailleurs, au niveau théorique, cette recherche pourrait contribuer aux recherches en management stratégique des risques, avec le couplage de l'approche IBV et l'analyse VUCA. La pertinence de ce couplage analytique reste à prouver dans un échantillon d'entreprises plus diversifié, en fonction des tailles d'entreprises, des secteurs d'activité et des statuts public-privé.

Bien que les opportunités d'investissement dans le cadre de l'ICR soient attrayantes, la gestion des risques VUCA dès la prise de décision stratégique est absolument essentielle à la réussite des projets. Les entreprises chinoises qui ont fait des investissements initiaux montrent leur manière proactive de se confronter aux risques VUCA (Gao, David, 2019). Dans les années à venir, les entreprises qui souhaitent s'engager avec l'ICR devraient rechercher, non seulement des opportunités d'investissement, mais aussi leur approche d'équilibre entre opportunités et risques.

Nous allons poursuivre notre recherche en analysant le processus de l'évolution des approches managériales rapprochant le management stratégique et le management de risques dans les entreprises chinoises. Pour cela, nous allons analyser la pensée stratégique chinoise comme un outil d'aide à la prise de décision stratégique (Gao, 2015). Nous avons vu que l'ICR s'inscrivait, dans un premier temps, dans un projet « classique d'aménagement du territoire » reliant la Chine à la plupart des continents, projet facilité par les ICDE. La politique de « la nouvelle infrastructure » est un nouveau concept participant à la maîtrise globale de l'économie. La structure de la Nouvelle route de la Soie se trouve ainsi complétée par la Route de la Soie numérique. Ses initiateurs, l'État chinois et le Parti Communiste Chinois, se positionnent ainsi dans un projet global qui leur permet d'équilibrer la balance « bénéfices-risques » de leur projet initial à leur profit.

La gamme des différents risques VUCA induits par le projet de l'ICR évoqués précédemment se trouve élargie par des nouveaux risques, préexistants en filigrane dans les projets stratégiques des parties prenantes, mais jamais encore réellement mis en évidence en Chine. Il s'agit de deux types de répercussions de la construction des infrastructures ouvrant le territoire chinois sur les territoires concernés par le tracé de l'ICR.

Le premier concerne les répercussions écologiques sur l'environnement des territoires d'accueil de la « Nouvelle route de la Soie ».

Le deuxième type de risques concerne le risque sanitaire. Il nous semble qu'au-delà de la problématique de COVID, le projet économique et industriel d'une ampleur comparable au trajet de l'ICR bouleverse des équilibres préexistants et induit des risques dont la gestion nécessite des actions de prévention qui s'inscrivent nécessairement dans la durée.

BIBLIOGRAPHIE

ABIDI, D., JOSHI, M. (2015), *The VUCA company, How Indian companies have faced Volatility, Uncertainty, Complexity & Ambiguity*, Mumbai, India, Jaico Publishing House.

BECK, U. (2001), *La société du risque, sur la voie d'une autre modernité*, traduction de Risikogesellschaft, 1er ed. Suhrkamp Verlag, 1986, Paris, Aubier.

BENNETT, N., LEMOINE, G. J. (2014), What VUCA Really Means for You, *Harvard Business Review*, January-February, 27.

B&R (2017), *Construction conjointe de la Ceinture et la Route : conception, pratique et contribution chinoise*, Bureau du groupe dirigeant pour la construction de la Ceinture et la Route, Beijing, Éditions en langues étrangères.

BUCKLEY, P. J., CROSS, A. R., TAN, H., XIN, L., VOSS, H. (2008), Historic and Emergent Trends in Chinese Outward Direct Investment, *Management International Review*, 8(6), 715-748.

CHEN, Y, MATZINGER, S., WOETZEL, J. (2013), Chinese infrastructure: The big picture, *McKinsey Quarterly*, June 1.

COURMONT, B., MOTTET, E., LASSERRE, F. (2020), Chine, Le déploiement des projets d'infrastructures de l'Initiative Belt and Road, Une stratégie opportuniste ?, *La revue géopolitique*, 12 janvier, Diploweb.com.

DENG, P. (2013), Chinese Outward Direct Investment Research: Theoretical Integration and Recommendations, *Management and Organization Review*, 9(3), 513-539.

FIANO, A. (2018), China report: Belt and road initiative, *Global Finance Magazine*, June.

GAO, H. (2015), Pratiques stratégiques des multinationales françaises en Chine : analyse des facteurs culturels, *Management & Avenir*, 8(82), 37-55.

GAO, H., DAVID, P., DIMITRIADIS, A. (2018), Entre les risques et les opportunités les entreprises chinoises sur la nouvelle route de la soie, *16e colloque francophone sur le risque, Oriane*, 20 et 21 septembre, IUT de Bayonne.

GAO, H., DAVID, P. (2019), Gestion stratégique des risques VUCA sur la Nouvelle Route de la Soie – Étude de cas China Communications Construction, *17e colloque francophone sur le risque, Oriane*, 19 et 20 septembre, IUT de Bayonne.

GAO, H., DAVID, P. (2020), Changement de paradigme des investissements directs chinois : la nouvelle Route de la Soie, *Recherches en Sciences de Gestion*, 136, février, 411-435.

GU, Y. (2019), 数字丝路'建设将成全球发展新引擎，《经济日报》2019年9月9日， 第3版.

HOBDARI, B., GAMMELTOFE, P., LI, J., MEYER, K. (2017), The home country of the MNE: The case of emerging economy firms, *Asia Pacific Journal of Management*, 34(1), 1-17.

LEWIN, A. Y., KOZA, M. P. (2001), Empirical research in co-evolution processes of strategic adaptation and change: The promise and the challenge, *Organization Studies*, 22(6), v-xii.

LEWIN, A. Y., VOLBERDA, H. W. (1999), Prolegomena on coevolution: A framework for research on strategy and new organizational forms, *Organization Science*, 10(5), 519-534.

LIAO, S., ZHANG, Y. (2014), A new context for managing overseas direct investment by Chinese state-owned enterprises, *China Economic Journal*, 7(1), 126-140.

LOON, M. (2014), *L&D: new challenges, new approaches*, Research report of the Chartered Institute of Personnel and Development (CIPD), December, London, UK.

LOU, Y., ZHANG, H. (2016), Emerging market MNEs: Qualitative review and theoretical directions, *Journal of International Management*, 22(4), 333-350.

MACK, O., KHARE, A., KRAMER, A., BURGARTZ, T. (2016), *Managing in a VUCA World*, Berlin, Springer International Publishing.

McGAUGHEY, S.L., KUMARASXAMY, A., LIESCH, P. W. (2016), Institutions, entrepreneurship and co-evolution in international business, *Journal of World Business*, 51(6), 871-881.

MEYER, K., PENG, M. (2016), Theoretical foundations of emerging economy business research, *Journal of International Business Studies*, 47, 3-22.

OECD (2018), The Belt and Road Initiative in the global trade, investment and finance landscape, in OECD Business and Finance Outlook, Paris, OECD Publising.

PENG, M. W. (2002), Towards an Institution-Based View of Business Strategy, *Asia Pacific Journal of Management*, 19, 251-267.

PENG, M., SUN, S., PINKHAM, B., CHEN, H. (2009), The institution-based view as a third leg for a strategy tripod, *Academy of Management Perspectives*, 23(3), 63-81.

STIEHM, J. H. (2002), *The U.S. Army War College: Military Education in a Democracy,* Philadelphia, Temple University Press.

UNCTAD (2020), *World Investment Report*, United Nations Conference on Trade and development, CNUCED, Genève, New York, United Nations Pubications.

WOLF, D. (2007), *Prepared and Resolved: The Strategic Agenda for Growth, Performance and Change*, DSB Publishing.
ZHANG, J., ZHAO, W., ZHANG, Y. (2016). Institutional Transformation and Changing Networking Patterns in China, *Management and Organization Review*, 12, 303-331.

COMPTES-RENDUS

De l'économie politique de l'organisation : production de richesse et rapports de pouvoir

HELMER, E. (2021), *Oikonomia. Philosophie grecque de l'économie*, Paris, Classiques Garnier, Paris, 200 p.
GUICHERD, T. (2020), Les origines de la théorie de la concurrence monopolistique d'Edward Hastings Chamberlin, Paris, Classiques Garnier, 233 p.
CHASSAGNON, V. DUTRAIVE, V. (2020) dir., *Economie politique institutionnaliste de l'entreprise. Travail, démocratie et gouvernement*, Paris, Classiques Garnier, 359 p.

Par Sophie BOUTILLIER

A l'image de toutes les sciences, l'économie est riche de controverses et de théories qui, à différents moments de l'Histoire, ont été l'objet de discussions animées et de débats enflammés. Certains de ces textes, et c'est précisément ce qui fait leur force, sont régulièrement relus et réinterprétés au regard des questions qui se posent à l'instant « t », permettant de découvrir comment ils peuvent être réinterprétés à l'aune du présent. Les trois ouvrages dont il est fait état ici s'inscrivent dans ce contexte par les thématiques développées, qu'il s'agisse des fondations grecques de la science économique, de la théorie de la concurrence monopolistique et de la différenciation du produit d'Edward Chamberlin ou plus récemment de la théorie institutionnaliste de la firme. Ces trois publications ont en commun, malgré le temps qui les sépare, de traiter d'un même sujet, l'organisation, que ce soit à niveau microéconomique, de l'*oikonomia* à la firme, ou au niveau macro, de la cité au marché.

Aux fondements de l'économie politique

L'ouvrage d'E. Helmer offre une réflexion très intéressante sur les fondements grecs de l'économie qui ont été l'objet de discussions passionnées au cours des siècles. Il souligne avec force que les textes grecs des époques archaïque et classique ont beaucoup à nous apprendre sur le fonctionnement de notre économie capitaliste, alors que les deux systèmes n'étaient pas basés sur la même rationalité. L'auteur souligne deux différentes majeures : d'une part l'économie de la Grèce antique était fondée sur l'esclavage ; d'autre part le marché était alors un espace urbain physique, non une institution comparable au capitalisme de ce début de XXIe siècle. Des questions fondamentales sont ainsi posées par l'auteur : comment les philosophes grecs définissaient l'économie, alors que celle-ci était basée sur une autre rationalité et qu'elle ne concernait alors que l'administration domestique, parfois celle de la cité, mais en aucun cas la question de la monnaie et des activités commerciales. Selon Helmer, nous avons, grâce aux historiens et aux archéologues, une connaissance très précise du fonctionnement de l'économie de la Grèce ancienne, ce n'est pas le cas sur la pensée économique de cette période qui est pourtant très féconde. Helmer considère qu'elle a été, sauf à quelques rares exceptions, sous-estimée. Par exemple, Schumpeter souligne l'apport des philosophes grecs sur le plan politique et non sur le plan économique. Il critique sévèrement Schumpeter sur ce point en expliquant que celui-ci mesurait (i) « *la réflexion théorique antique en matière d'économie à l'aune de la science économique moderne, au lieu de tenter de la comprendre dans ses propres termes épistémologiques* » (Helmer, 2021, p. 27) ; (ii) Schumpeter se réfère à l'*oikonomia* non pour ce qu'elle était à l'aune des théories qui ont été développées depuis ; (iii) Schumpeter étudie les penseurs de la Grèce antique en mettant l'accent sur leurs différences, plutôt que sur ce qui les rapproche, ce qui ne permet pas de mettre en évidence une unité conceptuelle qui pourtant est manifeste, selon Helmer.

La critique de Schumpeter et d'autres économistes réside peut-être dans le fait que si les Grecs ont bien inventé le mot, ils n'ont pas inventé la chose, c'est-à-dire un ensemble d'outils et de théorèmes permettant de comprendre les modalités de fonctionnement de l'économie de leur temps. En effet, *oikonomia* désigne l'administration d'un domaine d'activité, qui peut être religieux, politique, militaire, voire même sa propre vie. « *Oikonomia* désigne donc, au sens large, la façon d'habiter un domaine, et, en un sens plus spécifique le domaine domestique (…) » (p. 34). Helmer souligne de l'*oikonomia* est une activité domestique et que pour les Grecs de l'Antiquité, le marché est un espace physique urbain consacré aux échanges et non une institution qui détermine la valeur d'échange d'un produit, comme cela sera développé au cours des siècles à venir. Les apports de l'*oikonomia* sont pourtant manifestes.

L'auteur décortique les textes de nombreux philosophes de l'Antiquité grecque, notamment Aristote, Platon, Socrate et Xénophon, sur lesquels nous allons nous arrêter également. On trouve en effet, et Helmer le montre, chez les philosophes grecs une réflexion sur l'acquisition des richesses, notamment dans les écrits d'Aristote, de Socrate et de Xénophon sur lesquels nous avons choisi de nous concentrer. Pour présenter les écrits des philosophes susmentionnés, l'auteur a distingué deux thématiques, d'une part « mettre en ordre les hommes » et « mettre en ordre les choses » d'autre part. Le premier se concentre sur les rapports sociaux, qu'il s'agisse des rapports entre l'homme et la femme libres ou entre le maître et l'esclave. Le second, et sur lequel nous allons nous concentrer, nous semble plus proche de ce qui constitue l'objet de l'analyse économique aujourd'hui encore. Il s'agit de l'acquisition des richesses, sur la façon de les conserver et de les utiliser. L'acquisition est l'acte le plus important des trois car tous découlent du premier. L'acquisition est en effet un geste polymorphe qui est à la fois le produit de la technique, de l'éthique et du politique.

Qu'est-ce que la richesse pour les philosophes grecs de l'Antiquité, puisque c'est la question que se sont toujours posés les économistes ? Elle est à la fois subjective et objective. Subjective car elle est étroitement liée à des considérations d'ordre éthique, et objective parce qu'elle correspond à la création d'une certaine quantité de biens matériels. Mais, l'acquisition ne doit pas se faire sans limites pour nombre de philosophes. Par exemple, Socrate considère que la croissance d'une cité et des conquêtes territoriales qu'elle implique, ne peut se poursuivre à partir du moment où elle pourrait mettre en péril son unité interne. Selon Aristote, il existe deux formes d'acquisition. Il s'agit d'une part d'utiliser les ressources que la nature a mises à disposition des hommes en vivant des fruits de l'agriculture, d'autre part du commerce. La différence essentielle entre les deux modes d'acquisition réside dans le fait que l'agriculture se heurte à des limites en fonction des ressources naturelles disponibles. La seconde forme d'acquisition est la *chrématistique* qui consiste à détourner le commerce à des fins d'enrichissement. Dans ce cas, l'argent n'est plus un moyen, mais une fin en soi. Dès lors, l'acquisition est sans limites. Aristote plaide donc en faveur d'une « richesse selon la nature », soit par l'agriculture.

Après l'acquisition vient la conservation. Il s'agit de ranger et de calculer (p. 143). Le rangement consiste dans l'organisation de l'espace domestique ou civique. Il faut s'assurer de l'utilité des biens ainsi agencés, car « *l'ordre joue un rôle primordial pour la bonne administration domestique* » (p. 146). Le calcul vise à déterminer le juste rapport entre dépenses et acquisitions : « *la définition de la bonne gestion engage toujours une certaine idée du Bien économique dans une dimension éthique et politique, et s'accompagne parfois de considérations techniques et matérielles sur la façon de rendre opératoire une telle gestion* » (p. 151). Il importe surtout de limiter les dépenses. Les activités qui doivent être développées pour acquérir sont l'agriculture et le commerce, avec une préférence pour l'agriculture, car le commerce est le théâtre de tromperie en raison de l'appât du gain. L'agriculture est par conséquent largement présentée comme l'art de l'acquisition le plus approprié (p. 136). Enfin, la troisième étape réside dans l'utilisation des biens acquis dont l'objectif est l'autosuffisance économique, mais aussi politique. Sur le plan économique, ces considérations sont surprenantes compte tenu du nombre important de comptoirs créés par les Grecs en Méditerranée. Cependant, l'ensemble de ces propos, et pour remettre en question les dires de Schumpeter ci-dessus évoqués, « *les philosophes grecs n'ont pas négligé l'économie : ils l'ont au contraire prise très au sérieux en la traitant comme une partie intégrante de même 'central' de leur idée de l'homme comme animal social ou politique* » (p. 177). En bref, les philosophes grecs ont fait de l'économie une véritable science politique et sociale, car l'acquisition, la conservation et l'usage des biens sont étroitement insérés dans un réseau de relations sociales et de rapports de pouvoir, dans une organisation domptant le « marché ». L'histoire de la pensée économique le montre manifestement, bien que ces travaux soient l'objet de rediscussions et de réinterprétations permanentes, à l'image de l'apport manifeste de Chamberlin et de Robinson quant à la théorie de la concurrence.

Aux origines de la concurrence monopolistique d'E. Chamberlin et de ... Joan Robinson

Les ouvrages d' E. Chamberlin et de J. Robinson, pour l'un sur la concurrence monopolistique et sur la concurrence imparfaite pour l'autre, ont été publiés la même année, en 1933. Ces deux ouvrages[1] fondateurs ont joué un rôle fondamental dans la théorie de la firme en renouvelant les principaux fondateurs du modèle marginaliste. Certes, la thèse défendue par ces deux auteurs de renom n'est pas née ex-nihilo. Les années qui ont précédé leur publication ont en effet été marquées par la publication d'articles et d'ouvrages importants sur la firme, discutant les travaux faisant alors autorité de Marshall, par des économistes tout aussi renommés tels que Pigou et Straffa, notamment. Ces théories sont le produit d'interrogations et des discussions qui avaient cours dans les facultés d'économie en Angleterre et aux Etats-Unis.

Les thèses de Chamberlin et de Robinson s'inscrivent par conséquent dans ce que Schumpeter nomme la « théorie de l'entreprise individuelle ». Il s'agit en effet de remettre en question le modèle de la firme marginaliste qui est insérée dans un marché de concurrence pure (et parfaite) où toutes les firmes qui le composent sont égales aux autres en termes de part de marché. Aucune firme ne dispose d'un pouvoir de marché plus important que les autres. Ce rapprochement avec les travaux de Robinson ne semble pas avoir été appréhendé par Chamberlin comme un hommage. En effet, entre 1937 et 1961, il s'ingénia à expliquer tout ce qui le séparait de sa consœur de Cambridge en Angleterre. Pourtant, les deux théories furent considérées comme similaires, comme en témoigne notamment le fameux article de P. Samuelson[2] publié en 1967 : « *il introduit alors le modèle Chamberlin-Robinson qui, selon lui, répond aux incohérences marshalliennes entre les rendements et la libre concurrence* » (p. 19). Samuelson compare de plus les deux théories à « *la découverte multiple du calcul différentiel par Newton et Liebniz* ». A l'heure actuelle, cette théorie a été admise par nombre d'économistes. Il s'agit bien d'une découverte qui a été faite de manière indépendante et simultanée (p. 21), comme la théorie de Keynes et de Kalecki à la fin des années 1930. Cependant, Guicherd explique qu'une abondante littérature

---

[1] Chamberlin, E. (1933), *Theory of Monopolistic Competition*, Cambridge, Harvard University Press. Robinson, R. (1933), *The Economics of Imperfect Competition*, London, Macmillan.

[2] Samuelson, P. A. (1967), The Monopolistic Competition Revolution, in Kuenne, R. E. (ed), *Monopolistic Competition Theory: Studies in Impacts*, New York, Wiley and Son, 105-138.

entoure la genèse de la théorie de Robinson, ce qui est loin d'être le cas pour celle de Chamberlin. Cependant, le sujet est toujours l'objet de controverses encore dans les années 1960. Par exemple, Blaug[3] écrit en 1962 que le « vrai révolutionnaire » de la théorie économique est Chamberlin et que Robinson s'est seulement contentée d'affiner la théorie du monopole de Marshall. Ce qui a conduit Guicherd à rédiger cet ouvrage.

Guicherd réalise un véritable travail d'investigation en remontant aux sources, aux années 1921-1922, lorsque Chamberlin était étudiant à l'université du Michigan et à l'université d'Iowa. Sa formation économique a en effet fondamentalement commencé à l'université d'Iowa avec Knight[4]. Mais, « *bien que la pensée de Knight ait fortement marquée Chamberlin, celui-ci ne semble pas le placer dans l'histoire intellectuelle de sa théorie, en tout cas pour les cours qu'il a pu dispenser à cette époque* » (p. 45). Cependant, il est évident que les travaux de Knight sur l'incertitude et le risque ont fondamentalement marqué ceux de Chamberlin sur la concurrence monopolistique. Par la suite, d'autres professeurs vont avoir une influence sur sa réflexion sur lesquels nous n'allons pas nous attarder dans le cadre de ces lignes pour mettre l'accent sur la théorie de la concurrence monopolistique de Chamberlin et ce qu'elle a apporté à la théorique de la firme.

Chamberlin, comme beaucoup d'autres, se heurte aux faiblesses théoriques de son époque qui découlent des travaux de Marshall[5]. Mais, l'économiste américain n'a pas vécu dans cet environnement marshallien à l'image de Robinson, de l'autre côté de l'Atlantique. Guicherd évoque à ce propos l'idée d'un paradigme (au sens de Kuhn) partagé entre les deux Cambridge. Un des principaux apports de Chamberlin par rapport à Robinson réside dans la différenciation et de l'hétérogénéité du produit, dans un marché oligopolistique (que Robinson aurait négligé aux dires de Chamberlin). Chamberlin précise qu'il utilise le terme de concurrence monopolistique au sens large du terme où se combinent à la fois des éléments de concurrence et de monopole (il souligne à ce propos qu'il existe entre la concurrence et le monopole un continuum et que les deux situations ne sont pas naturellement exclusives (p. 37) avec l'hétérogénéité du produit. Ce que l'observation, même rapide de la réalité économique, témoigne. Il est en effet étonnant que Guicherd n'y ait pas fait allusion, même très brève, car les supermarchés débordent de produits différenciés fabriqués par une poignée d'entreprises, que ce soit dans l'agroalimentaire, l'automobile, les détergents…

---

[3] Blaug, M. (1996), *Economic Theory in Retrospect*, Cambridge, Cambridge University Press.

[4] Knight, F (1921), Risk, *Uncertainty and Profit*, Boston, Hart, Schaffner & Marx; Houghton Mifflin Co.

[5] Marshall, A. (1920), *Industry and Trade*, London, Macmillan et Marshall, A. (1920), *Principles of Economics*, London, Macmillan, London, 8e ed.

L'économie politique institutionnaliste de l'entreprise

L'ouvrage dirigé par V. Chassagnon et V. Dutraive regroupe une dizaine de contributions qui ont en commun d'offrir une réflexion renouvelée de la place et du rôle de l'entreprise dans notre société. Sans remonter à l'Antiquité grecque, ces chercheurs inscrivent leurs travaux dans une dimension historique en revenant sur des auteurs de référence en économie, science politique et sociologie notamment. La question fondamentale de cet ouvrage est l'autorité (le pouvoir) dans l'entreprise. Il s'agit de travaux qui ont été menés à l'Institut de Recherche pour l'Economie Politique de l'Entreprise, un groupe de chercheurs créé en 2016 qui s'inscrit dans le courant de l'économie institutionnaliste. L'entreprise est sans conteste l'une des institutions principales du capitalisme. Or les deux premières décennies du XXIe siècle ont été marquées par des réformes importantes de l'entreprise en France, au premier rang desquelles la loi PACTE ou Plan d'Action pour la Croissance et la Transformation des Entreprises, publiée en 2019 au *Journal Officiel*. A l'image des philosophes de l'Antiquité grecque, qui s'interrogeaient sur les modalités de gestion d'un domaine ou d'une cité, aujourd'hui les chercheurs contemporains décortiquent les mécanismes du pouvoir au sein de l'entreprise et s'interrogent sur les modalités de son adaptation au contexte actuel marqué par de fortes inégalités sociales. Par ailleurs, en se basant sur les travaux des institutionnalistes américains, qui ont donné naissance à ce courant de pensée pour rendre intelligible le mécanisme qui a conduit à la domination progressive de l'entreprise oligopolistique aux Etats-Unis au début du XXe siècle, les chercheurs réunis dans ce volume s'interrogent sur les modalités de transformation de l'entreprise qui poursuit sa mue en ce début de XXIe siècle, ainsi que de la société qui la contient. Notre objectif n'est pas de présenter l'ouvrage dans toute sa complexité, mais de mettre l'accent (de façon tout à fait subjective) sur les questions qui ont plus particulièrement retenu notre intérêt.

A partir des travaux des chercheurs fondateurs, les rédacteurs de cet ouvrage montrent que l'entreprise ne peut se réduire à un lieu de production, mais que c'est aussi un lieu où les individus ont la possibilité de se « *constituer une identité sociale, et de former un groupe cohésif avec d'autres individus* » (p. 83). Ce qui signifie que l'entreprise ne peut être réduite à un simple espace de production, mais qu'elle peut être aussi un lieu de conflits et de rapports de forces. L'entreprise est en effet l'espace où sont introduites des machines complexes et où sont expérimentées de nouvelles méthodes de travail dont la plus célèbre d'entre elles (l'organisation scientifique du travail de Taylor), dont la critique a été précisément le fondement de la théorie institutionnaliste, via le développement de l'entreprise oligopolistique.

Une partie de l'ouvrage est consacrée à des économistes ou des sociologues de référence, au premier rang desquels, T. Veblen et

A. W. Small (fondateur de la sociologie aux Etats-Unis à l'université de Chicago) dont les travaux précurseurs sont riches d'enseignements (surtout ceux de Veblen à notre avis) pour appréhender la situation actuelle. Veblen est passé à la postérité par sa critique de l'économie qu'il a qualifié de « néoclassique » et qu'il critique ouvertement en expliquant que l'économie est en retard sur son temps. Dans ces conditions, Veblen développe une analyse économique renouvelée remettant en question le principe de la rationalité économique pour introduire la psychologie dans l'analyse économique. Il met ainsi l'accent sur l'expérience vécue des individus et non sur leur capacité à prendre une décision rationnelle. D'un autre côté, sur le plan sociétal, il observe un décalage entre la rapidité du progrès technique et l'évolution du système institutionnel. Par ailleurs, en rupture avec le modèle du capitalisme entrepreneurial dont l'objectif était de produire des biens utiles, le capitalisme oligopolistique avait pour seul objectif le profit. Il distingue ainsi, au sein de l'entreprise, deux types d'emploi : industriels et pécuniaires. Les premiers regroupent les emplois des ouvriers, techniciens et ingénieurs. Il met tout particulièrement l'accent sur le rôle des ingénieurs qui sont les véritables détenteurs de la connaissance. Alors que les seconds regroupent l'ensemble des emplois relevant du marketing, de la vente, de la comptabilité et de la finance. Par cette esquisse succincte de la théorie de Veblen, nous pouvons souligner, à l'image des rédacteurs de cet ouvrage, l'intérêt que constituent ses travaux pour appréhender les transformations actuelles de l'entreprise, plus que jamais soumise à la logique du profit dans une économie financiarisée.

A. W. Small est pour sa part plus particulièrement préoccupé par la montée des inégalités sociales résultant précisément de la concentration du capital (p. 159). Il souligne notamment le risque que fait courir sur la démocratie la concentration du capital. Réduire les inégalités sociales nécessite par conséquent de redéfinir le rôle de l'Etat, un « *Etat civique* » (p. 163) selon ses propres termes. Mais, la gouvernance de l'entreprise doit forcément évoluer en incluant notamment des ouvriers dans les conseils d'administration des entreprises. Small, qui n'est donc pas un révolutionnaire (l'université de Chicago est financée par Rockefeller, qu'il admire par ailleurs), imagine et propose un nouveau statut d'entreprise. Il plaide en effet pour un capitalisme raisonnable (p. 167), à l'image de la loi PACTE en France dont il a été fait mention plus haut qui tente de pacifier les relations de pouvoir au sein de l'entreprise, sans une véritable remise en question. Mais, par ailleurs, quel peut être véritablement le rôle de l'Etat face des entreprises multinationales qui ont imposé de nouveaux modèles économiques, dont l'ubérisation qui s'est développée depuis ces dix dernières années au point de redéfinir les règles du jeu social, en imposant par exemple le statut d'indépendant aux travailleurs qu'elles emploient ?

Ces quelques éléments fondateurs de la théorie institutionnaliste forment une espèce de socle à partir duquel les rédacteurs de cet ouvrage ont inscrit leur analyse. Mais, si l'histoire peut être appréhendée comme un miroir qui permet de renvoyer l'image du présent, elle peut également être mobilisée pour affirmer que les faits n'ont pas évolué de façon positive. Les propos du président Roosevelt prononcés en 1939 n'ont rien perdu de leur actualité : « *nous avons dû lutter contre les vieux ennemis de la paix – le monopole des affaires et de la finance, la spéculation, la banque irresponsable, l'antagonisme de classe, la défense des intérêts particuliers, les profiteurs de guerre. Ils avaient commencé à considérer le gouvernement des Etats-Unis comme un simple appendice de leurs propres affaires. Nous savons maintenant qu'il est tout aussi dangereux d'être gouverné par l'argent organisé que par le crime organisé* » (pp. 503-504). Que dire en effet des GAFAM en ce début de XXIe siècle qui sont passés maîtres dans la collecte des données personnelles qu'ils revendent à d'autres entreprises, lesquelles ciblent les consommateurs au moyen de techniques de marketing de plus en plus sophistiquées, que Chamberlin renierait ?

L'entrepreneur, le politique et le changement en Russie

ACHERMANN, G. (2021), *L'entrepreneur et le politique en Russie post-soviétique. Une analyse territoriale des dynamiques d'innovation*, Magna Carta, Paris, Le Manuscrit, 254 p.

Par Guillem ACHERMANN

Trente ans après l'effondrement de l'URSS, le livre L'entrepreneur et le politique en Russie postsoviétique sorti chez Le Manuscrit nous offre une analyse saisissante de ce qu'a pu devenir un pays qui change son modèle idéologique et l'ensemble de ses règles de fonctionnement qui en découlent. Cette transition systémique s'est réalisée dans un laps de temps particulièrement court. Ce pays (ou l'union de 15 républiques), l'URSS, n'existe plus. À la place, est apparue une constellation de territoires aux frontières géographiques, politiques et économiques souvent difficiles à appréhender.

L'auteur aborde le sujet de la transition économique de l'économie centralement planifiée vers le marché en mobilisant la théorie institutionnaliste. Ici, rien d'innovant dans l'attaque du sujet au vu du changement systémique de grande ampleur initié dans les années 1990. Cependant, l'auteur insiste sur certains points qui méritent une attention particulière. Il part de l'idée que la grande majorité de la population n'attendait pas le marché comme le point de départ de jours meilleurs, mais qu'elle était persuadée que cette transition systémique n'était qu'une crise politique et que l'entrepreneuriat n'était qu'un outil éphémère pour s'adapter à la désorganisation institutionnelle. Revenant sur l'hétérogénéité des comportements entrepreneuriaux et organisationnels des individus, l'auteur constate que l'entrepreneur des années 1990 n'est pas un citoyen lambda dans la société soviétique, c'est souvent quelqu'un qui possède préalablement des compétences entrepreneuriales. Ces compétences ne sont pas « tombées du ciel » avec l'effondrement de l'URSS le soir du 26 décembre 1991, elles étaient là bien avant. Autrement dit, pour conceptualiser un entrepreneur dans l'économie post-soviétique, il est nécessaire de pouvoir conceptualiser un entrepreneur dans l'économie soviétique pour bien comprendre l'intensité des mutations institutionnelles. Dès lors, l'étude de la transition économique ne peut être analysée sans tenir compte des théories évolutionnistes mobilisant les concepts d'entrepreneur, d'innovation et d'innovation territoriale. C'est partant de ce constat simple que l'auteur ouvre son livre et commence son analyse.

En s'inscrivant dans une approche évolutionniste où l'entrepreneur est la résultante des interactions d'un milieu socio-économique dans lequel il est amené à évoluer, l'auteur se réapproprie le concept d'entrepreneur schumpétérien, mobilise la systémique du territoire et réinterroge le changement institutionnel. Il se différencie de ses contemporains, qui eux mobilisent principalement les concepts d'institutions formelles / informelles, pour expliquer les difficultés du système post-soviétique à se transformer en une économie de marché performante. En ce sens, la démarche analytique de l'auteur est intéressante et peut se résumer en trois points :

- L'entrepreneur et l'économie de marché sont étroitement imbriqués. Cependant, l'étude du fonctionnement du système planifié soviétique montre que sans individus qui « entreprennent » et innovent, l'URSS ne serait pas devenue aussi performante dans de nombreux domaines. Ainsi, il est difficile de réduire l'entrepreneur à une fonction économique propre aux mécanismes de marché. À cela, s'ajoute la rapidité impressionnante à laquelle certains entrepreneurs ont valorisé l'outil productif hérité dans les années 1990. Si les formes organisationnelles de l'économie soviétique ne généraient théoriquement pas d'entrepreneurs, comment ces individus se sont-ils si rapidement appropriés les mécanismes d'un marché naissant ? La thèse présentée dans l'ouvrage insiste sur la nécessité de conceptualiser des « rouages entreprenants », des « entrepreneurs d'une économie centralement planifiée » afin de résoudre l'impasse théorique ne pouvant expliquer l'apparition inattendue d'entrepreneurs dans un système économique qui a changé l'ensemble de ses institutions formelles en un temps record.
- Une fois avoir mis en lumière le processus d'émergence des entrepreneurs post-soviétiques, il est nécessaire de revenir sur la définition même d'« entrepreneur ». Ce retour vers la théorie économique est essentiel pour comprendre le rôle de celui qui déséquilibre les circuits économiques dans l'économie post-soviétique. Il est alors nécessaire de s'intéresser au couple « innovation-entrepreneur » qui a été audacieusement décrit par Schumpeter dans son livre La théorie de l'évolution économique dans les années 1920. Dans une économie centralement planifiée, l'entrepreneur qui innove a autant besoin d'institutions stables que dans une économie de marché. Si ces institutions deviennent instables comme dans le contexte de la transition économique de l'ex-URSS, l'entrepreneur ne cherche plus à innover, mais à opter pour d'autres comportements (attentisme, migration, prédation, etc.). De cette multiplicité de comportements, celui d'un « entrepreneur politique » tend à s'affirmer dans le paysage économique post-soviétique. L'objectif pour un entrepreneur politique n'est alors pas d'innover dans la sphère productive, mais de profiter d'une configuration institutionnelle plus ou moins claire pour s'approprier des rentes de la sphère productive. Certains entrepreneurs politiques initient ce processus dans un but redistributif, cependant, nombreux sont aussi ceux qui cherchent uniquement à s'enrichir. En montrant qu'un changement institutionnel vertical est plus propice à faire émerger des entrepreneurs politiques que des entrepreneurs de marché, l'auteur de l'ouvrage apporte un regard nouveau sur

l'émergence de certains leaders politiques dans les territoires post-soviétiques et les difficultés pour certains territoires de soutenir le processus d'innovation.

• Enfin, l'auteur, dans une approche méso-économique, cherche à expliquer les formes de gouvernance des territoires de la Russie post-soviétique pour mieux appréhender la capacité des entrepreneurs à innover dans le contexte institutionnel russe et apprécier la capacité des territoires à s'adapter aux crises systémiques. Ici, l'auteur réaffirme l'importance et la nécessité de mener des politiques structurelles par les autorités russes pour innover et accélérer la compétitivité du pays. Cependant, dans le cas russe, ces politiques structurelles sont difficiles à initier, car les territoires ont une histoire relationnelle particulière avec Moscou (le centre) qui les empêche de générer des externalités productives favorables au processus d'innovation territoriale. Ces relations spécifiques entre Moscou et les territoires se maintiennent dans le temps grâce à la manne exceptionnelle et temporaire qu'offrent l'extraction et la transformation des matières premières. L'incertitude socio-économique créée par les tensions entre entrepreneurs cherchant à innover dans la sphère productive et entrepreneurs politiques n'est, dès lors, pas en faveur des premiers.

En cherchant à expliquer l'origine des problèmes d'insertion économique de la Russie dans la division internationale du travail en mettant en lumière des problèmes de gouvernance territoriale interne, l'auteur donne des clés pour comprendre le jeu politique joué par la Russie sur la scène internationale. Cette réflexion théorique et empirique sur l'organisation du système soviétique, la courte période de transition économique, ainsi que la période post-soviétique jusqu'à aujourd'hui apporte sans nul doute un regard nouveau sur un pays qui cherche sa place dans le système économique mondial.

Le souk et l'*empowerment* du consommateur

GALLOUJ, C. (2021), *Le petit commerce traditionnel au Maroc : résilience et modernité*, Magna Carta, Paris, Le Manuscrit, 328 p.

Par Hind MARZAK et Abdelaziz BAHOUSSA

Il existe bien peu d'ouvrages sur le commerce traditionnel dans les pays du Maghreb. C'est donc le premier mérite de la contribution du professeur Camal Gallouj que de combler un énorme « gap » de recherche sur un sujet important. Son ouvrage sur « le petit commerce traditionnel au Maroc : résilience et modernité » est assurément le premier du genre concernant le Maroc et il constituera une référence incontournable pour tout chercheur désireux de s'initier à l'économie et au management du commerce dans ce pays et plus largement dans les pays émergents.

Même si l'ouvrage est d'abord et avant tout un ouvrage de recherche, il est écrit dans un style simple et accessible à tous et l'auteur nous fait grâce du jargon académique habituel typique de certains produits de recherche. Camal Gallouj nous offre donc un panorama en six chapitres traitant chacun d'une des dimensions du commerce traditionnel.

Le premier chapitre est consacré au modèle commercial dominant au Maroc qui est celui du petit commerce sédentaire (autrement dit de l'épicerie de quartier), en s'attardant sur la figure de l'épicier que l'on appelle *moul'hanout* dans les pays du Maghreb. Camal Gallouj fait le point sur les principales caractéristiques de cette épicerie traditionnelle et met en évidence ses avantages relatifs, tant du point de vue de la demande que de celui de l'offre. Côté demande, l'auteur met en avant les services offerts par l'épicier traditionnel (crédit, fractionnement des produits et micro-transaction, prêt d'argent, relations interpersonnelles et confiance, prestations sur mesure…). Ces différents services font que le consommateur traditionnel marocain considère souvent l'épicerie dans une logique « extension de chez soi ». Côté offre, l'auteur montre que les structures considérées sont de très petite taille, que *moul'hanout* se caractérise souvent par un très faible niveau d'instruction, qu'il se satisfait de marges faibles et qu'il fait montre d'une certaine obsession pour les coûts… On s'attardera avec intérêt sur les développements proposés par l'auteur autour de la place des femmes dans le petit commerce ainsi que sur la prégnance de la dimension tribale et communautaire dans la structuration de l'offre commerciale. Enfin, Camal Gallouj, au-delà de l'épicerie traditionnelle en milieu urbain, évoque également l'épicerie en milieu rural, ce qui lui donne l'occasion de produire un très beau texte qui relate l'histoire d'une petite épicerie de campagne.

Le second chapitre est dévolu aux souks. L'auteur nous engage dans la perception de toute la diversité du monde soukier. Il y a le souk traditionnel qui peut être « médinal », urbain ou rural, la souikat (qui s'apparente à une sorte de souk miniature ou compact) et encore la *joutiyat* qui viendrait de l'expression « jetez la » et qui prend la forme d'une braderie permanente qui mêle récupération, brocantes, bric-à-broc et petits métiers de services. L'auteur remet au goût du jour certains travaux précurseurs de Troin (1975, 1990) sur les souks ruraux et montre, s'il fallait s'en convaincre, que c'est l'ordre bien plus que le désordre qui caractérise cette forme commerciale particulière que constitue le souk. La section sur le consommateur et le marchandage (dit *ch'tara*) est particulièrement stimulante. L'auteur montre que, contrairement à une opinion répandue (dans les travaux de marketing en particulier), ce sont plutôt les environnements incertains caractérisés par de fortes asymétries informationnelles et de fortes probabilités de se tromper et d'être trompé qui favorisent le plus *l'empowerment* du consommateur. Aussi, la fréquentation régulière des souks, les négociations récurrentes, l'observation des comportements des uns et des autres sont pour lui autant d'éléments qui contribuent à forger l'expertise des acheteurs... à booster leurs compétences à la fois sur les caractéristiques du produit et sur le processus de négociation... toutes ces dimensions centrales de l'*empowerment* du consommateur qui ont quasiment disparues dans le cadre de la distribution moderne.

Dans son chapitre 3, Camal Gallouj aborde des formes commerciales traditionnelles souvent négligées dans les travaux de recherche, parce que pour la plupart tombées en désuétude dans certains espaces géographiques : les marchés municipaux, les kissariats, les coopératives et économats. Les marchés municipaux, dont la plupart datent de l'époque coloniale, ont longtemps été fréquentés par une clientèle européenne (ou européanisée). Ils sont aujourd'hui fréquentés par les classes moyennes nationales. On notera que, malgré des politiques actives de rénovation menées par l'Etat et les collectivités, ces marchés peinent à retrouver leur lustre d'antan.

Les kissariats, autrement dit les césarées (places de César) développées dans les médinas du Maghreb et plus largement de la région MENA (Middle East and North Africa), préfigurent les galeries commerciales et les malls du commerce moderne. Il s'agit là d'une forme commerciale spécifique réservée initialement à la commercialisation de bijoux en or et argent, ainsi qu'aux djellabas et caftans traditionnels. Malgré une réorientation récente vers l'habillement, les chaussures ou encore les produits cosmétiques, les kissariats souffrent de la concurrence de la distribution moderne et des galeries commerciales nouvelle génération.

Les coopératives et économats constituent le troisième groupe spécifique étudié par Camal Gallouj dans son chapitre 3. On observe ainsi que les coopératives de consommation et de distribution jouent un rôle très modeste comparativement aux coopératives agricoles qui ont connu un regain d'intérêt en particulier dans une logique sociale d'insertion des femmes dans l'emploi. Les économats (qui peuvent être considérés comme des coopératives internes aux entreprises et administrations) représentent eux aussi une part infime du commerce de détail. Ils subissent le contrecoup de la réorientation des politiques sociales des entreprises et administrations.

Le chapitre 4 propose une perspective riche et passionnante sur le commerce informel et les vendeurs ambulants (appelés *ferracha*). Cette forme commerciale foisonnante est typique des pays émergents, même si elle se diffuse également largement dans les pays développés. Camal Gallouj propose une typologie des acteurs, analyse les clés de succès et, plus largement, propose un panorama complet de la structure de l'offre. Il définit différentes trajectoires qui montrent que l'entrée et « l'enrôlement » dans le commerce informel et de rue n'est pas uniquement un phénomène subi, il peut également relever d'un choix bien compris. L'auteur définit quatre trajectoires caractéristiques : trajectoire de survie, entrepreneuriale, de complément de revenu et d'évitement de l'impôt. Il montre également les contraintes et problèmes que pose la masse des marchands ambulants informels au secteur formel et le rôle que joue l'état entre répression, conciliation et institutionnalisation de l'offre en question.

Le chapitre 5 permet à l'auteur d'aborder la question du commerce de gros… Il s'agit là d'un chapitre un peu en décalage par rapport aux autres (et surtout par rapport au titre de l'ouvrage) puisque le commerce de gros n'a rien de petit… Pour autant, il n'est pas tout à fait incongru de faire état du commerce de gros dans cet ouvrage, dans la mesure où ce commerce de gros reste un maillon essentiel du commerce dit traditionnel. L'auteur présente les principales caractéristiques du commerce et des marchés de gros ainsi que leurs logiques de fonctionnement. Il met surtout en évidence la faiblesse notoire de ces marchés qui apparaissent obsolètes et constituent de ce fait un frein dans les échanges et les dynamiques commerciales. Il est vrai qu'une large part des transactions échappe à ces marchés. On peut cependant espérer qu'une volonté manifeste de l'Etat de moderniser ces marchés pourrait déboucher sur des améliorations notoires profitables à l'ensemble du petit commerce de détail.

Dans le chapitre 6, l'auteur explore les interactions entre le petit commerce traditionnel et la grande distribution moderne. Si dans la plupart des pays occidentaux, mais également émergents, la confrontation des deux formats s'est soldée par un déclin irrémédiable du petit commerce, dans le cas du Maroc, on ne peut qu'être frappé par les capacités d'adaptation et de résilience de ce dernier. Camal Gallouj montre que bien plus que de concurrence entre les deux mondes, on peut parler de complémentarité et parfois même (sur certains aspects de partenariat…).

L'avenir de la cohabitation commerce traditionnel / commerce moderne au Maroc n'est pas pour autant idyllique et des nuages semblent pointer à l'horizon. En effet, Camal Gallouj fait état de mutations et revirements opérés par la grande distribution (glissement vers les villes moyennes, « compactisation » des formats, multiplication des services en magasin…), qui devraient réduire fortement les marges de manoeuvre du petit commerce (et plus précisément de *moul'hanout*) dans les années à venir. Plus encore, *moul'hanout* subirait une double attaque par le haut avec les mutations du commerce moderne et par le bas avec une prolifération évoquée du commerce informel.

Au final c'est un grand mérite de l'auteur d'avoir produit une somme (plus de 300 pages) sur le sujet souvent négligé (au moins par les chercheurs marocains) du petit commerce traditionnel en pays émergent. Le mérite est d'autant plus grand que l'environnement marocain est plutôt pauvre en matière de ressources documentaires sur le secteur : peu d'offre statistique (qu'elle soit publique ou privée), peu de travaux académiques, peu de débats publics et critiques...

L'auteur s'est donc largement appuyé sur un énorme travail de terrain auprès des acteurs du système commercial national. Il a, par ailleurs, épluché, de manière exhaustive et sur une longue période, l'ensemble de la presse nationale à la recherche de la moindre information utile à son projet.

Pour faire parler les données et les interpréter, il a enfin mobilisé de nombreuses disciplines : gestion, économie, géographie et aménagement, sociologie et anthropologie… Nous avons là une authentique approche analytique pluridisciplinaire. L'on découvre à la lecture que même les œuvres littéraires, qu'elles soient contemporaines ou qu'elles relèvent de la littérature coloniale, ont été mobilisées par l'auteur. On ne peut que remercier ce dernier de nous avoir fait redécouvrir des perles de la littérature comme « les voix de Marrakech » du prix Nobel Elias Canetti dont on avait oublié combien son analyse du souk est fine et pertinente. Au-delà, il est clair que l'analyse des œuvres littéraires est elle-même très utile aux chercheurs en ce sens qu'elles permettent d'aider à mieux comprendre et saisir ce que l'auteur appelle « l'âme du petit commerce marocain ».

L'ouvrage de Camal Gallouj concerne bien entendu le Maroc ; pour autant, la méthodologie, l'analyse et les conclusions débordent largement du cas marocain, pour couvrir des problématiques centrales pour tous les pays émergents. L'ouvrage sera donc utile à tout étudiant, chercheur ou praticien intéressé par le petit commerce dans les zones considérées…. Et, c'est avec impatience que nous attendrons le prochain ouvrage de l'auteur qui devrait compléter celui-ci et qui sera consacré cette fois à la grande distribution moderne, ses acteurs et ses stratégies.

L'économie circulaire dans l'univers agricole et alimentaire

GALLOUJ, C., VIALA, C. (2021), *Economie circulaire et univers agricole. Nourrir les hommes, créer de la valeur, préserver les ressources*, Paris, Editions France Agricole, 340 p.

Par Blandine LAPERCHE

Cet ouvrage part du constat selon lequel l'agriculture et l'agroalimentaire, bien qu'étant des domaines centraux pour la mise en œuvre d'une économie circulaire, restent négligés dans les travaux portant sur ce thème. Il vise donc à combler cette lacune. Organisé en dix chapitres, Les auteurs y fournissent de solides connaissances et clés de compréhension sur les liens existants et à établir tant dans les faits que dans les travaux académiques entre univers agricole et économie circulaire.

Le premier chapitre, consacré aux transitions des sociétés contemporaines, dessine la place qu'une économie circulaire, dans l'agriculture, pourrait occuper. Dans les principales mutations de nos sociétés, marquées par la place croissante des services, de l'information et de la connaissance, force est de constater que l'agriculture n'est pas au cœur des réflexions. Les auteurs montrent cependant qu'elle est bien présente au travers par exemple des services développés au profit et par les activités agricoles et de la digitalisation croissante de celles-ci. Le deuxième chapitre revient sur la définition de l'économie circulaire souvent présentée en opposition à un modèle d'organisation linéaire des sociétés fondé sur le triptyque « produire-consommer-jeter » et visant justement à limiter l'impact des activités humaines sur l'environnement par un fonctionnement en boucles (de ré-usage, de recyclage). Les auteurs discutent des fondements théoriques ou des concepts et conceptions qui la précèdent comme l'économie régénérative, la logique Craddle to Craddle, l'économie bleue, l'écologie industrielle, le biomimétisme, l'économie de la fonctionnalité. Ils soulignent la diversité, et parfois le faible contenu théorique de ces approches qui font de l'économie circulaire un ensemble assez hétéroclite de concepts et de pratiques dont le point commun est l'accent mis sur le développement durable.

Les auteurs présentent ensuite (chapitre 3) de manière pédagogique le fonctionnement de l'économie circulaire au travers des domaines d'actions (l'offre des acteurs économiques, la demande et les comportements des consommateurs, la gestion des déchets) et des piliers (approvisionnement durable, éco-conception, écologie industrielle et territoriale, économie de la fonctionnalité, consommation responsable, allongement de la durée d'usage des produits, recyclage) définis par l'Agence française de transition écologique (ADEME). Ils spécifient de manière tout à fait pertinente la place qu'y occupe le volet agricole. On comprend de quelle manière l'économie circulaire appliquée à l'agriculture, souvent envisagée par les intrants et le recyclage des déchets, peut englober l'univers agricole au travers de chacun de ses piliers. Le chapitre 4 approfondit l'analyse et présente les évolutions de l'agriculture, d'un modèle de production intensive à d'autres formes d'agriculture (raisonnée, durable, bio, paysanne, agroécologie) que les auteurs détaillent. Ils soulignent les complémentarités et différences que ces formes d'agriculture entretiennent avec l'agriculture circulaire et la bioéconomie. Le chapitre 5 présente des cas d'expérimentation de l'économie circulaire dans l'agriculture et en étudie les caractéristiques et les facteurs clés de succès. Les auteurs interrogent en particulier la manière dont les expériences d'agriculture circulaire, parfois parcellaires, peuvent devenir des modèles intégrés combinant des activités diverses regroupées en une ou plusieurs filières d'activités. Les cas étudiés, comme celui d'Organic Vallée (région Occitanie), illustrent bien le potentiel économique, social et environnemental que représente la mise en œuvre d'une agriculture circulaire. Les deux chapitres suivants relient l'agriculture circulaire avec, d'une part les circuits courts (chapitre 6), et d'autre part l'agriculture urbaine (chapitre 7). Dans les deux cas, les auteurs présentent les dynamiques en œuvre, ainsi que les forces et les faiblesses dans une perspective d'économie circulaire. Le chapitre 8 met l'accent sur l'agriculture circulaire comme « trappe à déchets » et comme source d'énergie (par la méthanisation et la production de biogaz), c'est-à-dire la conception certes essentielle mais restrictive de l'agriculture circulaire habituellement retenue. D'ailleurs, le potentiel d'innovation offert par les ressources naturelles, comme les plantes, pour construire des filières biosourcées dans le contexte de transition vers la bioéconomie, moins étudié dans cet ouvrage, en témoigne (Martin, 2021 ; Pyka *et al.*, 2021). C'est justement au potentiel d'innovations que recèle l'agriculture circulaire qu'est consacré le chapitre 9 de cet ouvrage. De manière tout à fait convaincante, les auteurs détaillent les innovations technologiques, servicielles, organisationnelles, sociales et territoriales promues par l'agriculture circulaire. Le chapitre final offre une réflexion sur les modes d'intervention publique à l'échelle nationale et locale pour promouvoir l'économie circulaire dans l'univers agricole.

Les auteurs offrent donc un ouvrage très riche, présentent avec une grande clarté les principaux concepts et pratiques de l'économie circulaire et replacent le secteur agricole, au même titre que l'industrie et que les services, en son centre. Les multiples exemples et encadrés rendent la lecture vivante. Ils offrent de nouvelles perspectives d'applications intersectorielles des pratiques visant à promouvoir un développement durable. Mais l'ouvrage interroge aussi sur le risque qu'une approche circulaire ne soit finalement qu'un faux-fuyant, impliquant toutes les pratiques sociales « alternatives » dans une perspective de recherche de l'or… vert.

Références bibliographiques

MARTIN, P. (2021), Biosource versus Petrosource : à la redécouverte de la Waide, *Blog RRI* alternatives économiques, https://blogs.alternatives-economiques.fr/reseauinnovation/2021/04/21/biosource-versus-petrosource-a-la-redecouverte-de-la-waide

PYKA, A., ARI, E., ALVA-FERRARI, A., URMETZER, S. (2021), The Bioeconomy Transition Process: Sailing through Storms and Doldrums in Unknown Waters, *Journal of Innovation Economics & Management*, https://doi.org/10.3917/jie.pr1.0110

A PROPOS DE M&O – RAS

ABOUT M&O – JSA

Marché et Organisations

La revue Marché & Organisations – Revue d'Analyse Stratégique (M&O – RAS) est une publication académique thématique dans les domaines de l'économie et de la gestion. Son objectif est d'offrir aux enseignants-chercheurs et aux praticiens un forum de premier plan pour communiquer, échanger et diffuser leurs idées et leurs recherches sur les dynamiques de marché et les liens qu'elles entretiennent avec les stratégies concurrentielles et la structure des organisations. Elle s'adresse aux enseignants-chercheurs et aux étudiants en sciences économiques et de gestion, ainsi qu'à un public plus large de décideurs et de managers, curieux de se tenir informés de l'évolution des interactions entre stratégie d'entreprises et marchés

La revue Marché & Organisations – Revue d'Analyse Stratégique (M&O – RAS) publie des articles de recherche de nature théorique et empirique, et qui traitent de sujets ayant un impact important sur l'économie et la gestion dans leur ensemble. En ce sens, la revue se veut comme une ressource précieuse pour les académiques, et fournit aux praticiens un moyen d'accéder à des connaissances utiles sur les dynamiques marchandes et les stratégies d'entreprises.

Tout article adressé à la revue Marché & Organisations – Revue d'Analyse Stratégique (M&O – RAS) est d'abord avisé par les rédacteurs en chef et les éditeurs invités en charge de la réalisation des numéros thématiques, avant d'être évalué de manière anonyme par au moins deux chercheurs, membres du comité scientifique ou choisis en fonction de leurs compétences.

Les articles soumis pour publication dans la revue Marché & Organisations – Revue d'Analyse Stratégique (M&O – RAS) doivent respecter les standards académiques en vigueur et sont évalués

Market and Organizations

Market & Organizations – Journal of Strategic Analysis (M&O - JSA) is a thematic academic publication in the fields of economics and management. Its objective is to provide a forum for academic researchers and practitioners to communicate, exchange and disseminate their ideas and research on market dynamics and their links with competitive strategies and organizational structure. It is aimed at teacher-researchers and students in economics and management, as well as at a wider audience of decision-makers and managers, who are interested in keeping abreast of developments in the interactions between corporate strategy and markets.

Market & Organizations – Journal of Strategic Analysis (M&O - JSA) publishes research articles of a theoretical and empirical nature, dealing with topics that have a significant impact on the economy and management as a whole. In this sense, the journal aims to be a valuable resource for academics, and provides practitioners with a means to access useful knowledge on market dynamics and business strategies.

Any article addressed to Market & Organizations – Journal of Strategic Analysis (M&O - JSA) is first notified by the editors and guest editors in charge of the thematic issues, before being evaluated anonymously by at least two researchers, members of the scientific committee or chosen according to their skills.

Articles submitted for publication in Market & Organizations – Journal of Strategic Analysis (M&O - JSA) must comply with current academic standards and are evaluated on the basis of their originality and quality. They may be written in French or English and cover areas such as industrial economics, management, entrepreneurship, human resources management, organizational sur la base de leur originalité et de leur qualité. Ils peuvent être rédigés en français ou en anglais, et couvrir des domaines tels que l'économie industrielle, le management, l'entrepreneuriat, la gestion des ressources humaines, la théorie organisationnelle et les méthodes de recherche. Les approches méthodologiques qualitatives et quantitatives sont les bienvenues, incluant les études économétriques, les études de cas, les études expérimentales, la simulation numérique, et les monographies historiques. Sous réserve que le sujet du Cahier le justifie et que la ligne éditoriale de la revue soit respectée, des articles en droit, sociologie et histoire peuvent être acceptés. Les articles publiés peuvent être mono ou multidisciplinaires.

Les contributions peuvent être en langue française ou anglaise.

Les articles proposés :
- 6000 à 10 000 mots incluant la bibliographie, les tableaux, les figures et les annexes,
- Soumission de l'article à l'adresse suivante : https://mo.manuscriptmanager.net

Marché et Organisations – Revue d'analyse stratégique est une publication sous la responsabilité éditoriale du Réseau de Recherche sur l'Innovation : http://2ri.eu

La revue est diffusée par Cairn : https://www.cairn.info/revue-marche-et-organisations.htm

theory and research methods. Qualitative and quantitative methodological approaches are welcome, including econometric studies, case studies, experimental studies, numerical simulation, and historical monographs. Articles in law, sociology, and history may be accepted, provided that the topic of the Cahier justifies it and that the editorial line of the journal is respected. Published articles may be mono or multidisciplinary.

Contributions may be in French or English.

The proposed articles:
- 6000 to 10 000 words including bibliography, tables, figures and appendices,
- Submit the article to the following address: https://mo.manuscriptmanager.net

Market & Organizations – Journal of Strategic Analysis (M&O - JSA) is a publication under the editorial responsibility of the Research Network on Innovation: http://2ri.eu

The journal is distributed by Cairn: https://www.cairn.info/revue-marche-et-organisations.htm

MARCHÉ ET ORGANISATIONS
L'HARMATTAN

Numéros précédemment parus

N°1 : Artisanat. La modernité réinventée, 2006
N°2 : La petite entreprise, elle a tout d'une grande. De l'accompagnement aux choix stratégiques, 2006
N°3 : Tourisme et Innovation. La force créative des loisirs, 2007
N°4 : Le travail. Formes récentes et nouvelles questions, 2007
N°5 : Les universités et l'innovation. L'enseignement et la recherche dans l'économie des connaissances, 2007
N°6 : Entrepreneuriat et accompagnement. Outils, actions et paradigmes nouveaux, 2008
N°7 : Développement durable des territoires. Economie sociale, environnement et innovations, 2008
N°8 : Développement durable et responsabilité sociale des acteurs, 2009
N°9 : Gouvernance : exercices de pouvoir, 2009
N°10 : Le travail collaboratif. Une innovation générique, 2009
N°11 : Economie sociale et solidaire. Nouvelles trajectoires d'innovations, 2010
N°12 : Relations à la marque et marques de la relation. Regards croisés sur le management relationnel de la marque, 2010
N°13 : Les contrats au service de la recherche ?, 2011
N°14 : Le potentiel économique de l'Afrique subsaharienne, 2011
N°15 : Management de la distribution, 2012
N°16 : Territoire Vert. Entreprises, Institutions, Innovations, 2012
N°17 : Eco-conception, conception et innovation. Les nouveaux défis de l'entreprise, 2013
N°18 : Intelligence économique : entreprises et territoires, 2013
N°19 : La finance globale. Un monde fini, 2013
N°20 : La crise du « développement », 2014
N°21 : La Chine innove. Politiques publiques et stratégies d'entreprise, 2014
N°22 : Go East! Nouvelles Economies de Marché, 2015
N°23 : L'économie du changement, 2015
N°24 : Le temps des artisans. Permanences et mutations, 2015
N°25 : Innovations de proximité et esprit d'entreprise, 2016
N°26 : L'avenir des économies du Maghreb, 2016
N°27 : Le sport aux frontières du marché du travail, 2016
N° 28 : Dynamiques internationales des entreprises, 2017
N° 29 : L'univers du risque, 2017
N° 30 : Petites entreprises dans l'histoire industrielle, 2017
N° 31 : Economie sociale et *Social Business* ? Au défi d'entreprendre et se financer, 2018
N° 32 : Education et fertilisation des économies africaines, 2018
N° 33 : L'entrepreneuriat innovant dans les pays du Maghreb, 2018
N° 34 : L'entrepreneuriat scientifique : institutions et innovation, 2019
N° 35 : Le champ économique de la culture, 2019
N°36 : Economie sociale et solidaire ? Modèles d'innovation et modes de gouvernance, 2019
N°37 : Rethinking luxury business, 2020
N° 38 : La santé connectée. Nouvelles technologies et réorganisation des soins, 2020
N° 39 : Options stratégiques et systèmes complexes d'innovation, 2020
N° 40 : Les Services : Intégration des systèmes productifs et lien social, 2021
N° 41 : Crise pandémique, crise globale : Réalité et controverses théoriques, 2021
N° 42 : La crise de la Covid-19. Le marché et les organisations en perspective, 2021
N° 43 : (Re)Faire système. *Bug* & *Reset*, 2022

Structures éditoriales du groupe L'Harmattan

L'Harmattan Italie
Via degli Artisti, 15
10124 Torino
harmattan.italia@gmail.com

L'Harmattan Hongrie
Kossuth l. u. 14-16.
1053 Budapest
harmattan@harmattan.hu

L'Harmattan Sénégal
10 VDN en face Mermoz
BP 45034 Dakar-Fann
senharmattan@gmail.com

L'Harmattan Cameroun
TSINGA/FECAFOOT
BP 11486 Yaoundé
inkoukam@gmail.com

L'Harmattan Burkina Faso
Achille Somé – tengnule@hotmail.fr

L'Harmattan Guinée
Almamya, rue KA 028 OKB Agency
BP 3470 Conakry
harmattanguinee@yahoo.fr

L'Harmattan RDC
185, avenue Nyangwe
Commune de Lingwala – Kinshasa
matangilamusadila@yahoo.fr

L'Harmattan Congo
67, boulevard Denis-Sassou-N'Guesso
BP 2874 Brazzaville
harmattan.congo@yahoo.fr

L'Harmattan Mali
ACI 2000 - Immeuble Mgr Jean Marie Cisse
Bureau 10
BP 145 Bamako-Mali
mali@harmattan.fr

L'Harmattan Togo
Djidjole – Lomé
Maison Amela
face EPP BATOME
ddamela@aol.com

L'Harmattan Côte d'Ivoire
Résidence Karl – Cité des Arts
Abidjan-Cocody
03 BP 1588 Abidjan
espace_harmattan.ci@hotmail.fr

Nos librairies en France

Librairie internationale
16, rue des Écoles
75005 Paris
librairie.internationale@harmattan.fr
01 40 46 79 11
www.librairieharmattan.com

Librairie des savoirs
21, rue des Écoles
75005 Paris
librairie.sh@harmattan.fr
01 46 34 13 71
www.librairieharmattansh.com

Librairie Le Lucernaire
53, rue Notre-Dame-des-Champs
75006 Paris
librairie@lucernaire.fr
01 42 22 67 13